21세기
손자병법 경영학

安吉煥 編著

明文堂

〔上〕 청동제(靑銅製) 거마구(車馬具) 춘추시대의 것. 용도는 분명치 않지만 수레나 말의 장신구일 것이다. 하남성(河南省) 출토, 파리 기메미술관 소장.

〔下〕 손자병법(孫子兵法)과 손빈병법(孫臏兵法) 은작산(銀雀山) 한묘(漢墓) 출토 죽간(竹簡)에 쓴 병법서. 1~2는 《손자(孫子 : 孫武)》 중 일부이고 3~7은 《손빈(孫臏) 병법》의 일부이다. 길이는 27.6cm.

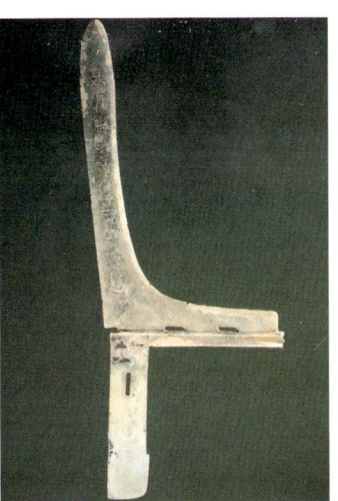

〔左〕 **초왕**(楚王)의 **동극**(銅戟) 1978년 호남성(湖南省) 익양현(益陽縣) 초나라 유적에서 출토. 길이 18.6cm.

〔中〕 **월왕**(越王) **자지어석**(者之於賜)의 **모**(矛) 춘추시대(春秋時代) 말기(末期), 월왕 구천(勾踐)의 아들. 재위 기원전 464~기원전 459년.《사기(史記)》에 녹영(鹿郢)이라 기록되어 있는 인물이 자지어석이다.

〔右〕 **월왕 구천**(勾踐)의 **동검**(銅劍) 1965년 호북성(湖北省) 강릉(江陵)에 있는 망산일호묘(望山一號墓)라는 초나라 유적에서 발견되었다. 길이는 55.7cm, 폭은 4.6cm인 장검(長劍)으로서 전혀 부식된 부분이 없어, 약 2천 5백년이 지난 오늘날에도 무기로 충분히 사용할 수 있을 만큼 보존상태가 좋다. 본디 오(吳)·월(越) 지방은 명검(名劍)의 산지(產地)로 유명하거니와 이 검은 당시 그 지방의 최고 기술자가 만든 것이라.

〔上〕 **춘추전국시대의 도전**(刀錢) 왼쪽 2개는 춘추시대 후기, 오른쪽 윗것은 전국시대 중기, 오른쪽 아랫것은 전국시대 후기의 것이다. 왼쪽 윗것의 길이는 19.5cm. 주로 제(齊)와 연(燕) 영역에서 주조되었다. 이 화폐는 모두 표면에 주조한 도시 이름이나 나라 이름, 또는 화폐단위가 새겨져 있다.

〔下〕 **오왕**(吳王) **합려**(闔閭)**의 묘**(墓) 소주시(蘇州市) 창문(閶門) 밖 호구(虎丘)에 있다. 오왕 합려는 손무(孫武)를 군사(軍師)로 채용했던 왕으로서 검(劍)을 좋아했는데 죽어서도 명검(名劍)과 함께 매장되었다. 진시황제(秦始皇帝)가 명검을 얻기 위해 합려의 묘를 파헤쳤으나 웬 호랑이가 나타나 위협하므로 뜻을 못 이루었으므로 이곳을 '호구'라 하며 파헤친 곳이 검지(劍池)가 되었는데 무덤은 이 못〔池〕 밑에 있다고 한다.

머 리 말

오늘날에도 병법서(兵法書)를 찾는 이유는 무엇일까?

인간이 살아가는 데 있어, 그 기본 중 한 가지에 '전쟁'이란 행위가 있다. 형제간의 싸움을 비롯하여 테스트, 입시(入試), 취직, 출세…… 등등 전쟁의 인생은 면면히 이어진다.

그리고 비즈니스 전쟁 ─. 이것이 현대인에게 있어 가장 절실하고 신변 가까이에서 일어나는 전쟁이다. 그렇기는 하지만, 이 평화로운 시대에 그것을 전쟁이라고 생각하지 않는 사람도 많다.

그러나 나는 인생을 여러 가지 형태의 전쟁으로 규정짓는 시점(視點)의 중요성을 강조하고 싶다.

일단 그런 시점을 통해서 본다면 자기자신의 행위 하나하나가 결국에는 승리하느냐 패배하느냐라는 문제에 귀착된다는 것을 알게 된다. 그런데 우리나라 사람들은 일반적으로 이런 발상이 가슴에 와 닿지 않는 것 같다. 전쟁이란 승리하는 것이 목적이라는 것을 잘 모르고 있다는 느낌을 준다.

우리나라 사람들은 전쟁에 대해서 아는 것이 없는 것 같다. 좁은 땅덩어리에서 옹기종기 모여 살았고 도망치려야 도망칠 길이 없으니 웬만하면 타협해 버리고 만다. 중국이나 서구(西歐)의 기마(騎馬) 유목민족들의 투쟁·지배·피지배가 반복되어온 역사를 볼 때, 우리나라에서는 비록 전쟁을 했다 하더라도 외침(外侵)에 맞서는 것 정도로서 자기방어 수단에 지나지 않았었다.

외국지배와 레지스탕스, 국가와 민족의 흥망을 역사 체험으로 가지는 민족과, 외침에 대한 자기방어 수단이 고작이었던 우리나라 사람과는 본시 전쟁에 대한 감정 자체가 다르다.

　이런 국민성에 젖어 있는 사람은 앞으로의 경쟁 속에서 어떻게 살아갈 것인가? 적당한 정도에서 '그저 좋은 게 좋은 거지 뭐'라는 목소리를 기대하면서 일을 진행해 나가는 사람이 있다면 큰 오산이다. 장차의 시대가 요구하는 바는 흑백을 분명하게 가리고자 하되, 전쟁에 의한 우열(優劣)로 매사를 결정지으려고 한다. 기업은 전쟁을 요구받고 그것으로 우열을 가리되 당연한 일이지만 열(劣)은 도태당한다.

　선진(先陣)을 차지하지는 못하더라도 이삭 줍기식의 비전투적 돈 모으는 길은 이제 존재하지 않는다. 그런 합승(合乘)이 가능했던 시대는 끝이 났다. '싸워서 쟁취하여 승리하는 법칙'이 드디어 관철되기에 이르렀다. 컬처 비즈니스 운운하며 언뜻 보기에 유연한 모습을 보이는 것 같지만 그것은 소비자에 대한 전략일 뿐, 기업 상호간의 암투는 실로 전국시대의 개막을 고하고 있다.

　지금까지도 분명 치열한 기업 경쟁은 있었지만 거기에는 시대의 세(勢)에 편승한다든가 자금력을 동원해서 대량생산·대량판매를 지향하는 등 말하자면 진짜 실력 위주가 아닌 거품을 불려나갈 수 있는 요소가 다분히 있었다. 당분간 시대의 흐름은 정체될 것이다. 무엇인가를 기다려도 그것은 효과를 보지 못할 것이다.

　실로 싸워서 쟁취하고 승리하는 시대인 것이다. 우선 이러한 발상(發想)의 전환을 하고 병법을 함께 공부해 보고 싶다. 이것이 병법서를 읽는 첫 번째 이유이다.

　또 한 가지는 두말할 것도 없이 우리나라의 안보문제이며 세계의 핵전략 문제이다. 고전(古典) 병법이 이런 문제에 적용될 수 있겠느냐는 의문이 일지 모르겠으나, 전쟁은 인간이 하는 것인 이상 기본적인 발상에는 예나 지금이나 변함이 없다. 도리어 시사하는 바가 많아서 우리나라의 안보관(安保觀)·세계관에 대하여 안이한 생각을 하는 사람에게는 자극적인 책이 될 수도 있을 것이다. 이런 점에서도 커다란 발상의 전환을 독자들에게 요구하게 될 것으로 믿는다.

중국의 병법서는 한때 굉장한 붐을 조성했었다. 오래된 것은 무려 2천 4,5백년 전, 가까운 것이더라도 1천 2,3백년 전에 성립된 것이니 아득한 옛날의 것들이다. 그런데 그 병법서 속에서 하고 있는 말은 용케도 현대적이므로 놀랍다. 이끼도 끼어 있지 않으려니와 곰팡이 하나 피어있지 아니하다. 현대의 감각을 비장하고 있는 영원한 불가사의의 군서(群書) ─. 그것이 중국의 병법서가 우리에게 주고 있는 인상이다.

《손자》·《오자(吳子)》·《울요자(尉繚子 : 위료자로 읽음은 잘못임)》·《육도(六韜)》·《삼략(三略)》·《사마법(司馬法)》·《이위공문대(李衛公問對)》─. 이것이 무경칠서(武經七書)로 불리는 중국 병법서의 대표적인 책들이다. 모두가 하나같이 뜻이 오묘한 명저들인데 그 내용으로 볼진대는 누가 뭐라 해도 《손자》가 발군이다. 이것 저것 다 읽는 것보다 《손자》를 완전히 마스터함으로써 병법이 무엇인지를 파악할 일이다.

이 《손자》에 대해서는 지금까지 방대한 양의 해설서가 나와 있으며 또 그것을 응용한 '군사서(軍事書)' '경영서(經營書)' '인생론서(人生論書)' 등이 다수 출판되었다. 원문 번역에 충실한 책도 있고 지나칠 만큼 주제 위주로 응용된 책도 있다. 이 책에서는 가급적 원문에 충실하되 현대인들이 이해하기 쉽도록 의역을 했으며 인생과 경영, 군사면에 실제로 활용할 수 있는 구절들만 뽑아서 해설하는 데 주안점을 두었다.

이 졸저를 허물치 않고 상재해 주신 명문당(明文堂) 김동구(金東求) 사장님과 관계 직원 여러분께 심심한 감사를 드리며, 이 졸저가 현대를 살아가는 독자 제현에게 다소나마 도움이 될 수 있다면 더 없는 영광이겠다.

2002년 가을

編著者　識

차 례

5 • 머리말

21 • 전쟁은 함부로 시작해서는 안된다
23 • 승패를 결정짓는 일곱 가지 열쇠
24 • 조직원 전원에게 목표를 가지게 하라
25 • 천시(天時)를 유리하게 얻고 있는가?
26 • 지리(地利)를 얻는 것도 아주 중요해
27 • 지도자에게 있어 필요한 다섯 가지 덕성(德性)
29 • 적군을 방심케 하고 판단을 흐리게 하라
31 • 자신의 능력을 과시하지 마라
32 • 함부로 속내를 드러내지 마라
33 • 상대방의 심리적 맹점을 찌르라
34 • 과감하게 나오지 않는 적을 움직이게 하려면……
36 • 상대방의 욕망을 파악하라
37 • 상대방의 행위를 멈추게 하려면……
38 • 상대하기 버거운 적과는 정면승부를 하지 마라
39 • 도발(挑發)은 상대방의 심리를 조작하는 비법이다
40 • 겸손한 태도로 상대방을 우쭐하게 만들라

41 • 악질적인 이간책에 놀아나지 마라
42 • 상대방의 의표를 찌르라
43 • 승산이 없는 싸움은 하지 마라
44 • 전쟁은 빨리 결말지어야 한다
46 • 지구전(持久戰)은 국가에 이로울 게 없어
47 • 장점과 단점은 표리관계(表裏關係)이다
48 • 이익 속에서 손실을 찾고 손실 속에서 이익을 찾으라
50 • 주관적, 일면적, 표면적 견해를 가지지 마라
52 • 계획적인 준비로 효율화를 도모하라
53 • 지장(智將)은 적지(敵地)에서 양말(糧秣)을 조달한다
55 • 사람을 움직이게 하는 두 가지 열쇠 — 마음과 물질
56 • 승리의 열매는 유효하게 사용하라
57 • 치명타를 입고 이기기보다 여력을 남기고 패하라
59 • 적국이라고 해서 철저하게 파괴하지는 마라
61 • 백전백승은 최상의 승전법이 아니다
63 • 싸우지 않고 이기려면……
65 • 무력을 사용하지 않는 '모공(謀攻)의 법'
66 • 여유를 가지고 전쟁에 임하라

- 67 · 열세(劣勢)인 때는 지체 말고 후퇴하라
- 68 · 역전 승리를 얻기 위한 계책은?
- 69 · 유능한 리더보다 유능한 자를 부리는 리더가 되라
- 71 · 승전하기 위한 필수조건 다섯 가지
- 73 · 성공의 확률을 100%로 올리는 비법
- 76 · 무리하게 이기려고 하지 마라
- 77 · 수비와 공격의 원칙
- 78 · 승산이 없을 때의 '절대 패하지 않는 수비'
- 80 · 자타가 다 모르는 사이에 이기는 것이 진짜 승리다
- 81 · 스탠드플레이는 위험하다
- 82 · 전쟁을 잘하는 자는 무리한 전투법을 쓰지 않는다
- 84 · 자력(自力)은 보존하고 적을 소멸시키라
- 85 · 전투하는 태세로 이미 승부는 결판난다
- 87 · 리더의 기능은 어떤 것인가?
- 88 · 철두철미한 계량주의(計量主義)
- 89 · 최고의 형(形)은 무형(無形)이다
- 90 · 편성(編成)이 없으면 오합지중(烏合之衆)
- 91 · 명령의 전달법을 정확하게 하라

- 93 • 안전하게, 그리고 확실하게 승리하려면……
- 94 • '정(正)'과 '기(奇)'를 분별하여 사용하라
- 95 • 정석(定石)에서 출발하여 정석을 부순다
- 96 • 아이디어를 무한히 짜내는 법
- 97 • 정석(定石)과 응용을 자재로이 짜맞추라
- 100 • 세(勢)의 힘을 활용하라
- 101 • 긴장은 힘의 원천(源泉)이다
- 102 • 세(勢)를 타고 움직이며, 힘을 집중시켜 승리한다
- 103 • 어수선하면서도 문란해지지 않는 조직은 강하다
- 104 • 난국(難局)에도 동요되지 않는 세 가지의 태세
- 106 • 상대를 움직이지 않을 수 없는 상황으로 만들라
- 108 • 개개의 능력을 초월할 수 있는 세(勢)의 힘
- 110 • 세(勢)의 흐름을 만들어내는 법
- 111 • 불안정과 역경이야말로 발전의 원동력
- 112 • 전쟁터에는 적보다 먼저 도착하라
- 113 • 어떤 경우에도 주도권을 잡으라
- 115 • 상대방을 끊임없이 뒤흔들어라
- 116 • 남이 하지 않는 것을 하라

- *117* • 필승의 공격법과 절대 안정된 수비법
- *119* • 급소(急所)는 남에게 알려주지 마라
- *120* • 병법은 단지 테크닉만이 아니다
- *121* • 아무리 강대(强大)한 상대라도 약점(弱點)이 있다
- *123* • 도망할 때는 재빠르게 하라
- *124* • 적의 약점을 공격하려면……
- *126* • 전투하기 싫을 때는 상대방이 허탕치게 만든다
- *127* • 적의 힘은 분산시키고, 아군의 힘은 집중시키라
- *129* • 신경을 너무 흐트리면 실패한다
- *130* • 사전 조사와 준비의 중요성
- *131* • 실천해 보면서 확인을 하라
- *132* • 아군의 태세는 숨기고 상대방의 태세를 파악하라
- *134* • 적군의 태세에 따라 변화하는 '물'의 전법(戰法)
- *136* • 상대방에게 순응하면서 상대방을 지배하라
- *137* • 이 세상에 절대불변인 것은 없다
- *138* • 상대를 방심시키고 일격에 격멸하는 '우직지계'
- *140* • 단점을 장점으로 바꿀 수도 있다
- *141* • 이점(利點)은 불리해질 염려가 있다

142 • 친한 상대일수록 본심을 파악하도록 노력하라
143 • 상황을 모르는 채 움직이고 있지는 않은가?
144 • 미지의 세계에 뛰어들 때에는……
145 • 자신에게 유리한 정황(情況)으로 만들라
148 • 승리하기 위한 행동거지는……
150 • 성과의 배분은 공평하고 시원시원하게……
151 • 집단의 의사를 통일하는 정보의 역할
152 • 개인적 스탠드플레이는 조직을 좀먹는다
153 • 상대방의 심리를 교란시키라
154 • 기력(氣力)은 제일 무서운 전력(戰力)이 된다
156 • 자기 마음을 다스리고, 상대의 마음을 흔들어 놓으라
157 • 무리하지 않고 기다리는 자가 승리한다
160 • '변(變)'으로 수습한다는 것은 어떤 것인가?
161 • 우위(優位)에 있는 적에게 싸워 이기려면……
162 • 후원(後援)의 힘을 얻고 있는 적에게는……
163 • 일부러 도망치는 적은 경계하라
164 • 생각에 잠겨있는 상대를 설득하려면……
165 • 후림수의 미끼에 덤벼들지 마라

166 • 철수하는 상대는 그 길을 막지 마라
167 • 궁지에 몰린 적은 반드시 도망칠 길을 터주라
170 • '이것만은 해서는 안된다'라고 하는 브레이크를……
171 • 수단에 구애되어 목적을 잊지 마라
172 • 의미가 없는 싸움은 하지 마라
173 • 임금의 명령에도 복종하지 않아야 하는 경우도 있다
174 • 임기응변을 모르면 이론을 살려나가지 못한다
177 • 운(運)을 하늘에 맡기기 전에 해야 할 일
179 • 필사적인 자신이 되지 말고, 필사적인 부하를 만들라
181 • 사람을 움직이는 데는 타이밍이 중요하다
182 • 하고자 하는 마음을 일으키게 하는 '귀양지계'
183 • 징조를 잘 살피어 대책을 세우라
184 • 산(山)·천(川)·습지·평지에서의 포진법
185 • 행동하기 어려운 곳에서는 속히 떠나라
186 • 밀려면 먼저 당기고, 당기려면 먼저 밀라
188 • 중후(重厚)한 리더는 어떻게 해야 생겨나는가?
190 • 상벌(賞罰)을 남용하는 것은 정체상태에 있다는 것을 뜻한다
192 • 병사(兵士)의 수(數)가 승패를 좌우하는 것은 아니다

195 • 위기를 벗어났다고 생각하는 때가 제일 위험하다
197 • 관리를 함에 있어 정(情)과 규율의 관계
198 • 부하의 통솔에는 '엄(嚴)'으로 임하고 '인(仁)'으로 보완하라
201 • 평소의 신뢰가 중요하다
202 • 특이한 적정(敵情) 관찰법
203 • 그럴싸한 이야기에는 경계하라
204 • 동식물의 움직임을 보고 이변(異變)을 찰지(察知)하라
205 • 흙 먼지의 모양으로 적군의 내습(來襲)을 안다
206 • 상대방을 유인하는 '반진반퇴지술(半進半退之術)'
207 • 상공(上空)에 새떼가 무리지어 있는 것은 그곳에 아무것도 없기 때문이다
208 • 깃발이 흔들리는 것은 내부가 문란함을 나타낸다
209 • 인기없는 상사일수록 지루하게 말한다
210 • 지형(地形)을 확인하는 것은 장수의 중요임무이다
211 • 이런 패전(敗戰)은 장수의 책임이다
212 • 부하가 유능하고 간부가 무능하면 질서가 없어진다
213 • 간부가 유능하고 부하가 무능한 조직은 약하다
214 • 지도부의 불일치(不一致)는 조직을 붕괴시킨다

215 • 이런 장수는 전투부대를 혼란스럽게 만든다
216 • 객관적 정세를 고려하지 않으면 실패한다
217 • 하고자 하는 마음이 생기게 하는 심리술(心理術)
219 • 부하를 '버릇없는 자식'처럼 만들지 마라
220 • 책임감이 강한 사람일수록 권한도 커진다
222 • 겸허한 사람은 신뢰도와 지지도가 높게 마련이다
224 • 적군과 아군, 쌍방의 힘을 알라
225 • 승부를 겨루는 '장소'에 따라 역관계(力關係)도 변한다
226 • 자신의 힘과 입장과 타이밍을 파악하고 있는가?
228 • 변화에 대응할 수 있는 자만이 살아남는다
229 • 환경에 맞는 심리적 전투법
230 • 적군의 내부를 분열시키라
231 • 승패의 코스트 계산을 잊지 마라
232 • 아무리 열세더라도 상대방의 약점을 찌를 기회는 있다
235 • 약한 세력이 살아남기 위한 방법
236 • 어떤 일이든 도중하차해서는 안된다
237 • 밀어붙여서 전력(全力)을 발휘하도록 만들라
238 • 부하를 동요케 하지 마라

239 • 바위의 굳기보다, 끈질긴 뱀의 강력함을 가지라
241 • 위기에 직면하면 단결한다 — 오월동주(吳越同舟)
243 • 정치는 군사(軍事)보다 우선이다
244 • 이것 저것 지나치게 생각하다가는 움직이지 못한다
245 • 재지(才知)를 표출하지 말고 암우(暗愚)에 철저하라
247 • 철두철미한 비밀주의
248 • 나무에 오르도록 하고 흔들어라
249 • '변화관리(變化管理)'의 수순
250 • 사람을 움직이는 데는 이점(利點)을 강조하는 게 좋다
251 • 말만으로는 사람을 움직이게 할 수 없다
252 • 궁지에 빠졌을 때야말로 활로(活路)가 열린다
255 • 상대방의 입장이 되면, 그 마음을 읽을 수 있다
256 • 처음에는 처녀처럼, 나중에는 달리는 토끼처럼
259 • 함부로 불을 지르는 것은 무의미하다
260 • '왜 화공을 하는지'를 확인하라
261 • 화공을 하는 경우의 여러 가지 전투법
262 • 화공(火攻)과 수공(水攻)의 비교
263 • 방향이 틀리는 노력은 반드시 무용지물이 된다

265 • 단 한 차례의 '감정'이 모든 판단을 흐리게 한다
267 • 호기(好機)가 도래하기까지 꾹 참으라
270 • 정보수집에 비용을 아껴서는 안된다
271 • 정보를 정확하게 얻는 자가 승리를 얻는다
273 • 간자(間者)는 가장 신뢰할 수 있는 인물이어야 한다
274 • 이런 군주가 아니면 간자(間者)를 쓸 수 없다
275 • 상대방의 인물 데이터를 갖추어 두라
276 • 상대방의 정보원을 역(逆)으로 이용하라

손빈병법(孫臏兵法)

281 • 무력을 함부로 앞세우지 말고, 승리를 탐내지 마라
282 • 정세는 반드시 변화한다
283 • 희생부대를 사용한 후림수 작전
284 • 상벌(賞罰)은 필요하지만 만능은 아니다
285 • 용병(用兵) 때의 마음가짐 여덟 조목
286 • 필승을 가져다 주는 다섯 가지 주안점
287 • 필패(必敗)를 가져다 주는 다섯 가지 주안점

288 • 천시(天時)·지리(地利)·인화(人和)의 상호관계
289 • 이것이 전형적인, 모자라는 상사(上司)이다
290 • 이런 곳에는 포진(布陣)을 하지 마라
291 • 전위(前衛)와 후위(後衛)의 밀접한 연계를……
292 • 상대방의 상황에 따라 격려하는 방법이 다르다
293 • 이런 상대에게는 이렇게 대처하라
294 • 실패를 자초하는 지도자의 결함
295 • 강(强)은 영원히 강, 약(弱)은 영원히 약이 아니다

296 • 해 설
310 • 《손자》 각 편의 개략
321 • 색 인(索引)

전쟁은 함부로 시작해서는 안된다

兵者國之大事 死生之地 存亡之道 不可不察也
(병자국지대사 사생지지 존망지도 불가불찰야) 〈始計篇(시계편)〉

《손자(孫子)》서두에 나오는 유명한 구절이다. 병(兵)은 전쟁·군대·무기·전략 등등 여러 가지 의미로 사용되는데 여기서는 전쟁을 가리킨다.

표제의 원문을 의역하면,
'전쟁은 나라의 중대사이다. 국민의 생사를 좌우하고 국가의 존망이 걸려 있다. 신중히 검토하지 않으면 안된다'
란 뜻이 된다. 막상 개전(開戰)할 것인가 말 것인가를 결정할 때면 목소리가 높은 적극론이 대세를 지배하기 쉽다. 그것은 태평양 전쟁을 일으켰던 일본의 군부가 증명해 주고 있다. 어디 그뿐인가. 전조직을 동원하여 어떤 사업을 시작하려 할 때도 흔히 있을 수 있는 일이다.

《손자(孫子)》는 그 점을 경고하고 있는 것이다. 중요한 결정을 할 때는 통치의 기본이 되는 다음 다섯 가지 요건[五事]을 충족하고 있는지 여부를 반드시 점검해야 한다고 강조하고 있다.

첫째는 도(道)이다. 즉 위정자와 국민의 일체화(一體化)를 꾀할 일이다.

둘째로는 천(天)이고 셋째는 지(地)이다. 이것은 천시(天時)와 지리(地利)라고 해석할 수 있다. 흔히 이 천시·지리에 더하여 인화(人和)를 꼽으며 이상 세 가지를 성공의 세 가지 조건이라고 한다.

《맹자(孟子)》에는, '천시는 지리만 못하고 지리는 인화만 못하다(天時不如地利, 地利不如人和)'라 하여 그 세 가지 조건에 우선순위를 먹이고 있는데, 세 가지 모두 중요한 조건임에 틀림이 없다.

참고로 손자는 도(道)가 있음으로써 인화, 즉 국민의 일치협력을 기대할 수 있다고 생각했다. 그러기에 인화를 생략하고 있는 것이다.

다음으로 넷째는 장(將)이다. 아군과 적군간에 어느 쪽이 유능한 장군을 보유하고 있느냐, 이것이 승패를 가름하는 핵심이 된다. 장군의 유무능을 판단하는 기준은 다음 항에서 설명하겠다.

다섯째가 법(法)이다. 알기 쉽게 설명하면 조직의 관리이다. 군(軍)에 통제가 있느냐 없느냐라는 것, 그것은 역시 승패의 관건이 된다.

이상 손자가 들고 있는 5개 항목은 오늘날의 기업활동에도 거의 그대로 적용될 것으로 생각한다. 기업활동의 목적은 두말할 것도 없이 이윤의 추구에 있다. 그러나 이윤만 있으면 무슨 짓을 해도 좋은 것은 아니다. 역시 일정한 룰을 지켜야 하는 것이다.

또 기업의 사회적 책임이란 것도 항상 염두에 두어야 한다. 그렇게 하지 않으면 사람들의 지지를 받지 못하는 것이다. 이것이 손자가 말하는 도에 다름 아니다. 또 기업활동의 타이밍, 입지조건, 그리고 유능한 경영 스태프를 확보했는가, 적절한 조직관리가 이루어지고 있는가 등등……. 여기서 손자가 지적하고 있는 5개 항목은 모두 기업의 존망을 가름하는 기준이 된다.

현대의 기업 역시, 격렬한 경쟁 속에서 살아남기 위해서는 이런 관점에서 자기자신의 체질을 재점검해볼 필요가 있을 것이다.

승패를 결정짓는 일곱 가지 열쇠

主孰有道 將孰有能 天地孰得 法令孰行 兵衆孰强 士卒孰練 賞罰孰明 吾以此知勝負矣
(주숙유도 장숙유능 천지숙득 법령숙행 병중숙강 사졸숙련 상벌숙명 오이차지승부의) 〈始計篇(시계편)〉

손자는 전력을 계산하거나 승패를 예측하기 위한 체크포인트를 여러 각도에서 거론하고 있다. 이 항목도 그 중 하나로서 적군과 아군의 전력을 하드면(hard面)이 아니라 소프트면(soft面)으로 비교하고 승패를 예측코자 하는 것이다. 이것을 '칠계(七計)'라고 한다. 즉, 첫째, Top은 어느 쪽이 더 명확한 방침을 가지고 있는가. 둘째, 장군, 다시 말해서 지도부는 어느 쪽이 더 유능한가. 셋째, 시기라든가 상황은 어느 쪽이 더 유리한가. 넷째, 관리는 어느 쪽이 더 잘 되어가고 있는가. 다섯째, 제일선의 병사들, 다시 말해서 말단 직원들은 어느 쪽이 더 열심히 일을 하고 있는가. 여섯째, 중간 간부, 즉 소조직(小組織)의 리더는 어느 쪽이 더 경험을 쌓고 있는가. 일곱째, 업적의 평가는 어느 쪽이 더 공평하고 정확하게 하고 있는가 등등을 거론하고 있다.

《손자》는 리더의 책이다. 리더에게는 무엇이 가장 중요한가? 손자는 리더에게 가장 중요한 것은 상황판단이라고 갈파한다.

피아간의 전력 비교를 위에서 든 7개 항목을 비교해보고, 그 역관계(力關係)의 우열을 판단하여 승산이 있는지를 결정지으라는 것이 손자의 권유인 것이다.

조직원 전원에게 목표를 가지게 하라

道者令民與上同意 可與之死 可與之生 而不畏危也
(도자령민여상동의 가여지사 가여지생 이불외위야) 〈始計篇(시계편)〉

통치의 기본인 '오사(五事)' 중 첫 번째로 이 '도(道)'를 들었었다. 표제어를 직역하면,

'도란 백성들로 하여금 윗사람과 한마음이 되게 하는 것이다. 그러므로 생사를 같이 할 수 있는 법이다. 따라서 백성들은 위험도 두려워하지 않게 된다'

가 된다. 이 도(道)가 무엇을 의미하는 것인지에 대하여 예로부터 여러 가지 해석이 있었다. 왕도(王道)다, 인애(仁愛)다라는 설이 있는가 하면 그런 도덕적인 것이 아니라 권도(權道)를 가리키는 것이라고 주장하는 사람도 있다. 그것은 각자의 가치관에 따라 달라질 수 있을 것이다.

그러나 손자가 설명하는 바를 허심탄회하게 살펴보면, 이것은 현대에서 말하는 '목표'로 해석하는 것이 타당하리라. 즉 착실하게 행동해 나가는 조직은 그 전조직원이 공통된 목표를 가지고 있다. 이해(利害)와 사명감, 위기감, 분위기……. 그 무엇에서든 일체감을 가지고 행동함으로써 그 조직의 활성화가 이루어지는 법이다.

전조직원을 결집시킬 수 있는 목표를 설정하는 것이 리더의 큰 임무이다. 능력있고 기묘한 리더는 사람들이 알아차리지 못하는 사이에 어떤 목표를 향하여 전조직원이 의사를 통일하고 매진하게 만들어 나가는 것이다.

천시(天時)를 유리하게 얻고 있는가?

天者 陰陽寒暑時制也
(천자 음양한서시제야) 〈始計篇(시계편)〉

통치의 기본인 오사(五事)의 두 번째로 거론하고 있는 것이 '천(天)'이다. 전쟁을 일으킬 것인가 일으키지 말 것인가의 의지 결정을 함에 있어, 이것은 지극히 중요한 체크포인트인 것이다.

고대 중국인에게 있어 천(天), 즉 하늘은 '만물의 조상'이며 '지고무상(至高無上)의 신(神)'이었다. 하늘의 명(命)을 받아 지상에 군림하는 자가 곧 천자(天子)였다. 어쨌든 하늘은 절대자이며 숭배해야 하는 신이었다. 그러나 손자는 그 천(天)에 대하여 전혀 다른 정의를 내린다. 그가 말하는 천(天)은 요즈음 우리가 말하는 타이밍에 해당한다. 또 '음양(陰陽)'은 점을 치는 것이라고 해석한 당(唐)나라 때의 학자도 있지만 《손자》 전반을 통하여 살펴볼 때 그런 요소는 없고, 천체의 운행에 의한 음과 양이라는 학설이 타당할 것이다. 한밤중이라든가 흐린 날, 또는 비오는 날이 음이며 대낮, 맑은 날 등이 양에 속한다.

'한서(寒暑)'는 문자 그대로 기후상의 추위와 더위로서 사계절의 변화를 가리킨다. 또 '시제(時制)'는 시간의 표시이다. 이런 것들을 총괄하여 시간적인 요소인 것들을 손자는 천이라고 칭했던 것이다. 다시 말해서 '천시(天時)'이다. 즉 유리한 기상조건을 얻는 것이 승전(勝戰)의 요체란 뜻인데 현대의 사업에서도 타이밍이 성패를 좌우한다는 것은 주지하는 바와 같다.

지리(地利)를 얻는 것도 아주 중요해

地者 遠近險易廣狹 死生也
(지자 원근험이광협 사생야) 〈始計篇(시계편)〉

    통치의 기본인 오사(五事) 가운데 세 번째로 지적하고 있는 것이 '지(地)'이다. 이 지는 지형(地形)의 이점(利點), 즉 지리(地利)이다. 지형의 조사대상은 〈구지편(九地篇)〉에서 자세히 설명하는데, 원근과 험이도, 광협 등 각종 요인으로서 특히 작전계획면에서 중시되는 장소를 상세하게 조사한다. 그리고 그것을 천이나 가죽에 지도화(地圖化)하여 하급부대에도 배포한다.
    거기에는 성벽, 중요하천, 전진로(前進路)가 되는 도로, 교전 예정지 등이 포함되어야 한다. 손자는 '군량미와 말 먹이는 적지(敵地)에서 조달한다'라는 취지였으니 취락(聚落)과 그 지역의 식량 사정을 조사하는 것도 중요하며 특히 성읍(城邑)에 대해서는 세세한 점까지 조사해야 한다고 했다.
    실전(實戰) 에피소드 한 가지 ─. 노일전쟁(露日戰爭) 때, 일본군은 러시아의 시베리아 철도 상황을 후쿠지마(福島安正) 중좌가 실제로 답사를 했고 가와가미(川上) 참모차장과 그의 후임자인 다무라(田村) 참모장 등은 스스로 하바로프크라든가 블라디보스토크를 여행하면서 지지(地誌)를 확인하여 승전을 거두었다.
    그러나 태평양전쟁 때는 남양의 섬들은 해군의 소관이었으므로 뉴기니 파견 육군부대 등은 5만분지 1 지도조차 준비하지 않았다가 고전 끝에 참패를 당하고 말았다.

지도자에게 있어 필요한 다섯 가지 덕성(德性)

將者 智信仁勇嚴也
(장자 지신임용엄야) 〈始計篇(시계편)〉

손자는 장수된 자는 다음과 같은 5가지 덕성을 갖추고 있지 않으면 안된다고 했다.

장수란 일군(一軍)의 리더이다. 이는 현대의 리더에게도 그대로 적용되는 것이라 하겠다.

첫 번째는 지(智)이다. '승산이 없는 싸움은 하지 마라'는 것이 손자병법의 기본적인 전제조건 중 하나인데 승산이 있는지 없는지를 판단하는 것이 바로 이 지(智)이다. 정황을 정확하게 읽어내는 힘, 혹은 선견력(先見力)이라고 해도 좋다.

실은 인간의 식별능력에는 지보다 한층 위의 레벨이 있다. 그것은 '명(明)'이다. 그렇다면 지와 명의 차이는 어디에 있는 것일까? 《노자(老子)》란 책에 '남을 아는 것은 지이고 나를 아는 것은 명이다'라고 했다. 장수된 자는 가능하다면 '명'이어야 하겠지만 그것이 안된다면 '지'라도 있어야 한다는 것이다.

명은 선천적인 능력인데 지는 후천적인 능력으로도 몸에 익힐 수가 있다. 그러려면 선인(先人) 등의 지혜에서 배워야 한다.

두 번째는 신(信)이다. 신이란 거짓말을 하지 않는다, 약속을 지킨다란 의미이다. 장수된 자가 일구이언(一口二言)을 한다면 부하들은 따라오지 아니한다. '미안, 미안, 그 말은 안들은 것으로 해주게' 등등, 했던 말을 함부로 정정한다면 주변 사람들로부터 신뢰를 얻지 못한다. 이런 짓을 했다가는 통솔력은 저하되고 만다.
　《서경(書經)》이란 책에 '윤언여한(綸言如汗)'이란 말이 있다. 윤언이란 천자가 한 말이다. 여한이란 땀처럼 한 번 나온 것은 들어갈 수 없다, 되돌릴 수 없다란 의미이다. 그러므로 Top인 사람은 발언을 할 때 심사숙고하지 않으면 안된다. 이것은 Top뿐만 아니라 모든 리더들이 자계(自戒)해야 하는 바이기도 하다.
　손자가 말하는 신(信)에는 그런 의미가 포함되어 있는 것이다.
　세 번째는 인(仁)이다. 알기 쉽게 말하면 동정심이다. 부하를 마구 부리기만 하는 리더는 부하를 심복(心服)시킬 수가 없다. 따라서 조직을 제대로 관리할 수가 없다. 그렇게 되지 않기 위해서는 리더된 자는 부하의 마음을 사로잡는 매력이 있어야 한다. 그러기 위해서는 인(仁)이 필요하다는 것이다.
　네 번째는 용(勇)이다. 이것은 용기라고 이해해도 좋다. 혹은 결단력이라고 해도 좋을 것이다.
　용기라고 하면 우리나라 사람들은 어쨌든 앞으로 앞으로 나아가는 것만이 용기라고 생각하기 일쑤이다. 그러나 중국 사람들은 그런 용은 용이기는 하지만 '필부지용(匹夫之勇)'에 지나지 않는다고 생각한다. 장수된 자의 용이란, 승산이 없다는 판단이 서면 주저없이 물러서는 용이다. 즉 과감하게 뒤로 물러설 줄도 아는 용, 이것이 손자가 말하는 용기이다.
　다섯 번째가 엄(嚴)이다. 엄격한 태도, 다시 말해서 신상필벌로 부하에 임하는 것이다.
　부하에 대한 통솔력에 대해서 말한다면 앞에서 든 인(仁)만으로는 아무래도 조직이 나태해지기 쉽다. 그래서 필요한 것이 이 엄이다. '엄'과 '인'을 여하히 조화롭게 사용하느냐가 부하를 통솔하는 관건이 된다는 말이다.

적군을 방심케 하고 판단을 흐리게 하라

兵者詭道也
(병자궤도야) 〈始計篇(시계편)〉

위 표제어의 원문을 직역하면, '전쟁이란 속임수이다'란 뜻이다. 《손자》는 〈군쟁편(軍爭篇)〉에서도 '전쟁이란 속임수에 의해 성립된다(兵以詐立)'라고 갈파한 다음 이렇게 덧붙이고 있다.

'작전 행동의 근본은 적을 속이는 것이다. 유리한 정황 하에서 행동하고 병력을 분산, 집중시키되 정황에 대응하여 변화시켜야 한다.'

표제의 원문에 나오는 '궤도(詭道)'와 〈군쟁편〉의 '사(詐)'는 같은 의미로서 '속이다', '착각을 일으키게 하다'란 뜻을 가지고 있다. 좀더 자세히 말한다면 첫째, 적으로 하여금 방심하도록 유도한다. 둘째, 적의 눈을 속인다. 셋째, 적의 판단을 흐리게 한다란 의미가 되겠다.

이것이 '궤도'이며 '사(詐)'이다.

손자는 궤도의 내용에 대해서 다음과 같이 설명하고 있다.

'예를 들면 가능하면서도 불가능한 척하고, 필요하건만 불필요한 척한다. 멀리 가는 척하면서 가까이 다가가고 가까이 다가가는 척하면서 멀리 간다. 유리한 것처럼 판단케 하여 유혹해 내고 혼란해진 틈에 쳐들어 간다. 충실한 적 앞에서는 후퇴하는 양 보이면서 수비태세를 공고히 하고 강력한 적 앞에서는 싸우는 척하면서 후퇴한다. 일부러 도발하여 적군으로 하여금 소모케 하고 저자세로 나아가 적으로 하여금 방심토록 한다. 충분히 휴식한 적군은 분주하게 만들어 지치게 하고 단결된 적군은 이간을 하여 반목(反目)하게 한다.'

실로 대단한 술책이라고 해도 좋겠다.

물론 손자는 이런 술책들을 전쟁터에서 사용해야 한다고 못박고 있다. 그러나 인생 자체가 전쟁이라고 볼 때 이런 점들을 널리 인간관계 속에서 적용한다면 어떻게 될까?

솔직히 말해서 '궤도'든 '사(詐)'든 거짓말이요 사기임에는 틀림이 없다. 속임수는 비난당하는 것이 통례요 일반적인 생각이다.

그러나 똑같은 비난을 하더라도 우리나라 사람과 중국 사람 사이에는 엄청난 차이가 있다. 우리나라 사람은 속인 쪽을 일방적으로 비난하고 속은 쪽은 동정을 한다. 그러나 중국인의 경우는 다르다. 속인 쪽도 비난을 받게 되지만, 그 이상으로 어처구니 없게 속은 쪽에도 다소 책임이 있다고 생각한다.

우리나라 사람은 어딘가 소극적이고 값싼 동정심으로 흐르는 반면, 중국 사람들은 어디까지나 적극적이고 시원스럽다는 느낌을 준다.

일반론(一般論)으로서 '궤도'의 수법을 터득하는 것은 리더의 중요한 조건 중 하나이다. 왜냐하면 그것을 터득하고 있지 못하면 상대방이 속임수를 써올 때 이에 대처하고 방어할 수가 없기 때문이다.

그렇게 되면 리더로서 조직을 지켜내지 못할 뿐만 아니라 자기 자신의 몸까지도 지켜내지 못하는 것이다. 남에게 속지 않는 방어수단으로서 궤도와 사(詐)를 연구하는 것은 값진 일이 아니겠는가 —.

자신의 능력을 과시하지 마라

能而示之不能
(능이시지불능) 〈始計篇(시계편)〉

위 구절의 원문을 번역하면, '능력이 있더라도 없는 것처럼 보이라'는 의미이다.

정도의 차이는 있을지언정 인간에게는 누구나 남에 대한 우월감과 열등감이 마음속에 동거(同居)하고 있다. 자기자신은 다른 사람만 못하다라고 하는 한탄이 있는가 하면, 그 반면 자기자신은 남보다 조금이라도 낫다고 하는 자만심이 도사리고 있는 것이다.

자신의 능력을 남에게서 인정받고 싶다는 생각은 누구나 가지고 있는 인지상정이다. 하물며 현대는 선전의 시대이다. 잠자코 있다가는 인정을 받기는 커녕 뒤처지고 말 것이 아닐까 하는 불안감이 감돈다.

그래서 사사건건 자신을 선전하고 자기 재능을 과시하려는 풍조가 널리 퍼져 있다. 이른바 자기 PR의 횡행이다. 개중에는 그 효과가 주효하여 크게 재미를 보는 사람도 있다. 그러나 그런 생활태도는 위험하다. 가령 성공을 거두었다 하더라도 능력 이상의 허명(虛名)이라면 언제나 무리를 하지 않으면 안된다. 그러는 것보다는 이렇게 살 일이다. '할 수 있지만 할 수 없는 척한다'

그렇게 하면 우선 남에게 시기를 받지 않아도 된다. 또 남들이 그 이상의 것을 가르쳐 준다. 그런데다가 자연스럽게 그 재능이 인정될 때에는 한층 더 빛이 나게 마련이다.

함부로 속내를 드러내지 마라

用而示之不用
(용이시지불용) 〈始計篇(시계편)〉

이것 역시 '궤도(詭道)'의 한 가지인데 그 응용범위는 굉장히 넓다. 우리 신변과 제일 가까운 예는 물품의 값을 깎을 때 본능적으로 하는 행동이다. 그 물품이 꼭 필요하다는 눈치를 보이면 상대방은 고자세로 나오며 값을 깎아 주지 않을 것인즉 필요치 않은 체하면서 값을 깎는 것이다.

요컨대 함부로 이 쪽의 본심을 드러내지 말 일이다. 단, 언제나 그렇게 해야 한다는 것은 아니다. 언제나 그런 태도를 취하고 있으면 남들은 도리어 경계를 하게 된다. 꼭 필요한 경우에 한해서 사용해야 하는 전술인 것이다. 실은 어떤 전술을 구사할 때도 가장 신경을 써야 하는 것이 바로 이 표제어의 구절이다.

자기자신의 전술이 기묘하다 하여 그 전술을 자랑하는 자를 흔히 본다. 또 득의만면하며 자신의 속내를 털어놓는 사람도 있다. 이것은 어리석음의 절정이라고 할 수 있다.

전술이란 것은 남들이 모르는 까닭에 전술로서의 가치를 가지는 것이다. 또 그러기에 소기의 목적을 달성할 수 있는 것이고—.

'비록 능(能)하더라도 능하지 못한 것처럼 행동하라'는 말과 같은 발상(發想)이다. 사자라든가 독수리 등 맹수나 맹금류들은 그들의 주무기인 발톱을 감추고 다니지 않던가—.

상대방의 심리적 맹점을 찌르라

近而示之遠 遠而示之近
(근이시지원 원이시지근) 〈始計篇(시계편)〉

　궤도(詭道)의 세 번째 전술이다. 예로부터 이 전술은 실제로 전투에서 많이 사용되었었다.
　1950년 8월, 유엔군과 한국군이 낙동강에 진지를 구축하고 괴뢰군과 대치했다. 최후의 보루로 구축한 이 전선은 120마일 ─. 그리고 전투는 교착상태에 빠져 있었다.
　유엔군 총사령관 맥아더장군은 이때 인천 상륙작전을 감행하여 서울을 일거에 수복하려는 작전을 구상중이었다. 그는 우선 전함 미주리호의 16인치 함포로 동해안 삼척을 공격했고 해군 특공대들로 하여금 포항 북쪽과 군산 등지의 적군을 공략케 했다. 괴뢰군의 신경은 온통 그곳에 쏠리고 있었다.
　그러는 한편 맥아더는 인천 상륙부대의 수송선단을 서해로 발진시키어 은밀히 인천 앞바다에 집결시켰다. 그리고 마침내 9월 13일, 인천을 중심으로 한 그 외곽지대에 참호를 파고 수비하던 괴뢰군에게 일제히 함포사격을 개시하여 섬멸했다. 그러기를 2일, 9월 15일에는 한·미 해병대가 인천에 상륙하는 데 성공했던 것이다.
　바둑의 전술용어에도 '성동격서(聲東擊西)'란 말이 있다. 동쪽을 공격하는 척하면서 실은 서쪽을 도모하는 전술이다. 이는 바둑뿐 아니라 일반 기업과 일상생활에서도 사용되는 고등전술이다.

과감하게 나오지 않는 적을 움직이게 하려면……

善動敵者 形之 敵必從之
(선동적자 형지 적필종지) 〈兵勢篇(병세편)〉

위 표제어의 원문을 의역하면, '적을 능숙하게 조종할 줄 아는 자는 아군의 태세를 짐짓 불리한 것처럼 보이어 반드시 그 계략에 따르도록 한다'란 의미가 된다.

이 한 구절이야말로 《손자》병법의 중요한 핵심이다.

강력한 무력으로 적을 제압하는 것은 누구나 할 수 있는 당연한 일이다. 굳이 병법을 들먹일 필요도 없다.

힘을 사용하지 않고서도, 적군을 아군의 작전대로 통제하고 조절한다. 그런 점에 병법의 가치가 있는 것이다. 그러므로 병법에 따르면 자기보다 강력한 적에게도 이길 수가 있는 것이다.

직접 적을 움직이려 하지 말고 적으로 하여금 움직이게끔 속임수를 쓰는 것이다. 그런 속임수를 쓰는 사람이라면 힘이 그렇게 많지 않더라도 지혜만 있으면 된다. 설령 힘이 있어도 희생을 최소화하여 큰 전과를 올린다면 이보다 더 좋은 게 없을 것이다.

그 병법이 곧 '시형지술(示形之術)'이다. 형(形)을 보여주어 유인해 내는 것이다. 전쟁의 실례(實例)를 들어보겠다. 기원전 4세기, 중국 전국시대에 있었던 일이다.

위(魏)나라 대군이 황하를 건너 북상해서, 조(趙)나라 도읍인 한단(邯鄲)을 포위했다. 조나라는 동맹국인 제(齊)나라에 구원을 요청할 수밖에 없었다. 제나라에서는 이를 받아들이어 즉각 한단으로 구원군을 보내려고 했던 바 군사(軍師)인 손빈(孫臏)이 말리는 것이었다.

"개인끼리 싸울 때도 한 쪽을 도와주려면 직접 상대방을 두드려 패서는 아니되옵니다. 또 헝클어진 실타래를 풀려면 무리하게 실마리를 잡아당겨서는 아니되구요. 지금 우리 군단은 위나라 도읍을 쳐야 하옵니다. 그러면 자연히 조나라의 포위망은 풀릴 것이니이다."

이 헌책에 따라 제나라 군단은 전쟁터로 향하지 않고 위나라 도읍 대량(大梁)으로 진군을 개시했다. 급보를 접한 위나라 원정군은 기겁을 하여 한단의 포위를 풀고 본국으로 철수했다. 제나라 군단은 이들을 도중에서 영격하여 큰 승리를 거두었다.

이 고사(故事)에서 '위나라를 포위하여 조나라를 구하다(圍魏救趙)'라는 성어가 생겨났다. 분쟁의 현장을 피하고 상대방의 급소를 찔러 항복하게 만든다는 뜻이다.

'시형지술'은 인간관계에서도 무의식 중에 일상적으로 사용된다. 연애에 대해서 생각해 보자. 상대방을 설득하는 경우 단지 자기를 좋아해 달라고 윽박지르는 것은 무익할 뿐이다. 바보가 아닌 다음에야 그런 짓은 하지 않는다. 그보다는 상대가 자기를 좋아할 수 있는 상황을 만들어 나갈 것이다. 이것이 곧 '시형지술'이다.

세일즈, 상품광고 등 모두에서 이 원리가 사용되고 있다. 단지 팔아달라고 해서 고객이 사주는 것은 아니다. 스스로 사고 싶도록 상황을 만들지 않으면 안된다. 남에게 하고자 하는 마음이 일도록 하는 원리도 마찬가지이다. 강요한다고 해서 하고자 하는 마음이 용솟음치는 것은 아니다. 그런 마음이 생기도록 동기부여를 해야 한다. 오늘날의 행동과학에서 말하는 동기부여의 이론은 2천 수백 년 전에 이미 손자가 제창했던 것이다.

상대방의 욕망을 파악하라

能使敵人自至者 利之也
(능사적인자지자 이지야) 〈虛實篇(허실편)〉

상대방을 강제로 움직이게 하는 것이 아니라 자발적으로 움직이도록 상황을 만든다 ― 즉 앞에서 설명한 바 있는 '시형지술(示形之術)'의 각론(各論)이다. 그럼 어떻게 하면 자발적으로 움직이게 할 수 있는 것일까?

사람의 동기(動機)에는 여러 가지가 있다. 그 가운데 제일 효과적인 것이 '이익'이다. 물질적이든 정신적이든 사람은 자신에게 이익이 되는 것이 있으면 스스로 움직이려고 한다. 욕심이 많은 상대일수록 움직이도록 만들기가 쉽다. 욕심이 없는 사람에게는 미끼의 효과가 신통치 않다.

사기(詐欺)는 괘씸한 행동이지만 피해자에게 욕심이 없다면 걸려드는 일이 적은 법이다. 속임수에 뛰어난 자는 상대방의 욕구를 파악하는 데 출중하다.

단, 어떤 경우든, 또는 어떤 사람이든 모두 이익에 따라 움직인다고 생각하는 것은 잘못이다. 인간의 동기는 그렇게 단순한 것이 아니다. 이익 이외에도 정의감·분노·자존심·정(情)·명예심…… 등등, 사람을 행동으로 나오게 만드는 동인(動因)은 복잡다기(複雜多岐)하다. 서투른 수단으로는 상대방을 움직이게 할 수는 없다. 상대를 움직이게 하려면 상대의 마음을 꿰뚫어 보는 영지(英智)가 필요한 법이다.

상대방의 행위를 멈추게 하려면……

能使敵人不得至者 害之也
(능사적인부득지자 해지야) 〈虛實篇(허실편)〉

　상대방은 어떤 목적이 있기에 오려고 하는 것이다. 그런데 단지 이쪽의 사정이 있어서 '오지 말라'고 한들 안 올 리가 없다. 그렇건만 왕왕 상대방이 오게 되면 난처하다는 의식이 앞서서 '오지 마' '안 왔으면 좋겠어'라며 만류하는 예가 의외로 많이 있다. 이것은 너무나 주관적이다.

　사람에게 무언가 시키고 싶다든가 혹은 그만두게 하고 싶은 경우, 우선 이 주관적 태도를 버리는 것부터 시작하지 않으면 안된다. 그리고 상대방의 입장이 되어 보는 것이다. 그러면 어떻게 해야 상대방이 움직일까, 혹은 움직이지 않을까 알 수 있게 될 것이니 말이다.

　금지(禁止), 제지(制止)…… 등, 대저 사람들의 행위를 중지시킨다는 것은 생각하기에 따라서는 사람들에게 어떤 일을 시키는 것보다 더 어렵다. 자칫하면 이쪽의 입장에서 나오는 명령이 되든가, 이쪽의 처지에서 바라는 원망(願望)이 되고 만다.

　어느 초등학교의 조사에 의하면 어린이들이 듣기 싫어하는 엄마의 말 가운데 제1위는 '……하면 안돼!'이고 두 번째가 '…… 어서 하지 못해!'라는 것이다.

　금령(禁令)이란 것은 너무 많으면 도리어 역효과를 내게 마련이다.

상대하기 버거운 적과는 정면승부를 하지 마라

強而避之
(강이피지) 〈始計篇(시계편)〉

상대방이 자기보다 강하면 피하는 게 상책이다. 이것은 결코 강한 자 앞에서 비굴해지라는 뜻이 아니다. 손자병법은 어디까지나 최종적인 승리를 목적으로 하고 있다. 강력한 상대와 정면승부하다가 옥쇄(玉碎)하고 만다면 아무 의미도 없다.

우리나라 사람은 '도망한다'고 하면, 비겁하다며 멸시한다. 중국에서 전승(傳承)되어 온 처세법에 의하면 '도망간다'에도 여러 가지 도망가는 방법이 있다.

먼저 그 첫째가 '도(逃)'로서 이것은 차츰 조짐이 나타나려는 때에 그것을 간파하고 몸을 숨기는 것이다. 비유해서 말한다면 좁은 길을 가는데 저쪽에서 자동차가 달려온다고 하자. 그러면 자동차와 충돌하지 않도록 샛길로 피한다. 이것이 '도'이다.

두 번째는 '피(避)'이다. 이것은 신변의 안전을 꾀하며 시간이 흐르기를 기다리는 것이고 위에서 든 자동차의 예로 본다면 몸을 피하여 충돌을 예방하고 자동차가 통과하기를 '기다리는' 것이다.

그리고 세 번째가 '돈(遯)'이다. 이것은 일시적으로 피하면서도 다소 그 목적 달성을 위해 노력하는 것이다. 자동차의 예로 본다면 몸을 피하긴 피하되 머물러 서있지 않고 조금씩 앞으로 나아가는 것이다. 피하면서도 상대방을 쓰러뜨리도록 계속 노력을 한다. 가장 적극적인 도피법은 바로 이 '돈'인 것이다.

도발(挑發)은 상대방의 심리를 조작하는 비법이다

怒而撓之
(노이요지) 〈始計篇(시계편)〉

술에 취하면 의외로 본심을 털어놓는 수가 있다. 이와 마찬가지로 격노(激怒)하면 평소 마음속에 담고 있던 말을 마구 해대는 경우도 있다.

물론 취하거나 화가 났을 때 하는 언동이 모두 그 사람의 본심이고 본질이라고 단정할 수는 없다. 마음에도 없는 말을 지껄인다든가 생각하지도 않은 짓을 하는 경우도 많다.

하지만 어쨌든간에 인간은 흥분하게 되면 마음의 균형을 잃고 평상시에 가리고 있었던 베일을 벗어 던지는 것만은 틀림이 없다. 손자는 이 원리를 궤도(詭道)에서 살려나가라고 권한다.

중국 역사상 최초로 천하통일을 했던 진(秦)나라가 멸망하자 유방(劉邦)과 항우(項羽)는 천하를 놓고 혈투를 벌였다. 골짜기를 사이에 두고 대치한 유방과 항우, 즉 광무지전(廣武之戰) 때의 일이다. 항우는 유방의 아버지를 포로로 잡고 있었는데 큰 가마솥을 걸어놓고 '항복하지 않으면 너의 아비를 삶아 죽이겠다'며 협박했다. 그러나 유방은 태연하게도 '다 삶거든 국물을 좀 보내라'며 꿈쩍도 하지 않았다. 결국 항우의 속임수에 넘어가지 않은 유방이 승리를 거두었거니와 이는 '노이요지'를 역이용한 심리전이었다.

이 원리는 상대를 쓰러뜨리는 경우뿐 아니라, 상대방의 마음의 벽을 허물게 할 때, 상대방의 정체를 알고자 할 때 등 두루 쓰인다.

겸손한 태도로 상대방을 우쭐하게 만들라

卑而驕之
(비이교지) 〈始計篇(시계편)〉

　이 전술을 썼던 것이 기원전 6~5세기경 고대 중국의 일대 드라마인 오(吳)나라와 월(越)나라의 항쟁 때 벌어진 사건이다. 서로 승패를 반복하면서 상대방에 대한 복수심이 사그러드는 것을 막기 위해 장작더미 위에서 잠을 자고 짐승의 쓸개를 핥으면서, 겪은 수모와 고초를 잊지 아니했다 하여 '와신상담(臥薪嘗膽)'이란 성어까지 만들어낸 그 항쟁은 수십 년 간이나 이어졌었다.
　마침내 월나라는 도읍까지 점령당한 끝에 오나라의 속국이 되었을 뿐만 아니라 월왕 구천(勾踐)은 오나라 도읍으로 끌려갔고 오왕 부차(夫差)에게 칭신(稱臣)하였다. 월나라에서는 일체의 항쟁을 하지 않았고 갖가지 공물을 바쳤으며 절세의 미녀들까지 보내어 오왕 부차의 환심을 사고자 했다.
　실은 이것은 '저자세로 나아가 상대방을 방심케 한다'라는 월나라 현신(賢臣) 범려(范蠡)의 작전이었다. 그러는 한편 그들은 국력을 착착 부강하게 만들면서 기회를 엿보았던 것이다.
　이 작전은 역전되어 오나라가 멸망하고 만다. 《손자병법》은 《노자(老子)》의 다음과 같은 섭리에 그 바탕을 두고 있다. '줄이고 싶으면 먼저 늘이라. 약하게 하고 싶으면 먼저 강하게 해주라.'
　반대로 생각하면, 겸손하게 나오는 상대방에게는 주의하라. 결코 우쭐대며 방심해서는 아니된다란 말이다.

악질적인 이간책에 놀아나지 마라

親而離之
(친이리지) 〈始計篇(시계편)〉

이것은 외교적으로 고립시키는 책략이다. 우리는 역사 속에서 이런 경우를 무수히 보아 왔다.

우선 우리나라 삼국시대 —. 고립상태에 있던 신라는 동맹국 사이이던 백제와 고구려를 이간시키어 적대시하게 만드는 한편, 당(唐)나라와 연합하여 백제를 멸망시키고 고구려에 침공했다. 그 결과는 신라가 삼국을 통일하는 대승으로 끝이 났다.

중국의 삼국시대, 즉 위(魏)·오(吳)·촉(蜀)나라 등이 천하를 놓고 혈전을 벌일 때, 그 이간책은 실로 두드러지는 것이었거니와 우리는《삼국지연의(三國志演義)》를 통해 그 대략을 엿볼 수가 있다. 제1차 세계대전과 제2차 세계대전 때도 고립된 나라가 패배하고 연합한 나라들이 승리했다. 승리를 거둔 국가들은 모두 이 대원칙을 활용한 외교술을 폈던 경우 등이다.

돌이켜 인간관계를 고찰해 보면, 더욱 문제를 일으키기 쉬운 것이 이 이간책들이다. 집단 속에는 대개 의식적이든 혹은 무의식적이든 친하게 지내는 사람들 사이를 이간시키려는 자가 있다. 그것은 질투심과 뿌리를 같이하는 것으로서 비뚤어진 자기보존의 본능이기도 하다. 손자의 이 말은 그런 이간책을 배우기 위해서가 아니라 누군가가 이간을 해오는 경우 그것을 경계하기 위해 반드시 터득해 둘 필요가 있다는 것을 가르쳐 주고 있다.

상대방의 의표를 찌르라

攻其無備 出其不意
(공기무비 출기불의) 〈始計篇(시계편)〉

　지금까지 궤도(詭道)의 여러 각론을 설명해 왔는데 그런 궤도의 노력을 한 다음에는 어떻게 할 것인지를 결론적으로 말해 주고 있다. 궤도의 노림수는 어디까지나 적으로 하여금 방심케 만들고 허점을 드러내도록 하는 것인즉, 그 허점이 보이면 주저하지 말고 공격을 가해야 한다는 것이다.
　이는 복싱・레슬링・태권도 등의 투기(鬪技)에서도 그대로 적용되는 가르침이다. 처음에 탐색전을 벌이면서 페인팅 모션을 쓰면 아무리 강한 상대방이라 해도 허점을 드러내게 마련이다. 그것을 놓치지 말고 일거에 결정타를 가하는 자라야 승리를 거둘 수 있다. 단순하다면 아주 단순한 가르침인데 단순하다는 것은 그만큼 응용범위가 넓다는 뜻이기도 하다. 또 응용범위가 넓다는 것은 적이 무방비한 상태를 공격하여야 하기 때문에 타이밍이 중요하다는 의미이기도 하고 —.
　승패를 다투는 것은 전쟁이든 스포츠든 마찬가지인데 여기에는 반드시 궤도가 따르게 마련이고 타이밍이 승패를 좌우한다고 할 수 있다.
　특히 약자가 강자와 겨루어 승리하기 위해서는 상대방의 의표를 찌르는 특기를 연구하지 않으면 안된다. 그것은 비즈니스에 있어서도 마찬가지이고 —.

승산이 없는 싸움은 하지 마라

多算勝 少算不勝
(다산승 소산불승) 〈始計篇(시계편)〉

　어느 시대건, 결행할 것이냐 말 것이냐의 결단은 Top에게 있어 가장 중요한 일이며 또 가장 어려운 문제이기도 하다.
　먼 옛날 은(殷)나라 시대(기원전 11세기 이전)에는 짐승의 뼈를 태우고 그 뼈에 생기는 금[線]의 형태를 보아 점을 치는 방법이 성행했었다.
　그러다가 시대가 흐르자 조상의 사당에 들어가 고한다거나 또는 그 사당에 중신(重臣)들을 모아놓고 협의를 하게 되었다. 그것을 '묘산(廟算)'이라고 한다.
　손자는 이 묘산의 새로운 방법을 도입했다. 그것은 어떤 것인가? 의지결정은 신령(神靈)에게 고한다든가 군주의 생각에 따를 일이 아니라 객관적인 계산에 바탕을 두어야 한다는 것이다.
　즉 앞에서 설명한 바 있는 '오사(五事)'에 비추어 보고, '칠계(七計)'에 의해 적군과 아군의 전력을 비교해야 한다는 것 ―. 이것이 '산(算)'이다. 그리고 승산이 있으면 싸우되 승산이 없으면 싸우지 말라고 했다.
　당연한 말이긴 하지만 뜻밖으로 이것이 실행되지 않는 것은 역사가 증명하는 바다.
　손자의 이런 사고방식은 오늘날의 시뮬레이션(모의실험), 피지빌리티 스터디(기업화 조사) 등의 사고방식과 통하는 바가 있다.

전쟁은 빨리 결말지어야 한다

兵聞拙速 未睹巧之久也
(병문졸속 미도교지구야) 〈作戰篇(작전편)〉

　전쟁은 가급적 회피하면서 다른 수단으로 목적을 달성하도록 힘써야 한다. 만에 하나 부득이해서 전쟁을 하는 경우에도 장기전을 피하고 속전속결로 끝내지 않으면 안된다. 이것이 《손자》의 인식이다. 전쟁을 지휘하는 지도자로서의 자격이 있느냐 없느냐는 이 한 가지 점에 달려 있다고 해도 좋을 것 같다.
　근대 일본의 예를 들어보자.
　노일전쟁(露日戰爭)은 당시 일본의 운명을 건 일전이었다. 일본의 상대는 뭐니뭐니 해도 당시 세계의 강대국인 러시아이다. 군수산업이 향상되어 가던 일본이라고는 하지만 승산은 희박하다고 보아야 했다. 그런데 막상 뚜껑을 열어 보니 의외로 승리의 연속이었다.
　자세한 내용을 알 길이 없는 일본 국민들은 '이겼다, 승리했다'라며 들떠 있었다. 그러나 당시의 지도자들은 냉정하게 국력의 한계를 간파하고는 빨리 수습하는 길을 모색하고 있었다. 그리고 사방팔방으로 손을 써서 강화조약을 체결하여 가까스로 위기를 넘겼던 것이다.
　이에 비하여 제2차 세계대전 당시의 일본 군부 지도자들은 저희들이 먼저 '이겼다, 승리했다'라며 들떠서 우쭐대다가 그만 수렁 속에 빠져들었고, 마침내는 나라를 파멸로 몰고 갔다.

왜 장기전은 피하지 않으면 안되는가? 《손자》에서는 이렇게 말하고 있다.

비록 전쟁에서 승리를 거두었다 하더라도 장기전이 되면 군사는 피폐해지고 사기도 떨어진다. 성(城)을 공격해도 전력은 밑바닥을 헤매게 될 뿐이다. 장기간 동안 군사를 전쟁터에 몰아 넣으면 국가의 재정도 위태로워진다.

이처럼 군사가 피폐해지고 사기가 떨어지며 전력은 바닥을 헤매고, 재정이 위기에 처하게 되면 그런 틈을 타고 여타 제국(諸國)이 공격해올 것이다. 이렇게 되면 제아무리 지혜에 출중한 자가 있더라도 사태를 수습할 수가 없다.

당연하다면 당연한 일인데, 이해는 되지만 실행에 옮길 수 없다는 데에 어려움이 있다. 그것은 제2차 세계대전 때의 일본인 뿐만 아니라, 미국에서도 월남전쟁에 슬슬 발목이 잡히어 그 수습에 무척이나 애를 먹었다.

기업 경영에 있어서도 똑같은 말을 할 수 있다.

중견 기업인인 K씨는 몇 해 전, 새로운 분야에 진출하기 위해 주력 업종과는 거리가 먼 중소기업체를 인수했다가 크게 실패하고 지금까지도 그 후유증으로 고생을 하고 있다. K씨는 입버릇처럼 중얼거렸다.

'인수했던 기업을 처분하는 시기를 놓쳤던 겁니다. 조금만 더 일찍 손을 뗐더라면 이 지경까지는 안되는 건데……'

그러나 이것은 상황이 끝난 다음이니까 할 수 있는 말이다. 실패의 와중에 있을 때는 머리가 멍해져서 냉정한 판단을 내린다는 것은 지극히 어려운 일일 것이니 말이다. 그러기에 손자는 그것을 극복하는 역량과 판단력이 필요하다고 했다. 자멸의 구렁텅이 속에 빠지지 않기 위해서 말이다.

지구전(持久戰)은 국가에 이로울 게 없어

兵久而國利者 未之有也
(병구이국리자 미지유야) 〈作戰篇(작전편)〉

소모가 격심한 전쟁을 오래 끌어서 좋다는 이유는 있을 수 없다. 그러나 이미 시작된 전쟁인 경우 장기화되는 것이 두려워서 일찌감치 손을 들어도 좋다는 뜻은 물론 아니다.

그런 의미에서 주목해야 할 논문이 있다. 노구교사건(蘆溝橋事件)이 발발된 지 10개월 째가 되는 1938년 5월, 모택동(毛澤東)이 발표하여 항일전(抗日戰)의 지침이 되었던 〈지구전론(持久戰論)〉의 일부를 소개하겠다.

'우리도 속전(速戰)을 좋아하지 않을 리 만무하며, 내일 아침에라도 오랑캐들을 몰아내는 데는 누구나 찬성할 것이다. 그러나 일정한 조건이 따르지 않는 한 속전은 머리 속에서만 존재할 뿐, 객관적으로는 존재하지 않으며 환상과 사이비 이론에 불과하다는 것을 우리는 지적한다. 우리는 객관적이고 전면적으로 적군과 아군의 모든 상황을 판단하며 전략적인 지구전만이 최후의 승리를 쟁취할 수 있는 유일한 길임을 지적한다.'

'전쟁이 어느 정도의 세월을 요하는지는 아무도 예측할 수가 없다. 이것은 전혀 아군과 적군의 힘의 변화 정도에 따라서 정해진다. 전쟁하는 기간을 줄이고자 하는 사람들 모두는 자기의 힘을 증대시키고 적군의 힘을 감소시키는 데 노력하는 것 외에는 방법이 없다.'

장점과 단점은 표리관계(表裏關係)이다

不盡知用兵之害者 則不能盡知用兵之利也
(부진지용병지해자 즉불능진지용병지리야) 〈作戰篇(작전편)〉

　무슨 일이든 플러스만이 있다든가 마이너스만이 있을 수는 없다. 전쟁에서 얻을 것(이익)에만 눈이 멀어, 잃는 것(폐해)을 계산하지 않는다면 전과(戰果)를 올리기는 커녕 패배로 끝나고 만다. 사업계획에서도 이와 똑같다. 단점도 충분히 계산을 한 계획이 아니면 완전하다고 할 수 없는 것이다.
　현대 중국에서는 개혁이라든가 신정책(新政策)을 실시하려 할 경우 보통 특정지역이라든가 특정부문에 한하여 시험적으로 실시해 본다. 그리고 플러스면과 마이너스면을 확인한 다음에 보완할 점을 보완해서 전국적으로 실시하는 것을 원칙으로 하고 있다. 이것은 이《손자병법》에서 나온 방법으로서 흥미진진하다.
　그러나 때로는 정치적 이유에서인지, 아니면 선주자(先走者)의 주관주의(主觀主義)에서인지 시행 도중에 플러스면만 대대적으로 선전이 되고 마이너스면의 구명(究明)이 충분히 안된 채 실시되는 수가 있다. 이런 경우에는 아무래도 그 결과가 바람직하지 못한 듯하다.
　사람을 쓰는 방법도 마찬가지이다. 상대방의 단점을 제대로 파악하고 있으면 도리어 그의 장점을 살리어 발휘시킬 수도 있는 법이다.

이익 속에서 손실을 찾고 손실 속에서 이익을 찾으라

智者之慮 必雜於利害
(지자지려 필잡어리해) 〈九變篇(구변편)〉

앞에서도 설명한 바 있거니와 승산이 있는지 없는지를 분별하는 것이 지(智)이다. 확실한 계산도 안해보고, 분명한 승산도 없건만 발동하는 것은 무모한 전쟁이다. 무모한 전쟁은 피하지 않으면 안된다. 그러기 위해서는 장수된 자에게 '지(智)'가 있어야 한다고 손자는 주장한다.

이 지가 필요한 것은 비단 전쟁뿐만이 아니다. 《삼국지(三國志)》에도,

'지(智)는 화(禍)를 면하게 한다'

라는 말이 있듯이 수라장같은 인생길에서 살아남기 위해서도 지가 필요하다. 지가 없으면 자신의 파멸을 막을 수도 없고 조직의 생존을 꾀할 수도 없는 것이다.

그런 지를 많이 가지고 있는 사람이 다름아닌 지자(智者)이다. 손자는 이 지자란 이(利)와 해(害)의 양면에서 사물을 생각한다라면서 다시 이렇게 덧붙이고 있다.

'이익을 생각할 때에는 손실의 면도 고려한다. 그렇게 하면 사물은 순조롭게 풀려나가고 진전될 것이다. 이것과는 반대로 손실을 입었을 때는 그것에 의해 얻게 되는 이익의 면도 고려한다. 그러면 쓸데 없는 걱정은 안하게 된다.'

《삼국지》의 제갈공명(諸葛孔明)도 같은 말을 하고 있다.

'문제를 해결하기 위해서는 일반적(一般的)인 태도로 임해서는 안된다. 즉 이익을 얻고자 하면 손해 쪽도 계산에 넣어야 한다. 성공을 꿈꾸려면 실패했을 때의 경우도 고려해 두어야 할 필요가 있다.'

《손자》의 저자 손무(孫武)도, 그리고 제갈공명도 한다 하는 명군사(名軍師)들이다. 이런 수준에 있는 사람들의 생각에는 일치되는 면이 있는 것 같다.

이 두 사람이 했던 말은 평범하다면 평범하다. 그러나 그처럼 평범한 일조차 유사시에는 실행으로 옮기지 못하는 것이 우리들의 실정이 아닌가.

사물을 판단할 때에는 과도하게 낙관적이어서도 안되고, 지나치게 비관적이어서도 안된다.

낙관적 조건 속에서 비관적 조건을 찾아내는 자세로 긴장하고, 비관적 조건 속에서 낙관적 조건을 발견하여 희망을 버리지 않는, 그런 생활태도가 바람직한 것이다.

한편 지자(智者)란 어떤 인물인지 참고삼아 다른 고전(古典) 속에서 두 구절만 소개해 둔다.

'지자는 미맹(未萌)에 발견한다'(《戰國策》).

사물이 그 누가 보더라도 그것이라고 알아차리게 되기 이전에 그 움직임을 알아차려서 손을 쓴다. 그렇게 하면 화(禍)를 미연에 방지할 수 있다.

'지자는 때를 놓치어 이익을 버리지 않는다'(《사기(史記)》).

호기(好機)에 행동하지 않으면 모처럼의 기회도 놓치고 만다. 지자는 그런 바보같은 짓은 안하는 법이다. 이로써 볼 때 지자가 되기란 결코 쉬운 일이 아니다.

주관적, 일면적, 표면적 견해를 가지지 마라

知彼知己 百戰不殆
(지피지기 백전불태) 〈謀攻篇(모공편)〉

《손자》에서 제일 유명한 구절, 즉 '상대를 알고 나를 알면 백 번 싸워도 위태롭지 않다'이다.

《손자》에서는 다시 이렇게 이어나가고 있다.

'자신을 알되 적을 알지 못하면 승패의 확률은 5 대 5, 곧 반반이다. 적도 모르고 나도 모르면 반드시 패한다.'

이 구절은 이해하기 쉽다. 굳이 설명을 가할 필요도 없을 정도이다. 요컨대 주관적, 일반적, 표면적인 판단을 경계한 말이다.

굳이 《손자》에 주목하지 않더라도 사전 조사의 필요성은 누구나 다 알고 있다. 그러나 머리로는 이해하고 있으면서도 막상 실행할 단계가 되면 용이하지 않은 것 같다. 나중에서야 '앗차 실수했구나'라며 후회하지만 그것은 '행차 뒤에 나팔' 격이다.

즉 왕왕 예상이 빗나가는 일이 생기게 마련이다.

그 이유는 세 가지로 생각할 수 있다.

첫째는 조사 부족이다.

둘째는 희망적 관측이다.

셋째는 스스로 마음을 굳혀 버리는 것이다.

이런 이유로 판단을 잘못하는 경우가 적지 않다.

전쟁뿐만 아니라 무언가 새로운 일을 시작할 때는 역시 가능한 한 조사를 하고 조사한 자료를 놓고 객관적으로 분석·검토·판단하는 냉정함을 잃지 말 일이다.

모택동(毛澤東)은 만년에 몇 가지 실책을 하여 평가를 떨어뜨렸는데 항일(抗日) 전쟁을 지휘하던 장년기의 그는 적확한 전략·전술을 짜내어 리더로서의 재능을 발휘했었다. 그 당시 그는 《손자》의 이 말을 인용하여 다음과 같이 당내(黨內)의 동지들을 경계했었다.

'문제를 연구하는 데는 주관성, 일면성 및 표면성을 띠는 것을 피해야 한다. 일면성이란 문제를 전면적으로 보지 않는 것을 가리킴이다. 혹은 국부(局部)만을 보고 전체를 보지 않는 것, 즉 나무만 보고 숲은 보지 않는 것을 가리킴이다. 손자는 군사(軍事)를 논하여 '적을 알고 나를 알면 백 번 싸워도 위태롭지 않다(知彼知己 百戰不殆)'라고 했다. 그런데 우리 동지 중에는 문제를 보는 경우, 일면성만 띠는 경우가 있다. 이런 사람은 이따금 실수를 저지르게 될 것이다.'

이 말은 일상생활에서 누구에게나 해당이 되는 아주 적절한 충고일 것이다.

알기 위해서는 지(智)를 연마하지 않으면 안된다. 그렇게 하기 위해서는 끊임없는 공부가 필요할 것이고 ─.

또 냉정한 판단력을 몸에 익히기 위해서는 위기에 몰렸을 때도 흔들리지 않도록 평소부터 자기자신을 단련시켜 두어야 한다. 그렇게 하지 않으면 몇 번씩이고 실패를 반복할 위험이 있다.

참고로 이 유명한 '지피지기 백전불태'를 '지피지기(知彼知己) 백전백승(百戰百勝)'으로 쓰는 사람이 있는데 《손자》에는 이런 말이 없다. 《손자》에는 오히려 '백 번 싸워서 백 번 이기는 것은 최상의 전법이 아니다(百戰百勝 非善之善者也 : 〈謀攻篇〉)'라며 경계하고 있다.

계획적인 준비로 효율화를 도모하라

善用兵者 役不再籍 糧不三載 取用於國 因糧於敵
(선용병자 역부재적 양불삼재 취용어국 인량어적) 〈作戰篇(작전편)〉

'전쟁을 잘하는 사람은 두 번 세 번씩 징병(徵兵)이나 군량의 수송을 반복하지 않는다. 더구나 군수품은 자국(自國)에서 운반하지만 식량은 가급적 적지에서 조달한다'란 의미이다.

손자 이전의 전쟁은 그때그때 임기응변적인 것이었다. 풍운이 급해지면 적당한 인원수를 징병하고 군량미를 수송하여 싸워보되, 부족하게 되면 다시 군사와 군량미를 보급하기를 반복했던 것이다. 손자는 이 점에 대해서 계획적인 준비에 의해 효율화를 꾀하라고 설명하는 것이다. 계획적인 준비에 의한 효율화, 최적량(最適量)의 추구라는 사고방식은 오늘날의 IE(인더스트리얼 엔지니어링)와 통하는 바가 있다.

더욱 재미있는 것은 효율화를 추구하기 위해 식량을 적지(敵地)에서 조달하라는 설이다. 이 점은 현대와 상반되는 점이라 하겠다.

모택동의 군대는 현지에서 식량 조달을 하지 않았었다. 그러나 장개석(蔣介石)의 국민당(國民黨) 정부군은 민중의 양곡을 마구 수탈했다. 그리고 마침내는 민심을 잃었고 대만까지 쫓겨가게 된 것이다. 손자의 시대에는 어느 제후(諸侯)나 모두 그런 수탈을 했었기에 상관이 없었다. 그러나 현대는 통용되지 않는 전술이다.

비즈니스에서도 현지에서 아무 것이나 뺏어서는 결코 그 사업을 오래 지속할 수 없는 것이 현대이다.

지장(智將)은 적지(敵地)에서 양말(糧秣)을 조달한다

智將務食於敵
(지장무식어적) 〈作戰篇(작전편)〉

　전쟁의 승패를 결정짓는 열쇠의 하나는 식량과 물자의 보급 능력이다. 이것은 예나 오늘이나 변함이 없다.
　진(秦)나라 시황제(始皇帝)가 죽은 다음 천하를 놓고 승부를 겨룬 사람은 초(楚)나라의 항우(項羽)와 한(漢)나라의 유방(劉邦)이다. 이것을 '초한지전(楚漢之戰)'이라고 한다. 4년 동안이나 계속된 이 전쟁은 개전(開戰) 초기에는 항우 쪽이 압도적으로 우세했다. 유방 쪽은 언제나 강력한 항우의 군단에게 몰리어 쫓겨 다녀야만 했다.
　그러나 끈질기게 버티고 있는 사이에 차츰 형세가 역전되어 갔다. 그리고 마침내는 항우를 사면초가(四面楚歌)의 상태로 몰아넣어 멸망시켰던 것이다.
　유방이 역전 승리에 성공한 원인은 무엇이었을까? 여러 가지 이유를 들 수 있겠지만 그 하나에 보급문제가 있었다. 유방은 패전할 때마다 후방에서 식량과 군수물자, 그리고 병력을 보급받아 전선을 재정비할 수 있었다. 그 보급을 담당했던 사람이 소하(蕭何)라고 하는 승상(丞相)이다. 그는 이 전쟁이 끝난 후의 논공행상에서 공훈 1등을 받았다.
　다음으로 초·한 쌍방의 중간지대에 오창(敖倉)이란 곳이 있었는데 이곳은 진(秦)나라 시대부터 있었던 식량 창고 지역으로서 숱한 식량이 집적되어 있었다. 이 오창을 처음에는 항우 쪽이 장악하고 있었는데 이윽고 유방은 항우가 방심한 틈을 타고 이곳을 공격하여 보기 좋게 탈취했다. 그 결과 유방 쪽은 식량을 듬뿍 확보했는데 항우 쪽은 식량 조달에 어려움을 당하여 전력이 떨어지고 만 것이다.

보급문제가 승패를 가른 것은 초한지전뿐만이 아니다. 《삼국지(三國志)》의 제갈공명도 이 문제로 고민을 많이 했었다.

공명은 5회나 대군을 이끌고 원정(遠征)을 했는데 5회 모두 철수하지 않을 수 없었고 끝내 작전 목적을 달성할 수가 없었다. 그런 공명에 대하여 정사(正史) 《삼국지》를 쓴 역사가 진수(陳壽)는

'공명이란 사람은 임기응변의 전략·전술에 그다지 빼어난 사람은 아니었던 것 같다'

라는 유명한 의문을 던지고 있다.

분명 전략·전술에 문제가 있었는지도 모른다. 그러나 공명이 작전 목적을 달성할 수 없었던 제일 큰 원인은 보급문제였다. 공명의 촉(蜀)나라에서, 상대국인 위(魏)나라 영토로 나가려면 '촉의 잔도(棧道)'로 불리는 절벽 위에 놓은 조교(弔橋) 비슷한 길을 지나야 한다. 한 사람이 겨우 지나갈 수 있는 곳이다. 그러니 물자의 운반은 꿈꿀 수도 없는 험로(險路)이다.

물론 공명도 손을 놓고만 있었던 것은 아니다. 운반수단을 고안하기도 하고 적지에서 둔전(屯田)을 펴기도 하며 보급문제의 해결을 꾀했었지만 끝내 약점을 극복할 수는 없었다. 아무리 명장이라 해도 보급이 이어지지 않으면 전쟁에서 이길 수 없는 법 ─.

손자가 '적지에서 조달하라'는 것은 그렇게 하는 편이 자국의 재정적 부담도 경감되기 때문이겠으나, 그것이 가능한지 여부는 정황에 따라 판단할 일이다.

사람을 움직이게 하는 두 가지 열쇠 — 마음과 물질

殺敵者怒也 取敵之利者貨也
(살적자노야 취적지리자화야) 〈作戰篇(작전편)〉

위 표제어의 원문을 의역하면, '병사(兵士)가 적군을 죽이는 것은 분노의 감정이 있기 때문이며 적군에게 전리품을 뺏는 것은 물질에 대한 욕망이 있기 때문이다'라는 의미이다.

전쟁터에서 적군을 격파한다거나 포로로 사로잡는다든가 사살하는 따위란 무엇인가? 그것은 곧 적개심이라는 것이다. 스포츠에서 맞적수에게 무참히 패배한 감독이 '그라운드에서 받은 치욕은 그라운드에서 갚아라'고 하는데 그 투지가 바로 적개심이다. 전쟁이든 스포츠든 싸울 때는 불타는 듯한 투쟁심이 있어야 비로소 상대방을 제압할 수 있다. 이것은 《손자》의 이 구절을 증명해 주고 있다. 사람을 움직이게 만드는 데 있어 마음의 작용은 실로 크다. 사람을 움직이게 하는 경우 무엇보다도 상대방의 심리상태를 깊이 고찰해야 하는 이유가 바로 이 점에 있다. 당(唐)나라 때 사람인 장온고(張蘊古)는 '사람을 부릴 때는 마음으로 부리라'고 했다. 이것이야말로 제왕학(帝王學)의 기본이다.

물론 모든 사람이 모든 경우에 마음만으로 움직이는 것은 아니다. 인간은 그럴 만큼 만만하지는 않다. 사람을 행동에 나서도록 하는 데는 물질의 작용도 무시할 수 없다.

마음과 물질 —. 그것은 수레의 두 바퀴와 같다. 어느 한 쪽이 없어도 수레는 제대로 굴러가지 못한다.

승리의 열매는 유효하게 사용하라

勝敵而益强
(승적이익강) 〈作戰篇(작전편)〉

당연한 말 같지만 이것이 여간 어려운 게 아니다. 자칫하다가는 적에게 이긴 다음 반대로 약해지는 경우가 많이 있는 법이다.

우선 승리한 것까지는 좋지만 그 다음에 교만해지든가 방심을 하다가 실패하는 경우를 생각할 수 있다. 이것은 물론 중요한 일인데 손자가 여기서 말하고 있는 것은 그런 뜻은 아니다.

여기에서의 주제는 승리의 성과를 어떻게 사용할 것인가라는 점이다. 그것에 의해 점점 강성해지느냐, 아니면 거꾸로 점점 약해지느냐로 나눌 수 있다.

손자는 그것을 다음과 같이 설명하고 있다.

'적군의 병거(兵車)를 10대 이상 포획했을 때는 그 계기를 만든 자에게 상을 베풀고 병거의 기치를 바꾸어 아군에 편입시키며 적군은 호의로 대해준다. 이것이 적군에게 이기고 강성함을 더해가는 것이다.'

구체적인 상황에 대해서는 알 길이 없지만 전과(戰果)를 낭비하지 않고 새로운 전력(戰力)으로 활용코자 한다는 취지는 충분히 이해할 수 있겠다.

가난한 사람은 들어온 돈을 소비할 줄밖에 모른다. 그런데 부자는 벌어들인 돈을 다시 재투자한다. 그래서 '부익부(富益富) 빈익빈(貧益貧)'이 되는 것이다.

치명타를 입고 이기기보다 여력을 남기고 패하라

兵貴勝 不貴久
(병귀승 불귀구) 〈作戰篇(작전편)〉

위 표제어의 원문을 의역하면,
'전쟁은 이기는 것이 목적이다. 언제까지나 싸워도 좋은 것은 아니다'란 의미이다.

냉정하게 그리고 객관적으로 생각하면 이 말은 아주 당연하다. 승리하여 이쪽의 의도를 실현시키는 게 목적이며 전쟁은 그 수단에 지나지 않는다. 그런데 전쟁에 열중하다 보면 앞뒤 분별이 없어져서 싸우기 위해 싸움을 하기 쉬워진다.

손자는 이렇게 덧붙이고 있다.

'무릇 전쟁이란 병거(兵車) 1천 대, 수송차 1천 대, 병졸 10만이란 대군을 동원하고 천리 밖으로 양말(糧秣)을 수송해야 한다. 따라서 안팎의 경비, 외교사절의 접대, 군수물자의 조달, 병거와 무기의 보급 등에 1일 1천금이란 비용이 든다. 그러지 않으면 도저히 10만 대군을 동원할 수가 없는 것이다.'

지금으로부터 2천 수백 년 전의 손자 시대에도 이러했다. 하물며 오늘날의 전쟁이라면 상상을 초월할 정도이다.

전쟁에는 돈이 든다. 아이들의 불장난과는 다르다는 것을 명심할 일이다.

그러므로 만부득이하여 싸우는 경우에도 깊숙한 수렁 속으로 빠져들어서는 안된다. 장기전(長期戰)에 말려들면 비록 전쟁을 우세하게 끌고 나간다 해도 재정부담의 증대를 초래할 것이고, 가령 패하기라도 하면 결정적인 파국을 맞게 될 것이다.
　어느 쪽으로 기울어도 좋은 결과가 되지는 못한다. 손자는 이런 말도 하고 있다.
　'대저 장기전이 국가에 이익을 가져다 줄 수는 없는 것이다. 그런 까닭에 전쟁에 의한 손해를 충분히 인식하고 있지 않으면 전쟁에서 이익을 얻어낼 수는 없다.'
　'용병(用兵)의 해(害)'는 누차 설명했듯이 재정적 파탄을 불러오게 마련이다.
　그러므로 전쟁을 하는 데는 모름지기 숙고하되 가령 전쟁을 시작한다 하더라도 조기에 수습하도록 힘쓰라고 손자는 충고한다.
　조기에 수습한다는 것은 바꾸어 말하면 효율있게 이기라는 것이기도 하다. 승리를 거두기는 했지만 재정적으로 위기를 초래한다거나, 전국토를 초토화하거나 사상자를 많이 내면서 승리하는 것은 자랑스러운 승전법(勝戰法)이라고 할 수 없다.
　그런 승리를 하는 것보다는 오히려 여력을 남기고 패하는 편이 낫다고 손자는 말했다.
　효율적으로 이기기 위해서는 언제나 손해(마이너스)와 이익(플러스)을 저울에 달아가면서 되도록 손해를 줄이고 이익을 늘려나가는 전투법을 찾아내지 않으면 안된다. 이기자, 승리하자며 오로지 이기는 것만 생각하는 전투법, 이익에만 눈길을 주면서 손해는 고려하지 아니하는 전투법은 가령 이긴다 하더라도 효율적인 승전법이라고 할 수 없다.
　이것은 일종의 균형이론(均衡理論)으로서, 인생을 살아가는 데 있어서나 기업의 경영에서도 통하는 철칙일 것이다. 무리(無理)가 통할 만큼, 만만한 세상이 아님을 명심해야겠다.

적국이라고 해서 철저하게 파괴하지는 마라

用兵之法 全國爲上 破國次之
(용병지법 전국위상 파국차지) 〈謀攻篇(모공편)〉

적군을 쳐부수어 저항력을 파괴하는 것, 이것이 승전하는 것이라는 통상적인 이해(理解)의 면에서 본다면, 《손자》의 이 한 구절은 매우 기이하게 들릴는지 모르겠다. 그러나 이런 사고방식이야말로 손자다운 면이 있다 하겠다.

그럼 철저하게 적군을 파괴하지 않고 항복시키는 것이 어찌하여 상책이란 말인가?

첫째, 잔인하게 쳐부수려고 하면 상대방에서도 전력을 다하여 저항해 온다. 따라서 아무리 잘 싸우더라도 아군측 역시 상당한 피해를 각오하지 않으면 안된다.

그것은 현명한 전투법이 아니란 것이다.

둘째, 오늘의 적군이 내일에는 동맹군이 되어 함께 손을 잡고 제삼의 적과 싸우게 될는지도 모른다. 그렇다면 당장 총부리를 맞대고 싸운다 해서 철저하게 파괴해 버리는 것은 결코 득책(得策)이 아니다. 오히려 상대방의 전투력을 온존(溫存)시켜 두는 것이 긴 안목으로 볼 때 득책이 되는 것이다.

미국과 일본의 예를 들어 보기로 하자.

미국은 지난날 제2차 세계대전에서 승리했을 때, 일본의 군사력을 철두철미하게 파괴하여 민주화의 추진을 꾀했었다. 그러나 대소전략(對蘇戰略)의 필요성 때문에 일전(一轉)하여 일본을 재군비(再軍備)토록 했으며 그 후에도 일관하여 군비의 증강을 계속해서 요청했으나 일본측의 저항이 있어서 뜻을 이루지는 못했다. 이럴 줄 알았더라면 애초부터 일본군의 군사력을 온존시켜 두는 건데라며 후회했을는지도 모른다.

역사의 아이러니라고 하면 더할 말이 없겠지만 긴 안목으로 보면 이런 사태는 얼마든지 일어날 수 있는 것이다. 그러므로 손자는 아무리 적군이라 하더라도 철저히 파괴하여 항복시키는 것은 하책(下策)이라 했던 것이다.

이런 배려는 용병에서 뿐만 아니라 인간 관계에서도 참고하지 않으면 안된다. 복잡한 인간관계 속에서는 대립관계에 빠져들어 때로는 싸우는 경우도 있다. 원래 싸움이란 나쁜 것이 아니다. 규칙에 맞는 싸움이라면 오히려 당당하게 하라고 권하고 싶다.

중국의 성어(成語)에 '불타불성상식(不打不成相識)'이란 말이 있다. '타(打)'란 싸움이다. 싸움을 하지 않으면 사이가 좋아지지 않는다는 의미이다.

그런데 이 경우의 싸움은 완력으로 하는 싸움이 아니라, 말싸움이란 뉘앙스가 짙다. 그런 싸움이라면 오히려 상대방을 이해시키는 데 더 없는 계기가 될 수 있다.

싸움에서 문제가 되는 것은 그 후의 처리이다. 서로 등을 돌리고 말도 안한다면 그것은 최악이다. 그런 싸움을 하면 마이너스뿐이지 플러스는 한 가지도 없다.

싸움을 하려면 나중에 뒤끝이 안 남는 싸움, 결과적으로 상호간에 한층 더 이해할 수 있는 싸움, 그런 싸움을 할 일이다. 그것은 또 《손자》의 '철저하게 파괴하지 않고 항복을 받아낸다'라는 사고 방식과도 통하는 것이다. 선의의 경쟁이 있기에 문명은 발달해 왔고, 발전해 간다는 말과도 통하는 구절이다.

백전백승은 최상의 승전법이 아니다

百戰百勝 非善之善者也, 不戰而屈人之兵 善之善者也
(백전백승 비선지선자야, 부전이굴인지병 선지선자야) 〈謀攻篇(모공편)〉

　요컨대 군사적인 승리보다 정치적인 승리를 꾀하라는 말이다. 그리고 이것은 손자뿐만 아니라 중국인 전체의 인식이라고 해도 좋을는지 모르겠다.
　그럼 싸우지 않고 이기는 것은 어떤 것일까? 다음 두 가지를 생각할 수 있겠다.
　첫째, 외교 교섭에 의해 상대방의 의도를 봉쇄한다.
　둘째, 모략 활동에 의해 상대방 내부의 붕괴를 유도해 낸다.
　이 두 가지를 성공시킬 수 있다면 분명 군사행동을 감행하는 것보다 적은 비용과 적은 노력으로 목적하는 바를 달성할 수 있다. 이것이 싸우지 않고 승리하는 제일 좋은 장점이다.
　제2차 세계대전 때 일본군이 항복을 하여 전쟁이 종결되는 순간, 중경(重慶)에 틀어박혀 있으면서 계속 항전하던 중국의 국민정부 고관들은 승리를 기뻐하면서도 참승(慘勝 : 참혹한 승리)이라며 탄식했다고 한다. 국토는 파괴되고 산업은 마비되어 거의 제로상태에서 재출발하지 않으면 안되었던 중국인들로서는 이기기는 이겼지만 재건의 어려움을 생각할 때 꽤나 마음이 무거웠을 것이다.
　중국 사람들은 참혹한 승리를 하기보다는 도리어 영리한 패배를 하는 편이 훨씬 낫다고 생각하는 것이다.

예로부터 명장(名將)으로 일컬어지던 사람들은 하나같이 '싸우지 않고 이기는 전투'를 좋아했으며 무용한 싸움은 피해 왔다. 예를 들면 제갈공명(諸葛孔明)의 맞적수였던 사마중달(司馬仲達)이 그러했다.

사마중달이란 사람은 소설 《삼국지(三國志)》에서는 제갈공명의 교묘한 군략(軍略) 앞에 우롱당하는 무능한 무장으로 묘사되어 있다. 그러나 이것은 어디까지나 《삼국지》라는 소설의 픽션에 지나지 않는다.

실제의 사마중달은 결코 무능한 무장이 아니었으며 군략면에서는 제갈공명에게 조금도 뒤지지 않는 지모(知謀)의 소유자였다.

사마중달이 제갈공명을 맞아 싸울 때 그 기본전략 역시 '싸우지 않고 이기는 것'이었다. 철저하게 싸우기를 피했던 그는 어떤 도발에도 끈질기게 참으며 응전하지를 않았던 것이다.

그는 군수물자의 수송이 어려웠던 제갈공명의 약점을 분명히 꿰뚫어 보고 있었다. 방치해 두면 상대방은 철수할 수밖에 없을 것인데 그런 상대방과 함부로 싸웠다가는 가령 승리를 거둔다 하더라도 아군 역시 막대한 피해를 입게 될 것이다. 그런 전투법은 우책(愚策) 이외에 아무 것도 아니라는 것이 사마중달의 생각이었다.

그러므로 제갈공명과 사마중달의 대결은 거의가 서로 대치하고 노려보는 정도로 시종일관했다. 이것은 사마중달의 작전이라고 해도 좋다.

그 결과 제갈공명은 투지가 꺾이었고 오장원(五丈原)에서 쓰러졌건만 사마중달은 보기 좋게 작전 목표를 달성할 수 있었던 것이다.

싸우지 않고 이기려면……

上兵伐謀 其次伐交 其次伐兵 其下攻城 攻城之法 爲不得已也
(상병벌모 기차벌교 기차벌병 기차공성 공성지법 위부득이야) 〈謀攻篇 (모공편)〉

'전쟁이란 완전한 정치도구이며 정치적 모든 관계의 계속이며 다른 수단을 가지고 하는 정치의 실행이다.'
'전쟁은 수단이며 목적은 정치적 의도이다. 그리고 어느 경우에도 수단은 목적을 떼놓고는 생각할 수 없는 것이다.'
이상은 프러시아의 장군인 클라우제비츠가 그의 저서 《전쟁론(戰爭論)》에서 한 말이다.
《손자》에서는 목적이라든가 수단이란 말은 하지 않았지만 클라우제비츠보다 2천 년 이상이나 이전에 그와 똑같은 인식 위에 있었다. 아니 《손자》뿐만이 아니다. 그것은 중국인들에게 공통되는 인식이었다고 해도 좋다.
중국인은 예로부터 정치적 인간이었다고 할 수 있다.
이 '정치적'이란 무슨 뜻일까?
예를 들면 전쟁이다. 전쟁에는 막대한 비용이 들어간다. 승리를 거둔다 하더라도 국력의 피폐를 면할 수 없다. 그러므로 가급적 전쟁을 피하고 외교적 수단으로 해결하는 편이 상책이라고 생각했던 것이다.
그러나 회피하는 것이 상책이라고 생각하더라도 만부득이하여 군사행동을 일으키지 않을 수 없는 경우가 있다. 그리고 전쟁이니

만큼 이기지 않으면 안된다. 그러나 어떤 희생을 지불하더라도 이겨야 한다는 것이 아니고, 가급적 효율적인 승전법을 생각해야 한다는 것이다.

이것이 '정치적'인 처리법에 다름 아니다.

《손자》는 '성(城)을 공격하는 것은 부득이할 때에나 쓰는 최후의 수단에 지나지 않는다'라고 말한 다음, 다음과 같이 강조하고 있다.

'성을 공격하려면 큰 방패와 장갑차 등 공성무기(攻城武器)를 준비하는데 3개월은 걸린다. 토루(土壘)를 쌓는 데도 다시 3개월은 필요로 한다. 그런데다가 혈기를 부리는 장군이 병사들을 개미떼처럼 성벽에 기어오르도록 하면서 공성을 강행하면 어떻게 될까? 병력의 3분지 1을 잃어도 성을 함락하지는 못할 것이다. 성을 공격하는 데는 이토록 희생을 치르어야 한다.'

이런 승전법은 결코 효율이 좋은 승전법이라고 말할 수 없다는 것이다.

가장 효율적인 승전법은 싸우지 않고 이기는 것이다. 그러기 위해서는 우선 교섭력을 몸에 익히고 머리를 써서 이기도록 마음쓰지 않으면 안된다.

전투 지도자로서의 자격이 있는지 여부는 바로 이 점에 있다고 해야겠다.

참고로 본문의 '모(謀)'를 '모략'이라고 해석한 책도 있으나 '정략(政略)'이란 해석이 옳을 것 같다. 이 '모'의 내용은 좀더 넓은 것으로 생각한다. 손자의 사상으로 판단할 때 완력이 아닌 일체의 수단이란 의미가 된다. 이것은 손자뿐만 아니라 고래로 중국인들에게 일관되는 사고방식이었다.

무력을 사용하지 않는 '모공(謀攻)의 법'

善用兵者 屈人之兵 而非戰也
(선용병자 굴인지병 이비전야) 〈謀攻篇(모공편)〉

표제어에 이어 손자는 다음과 같은 구절을 덧붙이고 있다.
'적의 성(城)을 함락시키는 데 공성(攻城)을 하지 아니하며 적의 국가를 멸망시키는 데 지구전의 전법을 사용하지 아니한다. 반드시 온전한 상태로 두고 적을 굴복시키면서 천하를 다툰다. 그러므로 병력을 손상시키는 일 없이 완전한 승리를 거둘 수가 있다.'
그리고 손자는 이것이 모공법(謀攻法)이라고 했다.
영어로는 손자병법을 '아웃 오브 워 손스'라고 하는데 그 뜻을 직역하면 '전쟁의 예술서(藝術書) 손자'가 될 것 같다. 그런데 각 편(篇)의 번역을 보면 실로 각양각색이어서 헷갈릴 정도이다.
이 편인 〈모공편〉 등은 '공격의 계획', '포위의 계획' 외에 '칼집 속에 들어 있는 칼' 등이 있다. 칼집 운운이라고 한 것은 싸우지 않고 승리한다는 의미일 것이다. 손자가 '이것이 모공법이다'라고 한 것은 '적군을 굴복시키되 전쟁을 하지 않고 굴복시킬 일이다'로서 다시 말해서 '싸우지 않고 승리하는 것'이다. 그러므로 상황 판단의 요체는 우선 칼을 뽑아 들지 않고 이기는 법을 생각하는 것이다.
그러나 현실문제로는 모략이나 외교만으로 목적을 달성하기란 여간 어려운 게 아니다. 그래서 하는 수 없이 실력행사로 나가게 되는 데 모략 외교의 포석은 전쟁의 조건을 유리하게 만들어 준다.

여유를 가지고 전쟁에 임하라

用兵之法 十則圍之 五則攻之 倍則分之
(용병지법 십즉위지 오즉공지 배즉분지) 〈謀攻篇(모공편)〉

'상대방을 알고 나를 알면 백 번 싸워도 위태롭지 않다(知彼知己 百戰不殆)'는 것이 《손자병법》의 근간(根幹)인데 자신의 힘을 안 다음에는 이를 어떻게 사용하느냐가 이 항(項)의 주안점이다.

병력은 과다(寡多)에 의해 나름대로의 사용법을 구사하지 않으면 안된다.

'병력에 따른 전투법의 원칙은 이러하다. 즉 아군의 병력이 적군의 10배나 될 때에는 포위하여 완전히 섬멸한다. 5배인 때는 정면으로 공격한다. 2배인 때는 이를 두 방면으로 나누어 적군을 협격한다.'

여기서는 이상적인 전투법으로서 여유를 가지고 싸워야 한다고 손자는 강조하고 있다.

무리없이 완전한 성공을 거두기 위해서는 여유가 충분한 힘을 갖추고 있어야 한다. 이는 재론할 여지가 없을 것이다.

문제는 그 '여유 병력'의 사용법이다. 아무리 여유가 있더라도 방만하게 낭비해 버리면 아무 쓸모도 없다. 손자는 10배, 5배, 2배 등으로 우세한 병력의 양에 맞는 전투법을 제시하고 있다.

이는 현대 기업에도 비유할 수 있는 내용이다. 즉 자금력에 따른 사업계획이라든가 머니게임 혹은 시간의 여유에 맞는 기업의 선택 등등에서 말이다.

열세(劣勢)인 때는 지체 말고 후퇴하라

敵則能戰之 少則能守之 不若則能避之
(적즉능전지 소즉능수지 불약즉능피지) 〈謀攻篇(모공편)〉

  이 항(項)도 앞의 항에 이어서 병력의 다과(多寡), 강약에 따른 전투법의 설명이다.
  후퇴하는 것, 즉 도망치는 데는 실로 용기와 결단력을 필요로 한다. 손자는 도망치는 데도 적극적인 의미를 부여하고 이 점에 대한 명언을 몇 가지 남기고 있다.
  오늘날에도 흔히 '삼십륙계주위상계(三十六計走爲上計)'란 말을 사용한다. 이것은 병법서인 《삼십륙계(三十六計)》 중 제일 마지막 항에 나오는 말이다. 이 《삼십륙계》는 5세기 말경, 남제(南齊)의 역사서인 《남제서(南齊書)》에 처음으로 그 이름이 나오는데, 지금 유포되고 있는 《삼십륙계》는 명(明)나라 말기에 성립된 36개 항목의 계책을 수록하고 있다.
  그 해석에 의하면 다음과 같은 점을 강조하고 있는데 실로 손자의 정신에 바탕을 두고 있다.
  '적군이 압도적으로 강하여 싸울 수 없는 경우의 계책으로는 항복을 하느냐, 강화를 하느냐, 도망가느냐의 세 가지 방법밖에 없다. 항복은 '전패(全敗)'이고, 강화는 '반패(半敗)'이며, 도망치는 것은 '미패(未敗)'이다. 미패는 아직 패배하지 않은 것이므로 승리로 돌아설 전기가 남아 있는 법이다.'
  우리가 흔히 알고 있는 '도망=비열'과는 다른 의미가 있다.

역전 승리를 얻기 위한 계책은?

小敵之堅 大敵擒也
(소적지견 대적금야) 〈謀攻篇(모공편)〉

위 표제어의 원문을, '약한 주제에 강한 척 하다가는 우세한 상대방에게 당하고 만다.' 이렇게 해석하는 사람도 있다. 이 구절은 병력에 맞추어 전투법을 선택하라는 앞의 두 개 항에 이어서 기록되어 있는 내용인데 아군의 힘을 객관적으로 올바르게 평가하지 못하고 과신(過信)하는 자에 대한 경고이다.

원문의 '견(堅)'은 예로부터 여러 가지로 해석했었다. '완고' '고집' '융통성이 없다' 등등 나쁜 의미로 해석하면 서두에 해석해 놓은 내용이 된다. 그런가 하면 '견'을 '견고(堅固)' '정강(精强)' '긴장하다' 등 좋은 의미로 풀이하면 '아무리 견강(堅强)하더라도 작은 물고기는 큰 물고기에게 당할 수 없다'란 뜻이 된다.

어느 쪽으로 해석하든간에 자신의 능력을 잘 파악하여 나름대로의 대응을 하라는 의미이다.

키 작은 자가 억지로 커보이게 하기 위하여 뒤꿈치를 드는 것은 넌센스에 지나지 않는다. 송사리가 자기도 물고리라며 큰 물고기 틈에서 헤엄을 치는 어리석음에 비유한 말이다.

단, 손자는 약한 자는 강한 자에게 당해낼 수 없으니 그대로 두 손 들고 항복하라는 것은 아니다. 이쪽이 작고 약하면 힘이나 우격다짐으로 대항하지 말고 계책으로 싸우라고 권한다. 소(小)에는 소(小)로서의 강점이 있다. 그것을 발견하라는 뜻이다.

유능한 리더보다 유능한 자를 부리는 리더가 되라

將者國之輔也 輔周則國必强 輔隙則國必弱
(장자국지보야 보주즉국필강 보극즉국필약) 〈謀攻篇(모공편)〉

어느 시대에도 Top과 보좌역의 관계는 어렵다.

더구나 옛날의 장군은 일단 유사시를 맞으면 실전부대를 이끌고 전쟁터로 향한다. 그 장군이 적을 향하고 싸운다면 상관없지만 언제 무슨 이유로 장군의 마음이 변하여 총부리를 거꾸로 돌릴는지 모른다. 적어도 Top(군주)에게는 언제나 그런 불안감이 있게 마련이다.

그렇다고 해서 Top이 하나하나 작전행동에 대해서 지시한다면 현장을 담당하고 있는 장군으로서는 도저히 전쟁을 수행해나갈 수가 없다. 어느 정도 독단 전횡권(獨斷專橫權)이 주어지지 않으면 유능한 장군일수록 실력을 발휘하지 못하게 된다. 그렇게 되면 Top으로서도 마이너스가 될 뿐이다.

손자는 Top의 간섭이 유해(有害)한 예로서 다음 세 가지 사례를 든다.

첫째 Top이 진군해야 할 때가 아닌데도 진격을 명한다든가 후퇴하지 말아야 할 때 퇴각 명령을 내리는 경우이다. 이렇게 되면 군사행동에 손 따로 발 따로의 지경이 되기 쉽다.

둘째 군내부의 실정을 알지도 못하면서 군정(軍政)에 간섭하는 경우이다. 이렇게 되면 군내부를 혼란에 빠뜨리고 만다.

셋째 지휘계통을 무시하고 군령(軍令)에 간섭하는 경우인데 이렇게 되면 군내부에 불신감을 심어줄 뿐이다.
　손자는 이 세 가지 사례를 든 다음,
　'군주가 군내부에 혼란이나 불안감을 주면 그 틈을 타고 즉각 다른 나라가 공격해 올 것이다. 군주의 쓸데없는 간섭은 실로 자살행위와 같다'
라고 결론짓고 있다.
　요컨대 Top과 보좌역의 과계는, Top의 신경은 굵을 것, 그리고 보좌역은 유능할 것이되, 양자는 깊은 신뢰관계로 맺어져 있어야 이상적이라고 할 수 있다는 것이다.
　이런 관계가 아주 잘 이루어졌던 것이 한(漢)나라 유방(劉邦)의 경우이다.
　유방은 라이벌인 항우(項羽)를 타도한 다음 자신의 그 승인(勝因)과 항우의 패인에 대하여 다음과 같이 말한 바 있다.
　"짐(朕)은 보좌역으로 장량(張良)과 소하(蕭何), 한신(韓信) 등등 걸물들을 썼었소. 이 세 사람을 쓸 수 있었던 것이 짐의 승인이외다. 한편 항우에게는 범증(范增)이라고 하는 명군사(名軍師)가 있었는데 그는 이 범증 한 사람도 제대로 쓰지를 못했소. 이것이 그가 짐에게 패한 원인이오."
　현대식으로 말한다면 장량은 기획담당 보좌역이었고, 소하는 총무담당 보좌역, 한신은 영업담당 보좌역이었는데 그들 한 사람 한 사람의 능력을 비교한다면 유방보다 뛰어났었다. 유방이 그들을 쓸 수 있었던 것은 결코 수족처럼 부린 것도 아니고 턱으로 좌지우지했던 것도 아니다. 그들을 믿고 전권을 위임했기에 그들이 지니고 있는 능력을 100% 가동케 할 수 있었던 것이다. 다시 말해서 유능한 보좌관들을 활용할 줄 알았던 사람이 유방이었고 그것이 천하를 얻게 된 요인이었던 것이다.

승전하기 위한 필수조건 다섯 가지

知勝有五
(지승유오) 〈謀攻篇(모공편)〉

앞에서 여러 차례 설명한 것처럼 '싸우지 않고 이기는 것'이 손자병법의 대전제이다.

전쟁을 시작할 때는 우선 여러 각도에서 아군과 적군 쌍방의 전력을 검토한다.

그리고 승산이 있다고 파단될 때, 비로소 전쟁을 개시한다. 아무리 검토해봐도 승산이 서지 않으면 반드시 전쟁을 회피한다. 이 판단을 적확하게 하는 자가 반드시 승리를 거둘 수 있는 것은 당연한 결론이라고 해도 좋다.

그러나 지난날의 전쟁 지도자 중 대부분은 이 당연한 일조차도 실행에 옮기지 못하여 무모한 전쟁을 일으키곤 하였다. 당연한 일을 당연하게 해낸다는 것은 의외로 어려운 일인 것이다. 지도자가 된 사람은 항상 머리를 써가면서 신속하면서도 냉정한 판단을 해나가야 하는 것이다.

손자는 이 〈모공편(謀攻篇)〉에서,

'지승유오(知勝有五)'

라 하여 승리를 거두는 5가지의 조건을 들고 있다. 앞에서 소개한 '적확한 판단력'은 그 첫째에 해당하는데 두 번째 이하의 4항목은 다음과 같다.

두 번째는 '식중과지용자승(識衆寡之用者勝)'이다. 즉 병력에 따라 전투법을 맞게 사용하라는 것이다.

중소기업에게는 중소기업의 장점을 살려나가는 전투법이 있다. 중소기업이 대기업과 똑같은 경영을 해가지고는 승리할 수 없는 법이다.

세 번째는 '상하동욕자승(上下同欲者勝)'이다. 공통 목표하에 조직으로서의 단결을 굳게 하라는 것이다.

신장해 나가는 기업, 성실하고 단결되어 있는 회사인지의 여부는 접수창구의 응대(應對)만 보아도 알 수가 있다. 사원 한 사람 한 사람이 일을 하고자 하는 마음에 불타 있으면서 일을 척척 해 나가며 자발적으로 응대하고 있는 것은 Top의 방침이 말단에까지 침투되어 있다고 보아도 틀림이 없다.

조직에서 그런 면이 발견되느냐 발견되지 않느냐는 최고 간부의 책임인 것이다.

네 번째는 '이우대불우자승(以虞待不虞者勝)'이다.

이 경우 우(虞)란 준비란 의미이다. 다시 말해서 만전의 태세를 굳히고 있으면서 그런 태세를 갖추지 못한 적을 치면 이긴다는 것이다.

태세도 갖추고 있지 않으면서 무리하게 전쟁을 도발하면 반드시 패할 각오를 해야 한다.

다섯 번째는 '장능이군불어자승(將能而君不御者勝)'이다.

즉 장군이 유능하고, 군주가 장군의 지휘권에 간섭을 하지 않으면 승리한다는 것이다. 이 다섯 번째의 조건에 대해서는 앞의 항에서 상세한 설명을 한 바 있다.

이상 손자가 든 필승의 조건 5개 항목은 현대에도 그대로 적용되는 부분이 많다. 경쟁이 치열한 오늘날의 기업을 경영하는 사람도 참고가 될 줄로 생각한다.

성공의 확률을 100%로 올리는 비법

善戰者 先爲不可勝 以待敵之可勝
(선전자 선위불가승 이대적지가승) 〈軍形篇(군형편)〉

위 표제어의 원문을 의역하면,
'전쟁을 잘하는 자는 먼저 불패(不敗)의 태세를 갖춘 다음 필승의 기회를 기다린다'
라는 뜻이다.

즉 공격과 수비의 문제이다. 먼저, 수비라 하더라도 수비하기 위한 수비는 아니다. 강력한 공격을 하기 위한 수비이다. 우리나라 사람은 일반적으로 공격에는 강하지만 수비에는 약하다고 한다. 앞으로 쳐들어가는 경우에는 그 분위기를 타고 마구 공격을 한다. 그것까지는 좋지만 일단 수세에 서게 되면 풀이 죽고 끝까지 버티어내지를 못한다.

손자는 이렇게 말하고 있다.

'승리를 거둘 조건이 갖춰지지 않았을 때는 수비를 굳히는 수밖에 없다. 반대로 승기를 발견했을 때는 즉시 공격으로 전환시키지 않으면 안된다. 즉 수비를 공고히 하는 것은 아군이 열세인 경우이며 공격으로 나서는 것은 아군이 우세한 경우이다.'

그러나 공격할 것이냐, 수비를 할 것이냐의 판단은 그렇게 용이하지만은 않다. 《삼국지》의 하이라이트 중 하나에 '이릉지전(夷陵之戰)'이 있다. 이때 유비(劉備)'가 이끄는 촉(蜀)나라 군단은 양자강 급류를 타고 내려와 오(吳)나라 영토 안으로 진공해 갔다.

맞아 싸운 사람은 오나라 지장(智將)인 육손(陸遜)이다.
  육손 휘하의 여러 장수들은 유비가 출격했다는 정보를 입수하고는 모두 팔뚝을 걷어올리며 출진하려고 했다. 그러나 서두르는 장수들을 육손이 만류했다.
  "유비는 지금 전군(全軍)을 이끌고 공격해 왔소. 그들의 기세는 무시할 수 없소이다. 더구나 자연의 요해지를 이용하여 포진을 하고 있는 까닭에 우리가 생각하는 대로 수월하게 격멸시킬 수 없을 것이외다. 비록 공격에 성공한다 하더라도 그 전군을 다 괴멸시킬 수는 없소. 하물며 반대로 실패라도 하는 날에는 돌이킬 수 없는 사태를 초래하게 될 것이외다. 그런즉 당분간 아군의 사기를 떨어뜨리지 말고 만반의 준비를 하면서 정세의 변화를 기다리기로 합시다. 적군은 먼 거리를 왔으니 피로하기 짝이 없을 것이오. 아군은 전투태세를 갖추어 가면서 적군이 피로해지기를 기다립시다."
  여러 장수들은 육손의 생각이 이해되지 않았다.
  "육손 장군은 겁을 잔뜩 집어먹고 있는 게야."
  장수들은 입을 모아 불평을 털어놓고 있었다.
  이렇게 해서 지구전으로 접어든 지 반 년이 되었다. 유비의 군단은 원정지에서의 양말(糧秣) 보급도 힘겨웠고 풍토병도 유행하여 점차 피로해졌다. 때를 기다리던 육손은 전군에게 총반격의 준비를 명했다. 그런데 이번에는 여러 장수들이 반대하고 나섰다.
  "장군, 공격을 할 생각이라면 그들이 쳐들어 왔을 때 바로 했어야 합니다. 이제는 적군이 5,6백 리나 에워싸고 있으며 반 년 이상이나 세월이 흘렀습니다. 그 사이에 적군은 여러 요해지를 함락하고 수비를 공고히 하고 있습니다. 지금부터 공격해 가지고는 승산이 없습니다."

그러나 육손은,

"아니오, 그렇지 않소이다. 뭐니뭐니 해도 유비는 천군만마(千軍萬馬)를 거느리고 있는 강적이오. 그들이 공격해 왔을 당시에는 엄밀한 작전을 세우고 있었으므로 우리가 영격(迎擊)했다 해도 승산이 없었소이다. 그런데 지금은 상황이 많이 달라졌소. 전선(戰線)은 교착상태에 빠져들고, 전군의 피로는 극에 달해 있소이다. 군사들의 사기는 땅바닥에 떨어져 있는데 그렇다고 해서 이렇다 할 타개책이 있는 것도 아니외다. 지금이야말로 적군을 우리가 다시 포위하여 섬멸할 절호의 기회요."

라며 총반격을 감행했고 보기 좋게 유비의 군단을 괴멸시켰던 것이다.

이것이 '이릉지전'의 전말이다. 육손과 제장(諸將)들의 예측과 판단은 상당한 차이를 보였다. 결과적으로는 육손의 판단이 옳았는데 그것이 오나라의 승리와 직결된 셈이다. 이처럼 공격을 할 것이냐, 수비를 할 것이냐의 판단은 실로 어려운 것이다.

한편 손자는 이 구절에 이어서,

'불패(不敗)의 태세를 갖추되 그것을 완벽하게 하느냐 못하느냐는 아군의 노력 여하에 달려 있다. 그러나 필승(必勝)의 기회가 오느냐 안 오느냐는 상대방에서 할 나름이며 아군의 뜻대로만 되는 것은 아니다'

라고 했다. 냉정한 판단에 의해야 되지, 주관적으로 판단해서는 안된다는 뜻이다. 이런 점이 리더로서의 자격이 있느냐 없느냐의 갈림길이기도 하다.

현대의 기업에서도 매사를 주관적이 아닌 객관적으로 판단하고, 공수(攻守)의 기회를 바르게 판단하는 것은 Top의 기본요건이며 그 기업의 성패를 좌우하는 분기점이 된다.

무리하게 이기려고 하지 마라

勝可知 而不可爲
(승가지 이불가위) 〈軍形篇(군형편)〉

이 구절을 다음과 같이 해석하는 사람도 있다. '적에게 이기는 계획을 세울 수는 있지만 이것을 실행하기는 어렵다.'

즉 '말로 하기는 쉬워도 행하기는 어렵다'는 뜻으로 풀이했던 것이다. 예로부터 이런 해석이 많았었다. 이런 해석도 그런대로 뜻이 통하기는 한다. 그러나 《손자》 전체를 읽어 보면 어쩐지 의문이 생긴다. 손자는 '불가위(不可爲)'를 '하기 어렵다'란 뜻으로 사용한 것이 아니라, '하지 마라', 다시 말해서 분명히 '할 수 없다' '해서는 아니된다'라는 뜻으로 사용하고 있는 것이다.

손자는 오묘하다. 손자가 말하고자 하는 것은 '승리란 이쪽이 이기는 것이 아니라 적군 쪽이 패하는 것'이라고 말하고 있다. 따라서 '하는 것이 아니라 그렇게 되도록 만드는 것'이며 이 한 구절은 그렇게 이해하는 것이 올바를 것 같다

'결과적으로 승리할 수는 있다. 그러나 승리란 이쪽이 주관적으로 생각한 바 그대로 얻어지는 것이 아니며, 또 무리하게 이기려고 해서도 안되는 것이다. 상대방이 무너지도록 만드는 것이 안전하고 완전한 승전법인 것이다.'

손자는 이런 뜻으로 말한 것이리라.

인생에 있어서의 승부도 똑같을는지 모른다. 예컨대 명예·재물 따위도 무리하게 손에 넣으려고 해서는 안되는 것이니 말이다.

수비와 공격의 원칙

不可勝者守也 可勝者攻也
(불가승자수야 가승자공야) 〈軍形篇(군형편)〉

위 구절의 원문을 의역하면,
'승리할 수 있는 조건이 안되면 수비를 공고히 하는 것이 좋다. 그리고 승리할 조건이 갖추어지면 공격할 일이다.'
이런 의미이다. 물론 '공격은 최대의 방어'라 하며 승리할 만한 조건이 완전하게 갖춰져 있지 않더라도 기습공격 등을 감행하여 승리하는 수도 있기는 하다. 또 추격당하여 막다른 골목에 처해질 경우, '가만히 앉아서 죽기보다는'이라며 활로를 찾아 죽을 각오로 공격하여 운좋게 이기는 수도 있다.

도산(倒産)에 직면한 기업이 아주 과감하게 한판 승부를 걸어서 운좋게도 재기하는 수가 있듯이 말이다.

그러나 이런 경우들은 속된 말로 이판사판일 때 최후의 발악을 하는 것이고 운이 좋아서 재기하는 것일 뿐이지, 서전(緖戰)의 승리를 영속시켜 나간다는 보증은 없다. 그것은 제2차 세계대전 당시 일본군의 진주만 기습공격을 되돌아 보면 잘 알 수 있다.

안전하고 완전한 승리를 얻으려면 역시 충분한 힘이 있을 때에만 공격을 감행해야 하는 것이며 역부족인 때는 수비를 공고히 하면서 정황의 변화를 기다리는 것이리라. 또 방어에 있어서 꼭 주의해야 하는 점은 수동형이 되어서는 안된다는 것이다. 비록 방어를 하더라도 마음만은 능동적이고 공격적이어야 한다.

승산이 없을 때의 '절대 패하지 않는 수비'

善守者藏於九地之下 善攻者動於九天之上
(선수자장어구지지하 선공자동어구천지상) 〈軍形篇(군형편)〉

승세를 타고 앞으로 앞으로 나아갈 때는 어떤 리더라 하더라도 어느 정도의 성적을 올릴 수가 있다.
예를 들면 고도성장에 흠뻑 취해 있을 때의 경영자 등은 그 전형이라고 해도 과언이 아니다.
각별한 경영수완이 없더라도 상당한 업적을 올릴 수 있을 것이니 말이다.
그러나 저성장기에 접어들면 그렇게만 되지는 않는다. 진짜로 경영수완이 요구되는 때는 이런 시대인 것이다.
예로부터 명장(名將)으로 일컬어지던 사람들은 모두 수비에 강했다. 공세로 나간다 하더라도 우선 수비를 공고히 하여 상대방으로 하여금 공격할 틈을 주지 않았다.
그 전형이 《삼국지》에 등장하는 제갈공명(諸葛孔明)이다.
앞에서도 말한 바 있거니와 그는 5회씩이나 원정을 시도했건만 보급 곤란 등의 원인이 중첩되어 끝내 작전 목적을 달성할 수 없었다.
실은 이 제갈공명은 쌍방의 전력을 분석해 보고, 그때 그때마다 자신이 하는 전투가 승리하기 아주 어렵다는 것을 각오하고 있었다. '승산이 없는 싸움은 하지를 않는다'고 하는 《손자병법》의 원칙에서 볼 때 가급적이면 이런 전쟁은 하고 싶지 않았을 것임에 틀림없다.

그러나 그는 선주(先主) 유비(劉備)가 남긴 유언에 따라 부득이한 처지에 놓일 수밖에 없었던 것이다. 그에게 있어 싸워야 하는 것은 지상명령이기도 했다.

그런 가운데서 그가 생각한 전략은,

'용이하게 승전할 수 없다면 최악의 경우에라도 패하지 않는 전쟁을 하겠다'

라는 것이었다.

결과는 어떻게 되었을까? 분명 이기지는 못했지만 지지도 않았던 것이다. 처음부터 승산이 희박한 전쟁을 하는 수 없어서 시작한 제갈공명으로서는 나름대로 선전(善戰)을 한 것으로 보아야 할 것 같다.

더구나 총력을 기울인 전쟁이 10년 가까이나 되는 경우, 평범한 지도자였다면 국가가 휘청거리고 말았을 것이다.

그런데 제갈공명의 경우는 국정(國政)에 조금도 빈틈을 보이지 아니했다. 그도 그럴 것이 공격을 하면서도 어디까지나 수비를 공고히 하는 전투법을 사용했었기 때문이다.

프로야구의 K감독은 항상 자기팀을 상위에 랭크되게 하였는데 그에게는 두 가지 특징이 있었다. 첫째는 투수 로테이션에 실수가 없었다는 점이다.

또 한 가지는 예컨대 원정경기 3연전에 임했다고 하자. 보통 감독들이라면 우선 2승 1패를 노리며 작전을 편다. 그런데 K감독은 최악의 경우에라도 3연패를 당하지 않겠다는 각오로 경기에 임한다는 것이다. 이 역시 수비를 중시하는 작전이다.

현대의 기업 경영에 있어서도 수성(守成)을 위해 이와 똑같은 말을 할 수 있지 않을까 ─.

자타가 다 모르는 사이에 이기는 것이 진짜 승리다

見勝 不過衆人之所知 非善之善者也
(견승 불과중인지소지 비선지선자야) 〈軍形篇(군형편)〉

위 표제어의 원문을 의역하면, '누가 보더라도 다 알 수 있는 승전법은 진짜 훌륭한 승리라고 할 수 없다'란 의미가 될 것 같다. 이긴 결과를 보고서야 사람들이 '그랬었구나'라며 고개를 끄덕이는 그런 승전법이야말로 바람직한 것이라고 한다.

상식은 존중되어야 하는 것이지만 상식만 가지고는 창조라든가 비약은 생겨나기가 어렵다. 상식을 초월한 발상(發想)이 필요하다. 사정을 설명해 주어야만 비로소 알게 되는 것은 '콜럼버스의 달걀'이다. 상식을 초월한 발상에 바탕을 둔 성공, 그것이야말로 아주 멋진 승리이다.

남이 알아차리지 못하는 멋진 승리는 그 밖에도 여러 가지를 생각할 수 있다. 승리를 거두는 예견력(豫見力)에 대해서 생각해 보자. 사람들이 그럴 것이라고 알아차린 다음에야 손을 쓴다면 이미 때는 늦는다. 아직 물인지 불인지 알아차리지 못하여, 사람들이 손을 놓고 있을 때에 재빨리 예견한다. 그리고 그 예견에 의한 성공 — 그것 또한 멋진 승리임에 틀림없다.

그리고 주도면밀한 준비와 일상적인 중복 훈련이 성패를 가름한다. 예컨대 식물은 쉬지 않고 성장하지만 사람의 눈에는 그것이 안 보인다. 그러나 자랐다고 생각될 때에는 벌써 훌쩍 커 버리는 것처럼 주도면밀한 준비와 훈련, 이것도 멋진 승리일 것이다.

스탠드플레이는 위험하다

戰勝而天下曰善 非善之善者也
(전승이천하왈선 비선지선자야) 〈軍形篇(군형편)〉

이 구절의 원문을 의역하면, '세상에서 온통 칭송을 하는, 그런 승전법은 진짜 훌륭한 승리라고 할 수 없다.' 대략 이런 의미가 될 것 같다. 왜 그렇다는 것일까?

그 이치는 '스탠드플레이'란 것을 생각해 보면 알 수가 있다. 스탠드플레이는 화려하며 사람들로부터 박수갈채를 받지만 자칫하면 실패의 위험성을 내장(內藏)하고 있다. 그 성과는 힘들이어 달성하지 않은 경우가 많고, 투기적인 요소가 강하다. 더구나 그것은 조직적인 행동의 성과가 아니라 개인적인 기능이어서 다른 멤버들은 하고자 하는 마음을 잃든가, 반대로 개인 플레이로 흐르는 등, 어느 면을 보더라도 조직 기능에 해로울 뿐이다.

즉 성과가 크더라도 잃는 것 역시 많다.

또 '진기한 아이디어', '이색적인 디자인' 따위도, 이 이치에 들어맞을 것이다. 그것은 사람들의 눈길을 끌기에 충분하고 그 나름대로의 효과는 있지만 영속성이라든가 실용성은 없다.

분명, 착실·견실·상식 등등으로만은 새로운 진보란 있을 수 없고, 활성화에는 자극이란 것이 필요하다. 그러나 아무리 그렇다 하더라도 작금 전국민의 눈길을 끌고야 말겠다는 일부 연예인들의 경향은 눈살을 찌푸리게 한다.

노자(老子)는 '자연스럽게 걸으면 그림자가 안 남는다'라고 했다.

전쟁을 잘하는 자는 무리한 전투법을 쓰지 않는다

善戰者 勝於易勝者也 故善戰者之勝也 無智名 無勇功
(선전자 승어이승자야 고선전자지승야 무지명 무용공) 〈軍形篇(군형편)〉

똑같이 힘써 노력을 해도 우리나라 사람과 중국 사람은 그 애쓰는 방법이 매우 다르다는 생각이 든다.

우리나라 사람들이 노력하는 방법은 아무래도 이를 악물고 머리띠를 질끈 동여맨 이미지가 풍겨 나오기 때문에 주변에서 볼 때, 저 녀석 열심이구나라는 인식을 금방 하게 된다. 이에 비하여 중국 사람들은 어디까지나 자연스럽다. 애써 노력을 하면서도 그런 표시를 밖으로 드러내지 아니한다. 언뜻 보아서는 노력을 하고 있는 것인지 아닌지 분간할 수 없을 정도이다.

일반적으로 중국 사람들은 희노애락의 감정을 밖으로 표출하지 아니한다.

자연의 본심을 드러내는 데 굉장히 신중하다. 가령 재능이 많다 하더라도 그것을 밖으로 드러내기를 싫어한다. 또 남이 모르는 고초를 자신이 겪고 있더라도 그런 흔적을 표정으로 나타내기를 좋아하지 않는다. 어디까지나 자연스럽게 살아가는 것을 좋아하는 것이다.

옛날 노자(老子)가 젊은 공자(孔子)와 만났을 때,

'군자(君子)는 성덕(盛德)일 때, 용모가 어리석은 것같이 된다'라며 훈계했다고 한다. 평소에 재능을 드러내며 자랑하지 말라고 했던 것이다.

중국 사람의 이런 처세법은 다분히 오랜 세월의 난세(亂世)를 겪으면서 살아남은 인생체험에서 생겨난 것임에 틀림없다.

손자가 여기서 말하고 있는 자연스러운 승전법도 이상과 같은 처세법과 맥을 같이하는 사고방식에서 나온 것이다. 그는 이렇게 말하고 있다.

'누가 보더라도 알 수 있는 승전법은 최선의 승리가 아니다. 또 세상에서 흔해빠진 승전법도 최선의 승리가 아니다. 예를 들면 털을 한 개 뽑았다고 누구나 힘센 장사라고 말하지는 않는다. 그런 것쯤은 보통사람들도 무리하지 않고 자연스럽게 할 수 있기 때문이다.'

이처럼 무리하는 일 없는 자연스런 승전법이 이상적이라고 말하는 것이다.

바꾸어 말하면 손자가 주장하고 있는 것은 분명 용전감투(勇戰敢鬪)의 사상을 부정하는 것임에 틀림없다.

앞에서 설명한 것처럼 우리나라 사람은 처음부터 용전감투에 기대를 건다. 기대하는 것 그 자체가 반드시 나쁘다는 것은 아니다.

그러나 우리나라 사람의 경우, 작전계획의 무리를 용전감투에 의해 보완코자 한다. 자칫하면 그렇게 되기 쉽다는 점에 문제가 있다.

먼저 누가 하더라도 이길 수 있는, 무리가 없는 작전계획을 세운다. 그리고 그 작전계획대로 전투를 해나가면 무리없이 승전한다. 손자는 그것이 곧 이상적인 승전법이라고 하는 것이다.

용전감투에 기대를 건다는 것은 곧 요행에 기대를 거는 사고방식과도 통한다. 그런 전투법은 졸렬(拙劣)하다고 손자는 지적하고 있는 것이다.

자력(自力)은 보존하고 적을 소멸시키라

善戰者 立於不敗之地 而不失敵之敗也
(선전자 입어불패지지 이불실적지패야) 〈軍形篇(군형편)〉

위 구절의 표제어를 의역하면, '전쟁을 잘하는 사람은 아군은 안전한 곳에 두고 적군이 허점을 보이면 즉각 공격한다'란 의미의 말이 된다.

맹수들, 예컨대 치타가 사냥감을 노리고 있는 상태가 바로 표제의 말과 같다. 목표를 삼은 사냥감이 있을 경우 그놈이 이쪽을 눈치채지 못도록 풀숲 속에 숨어서 자세를 낮추고 상대방의 허점을 노리다가 순식간에 덮치는 것이다. 모택동(毛澤東)은 1938년, 강력한 일본군에게 유격전을 전개할 때 이런 연설을 한 바 있다.

'모든 군사행동의 지도 원칙은…… 한편에서는 자신의 힘을 가급적 보존하고, 다른 한편으로는 적의 힘을 가급적 소멸시키는 행동을 취하는 것이다. 그렇다면 전쟁을 하는 와중에서 용감한 희생을 주장하는 것은 왜일까? 그것을 어떻게 해석해야 옳을까? 어느 전쟁에서도 대가(代價)를 때로는 아주 큰 대가를 치루지 않으면 안되는데 이것은 자기를 보존하는 것과 모순되지 않는가? 실은 조금도 모순되지 않는다. 좀더 정확하게 말한다면 그것은 서로 상반되면서도 서로 보완되는 것이다. 왜냐하면 이런 희생은 적의 소멸에 필요할 뿐아니라 자기의 보존에도 필요하다. 부분적, 일시적으로 보존하지 않는 것은 전체적 영구적으로 보존하기 위해 필요하기 때문이다.'

전투하는 태세로 이미 승부는 결판난다

勝兵先勝而後求戰 敗兵先戰而後求勝
(승병선승이후구전 패병선전이후구승) 〈軍形篇(군형편)〉

손자의 사고방식은 유연하고 무리가 없다. 그러므로 그가 하고 있는 말은 어떤 의미에서 볼 때 극히 평범하다. 그러나 그 평범한 것이 막상 실행하려고 하면 뜻밖으로 여간 어려운 게 아니다.

손자는 '승산이 없는 싸움은 하지 마라'고 했다. 승산을 갖추기 위해서는 적을 알고 나를 알아야 한다. 그와 동시에 모든 사태를 상정(想定)하면서 만전의 태세를 갖춰야 할 필요가 있다.

《삼국지》의 조조(曹操)는 소설에서는 악한으로 묘사되어 있으므로 일반 서민들에게는 인기가 없는데, 그 시대를 주름잡았던 걸물(傑物)이었다. 맞적수인 유비(劉備)가 악전고투・사고팔고(四苦八苦)의 인생행로(人生行路)를 걷고 있는 사이에 유비와 마찬가지로 맨손만 들고 출발했던 조조는 난세 속을 휘젓고 다니면서 연전연승하여 북중국(北中國) 일대에서 패자(覇者)로 군림했다. 그는 전쟁 지도자로서도 정치가로서도 겨룰 상대가 없는 수완가였던 것이다.

조조의 용병술은 '싸울 때마다 반드시 완승했고, 그의 군에는 행승(幸勝)이란 없었다'였다. 행승이란 상대방의 실책을 틈타서 이따금 승리를 줍다시피하는 행운의 승리란 의미이다. 그런 승전법은 조조에게는 없었다는 것이다.

즉 작전계획을 세우고 계획에 따라 전투를 해나가서 계획대로 승리를 거둔다. 이것이 조조의 승전법이었다. 《삼국지》의 이 기록은 다소 과장된 표현이긴 하지만, 그러나 공평하게 볼 때 그것과 비슷한 전투법을 전개해 나갔던 것만은 사실이다.

조조의 또 한 가지 특징은 포석(布石), 즉 태세를 잘 정비해 나가는 데 있었다.

그는 겨우 자기 앞이나 가릴 처지가 되었을 때부터 세력을 구축해 나갔는데 이미 이때부터 장래의 비약에 대비하여 몇 가지 중요한 포석을 했다.

우선 그 첫째는 인재(人材)의 초치이다. 어디어디에 이런 인물이 있다는 말을 들으면 즉시 사자(使者)를 보내어 후하게 예우하면서 자기 막하(幕下)에 모셔 들였다.

둘째, 자신의 군대를 양성한 것이다. 군사를 처음 일으켰을 때는 몰려오는 라이벌들의 군세(軍勢)에 밀려서 한다 하는 조조도 패전을 거듭할 뿐이었다. 그러다가 연구하고 반성한 끝에 자신의 강력한 군단을 길러나갔던 것이다.

세 번째는 식량의 확보이다. 당시는 천재(天災)라든가 인재(人災)가 겹치어 어느 지방도 식량 부족으로 고통을 받고 있었다. 배가 고파가지고는 전쟁을 할 수가 없다. 조조는 재빨리 자기 영내(領內)에 둔전(屯田)을 펴고 식량의 증산을 꾀했다. 그 결과 '가는 곳마다 군량이 쌓여 있었고 창고는 모두 가득 차 있었다'라는 성과를 거두었다고 한다.

이처럼 일찍부터 포석에 착수하고 성공한 것이 조조의 제패(制覇)를 가능케 만든 이유이다. 손자가 말하는 '승리를 거둘 태세를 만든다'란 바로 이런 것을 가리킨다. 이런 태세를 갖추지 아니하고 요행을 기대하는 따위의 전투법을 손자는 부정하고 있다.

리더의 기능은 어떤 것인가?

善用兵者 修道而保法
(선용병자 수도이보법) 〈軍形篇(군형편)〉

우리들은 '도(道)'라고 하면 대개 도덕적인 것을 떠올리기 쉬운데 그것은 오랜 세월동안 유교의 영향에 따른 것이다. 《손자》는 효율적인 전투법을 설명하는 데 주안점을 두고 있는 것이지, 윤리 문제는 제외하고 있으며, 따라서 '도'에도 도덕적인 의미는 없다.

'도'는 문자 그대로 도로(道路), 즉 길이란 의미로 풀이하는 편이 훨씬 쉽게 이해된다. '수도이보법(修道而保法)' 직역하면 '도로를 만들어서 보행방법을 지키게 한다'가 된다. 거기에서 더 나아가 병법으로서의 의미를 생각하는 편이 넓은 의미의 내용으로 이해할 수 있을 것이다.

'도'는 '원칙' 혹은 '목표', 나아가서는 '정치'라는 의미를 갖는다. '법(法)'은 '조직' '제도' 혹은 '법규'라든가 '병법'이란 의미이다.

이런 단어들을 짜맞춤으로써 각각 그 사람의 취향에 맞는 해석을 할 수 있을 것으로 본다.

'용병(用兵)을 잘 하는 사람'을 리더의 기능이라고 생각한다면 '도'와 '법'은 다음과 같이 해석할 수 있을 것이다.

첫째, 리더의 기능은 명확한 목표를 내걸고 조직과 제도를 다져 나가는 데 있다. 둘째, 리더의 기능은 목표와 그것을 실현하기 위한 방법을 착실히 해나가는 데 있다. 셋째, 리더의 기능은 원칙을 흐트리지 않고 규율을 지키도록 하는 데 있다.

철두철미한 계량주의(計量主義)

兵法 一曰度 二曰量 三曰數 四曰稱 五曰勝
(병법 일왈도 이왈량 삼왈수 사왈칭 오왈승) 〈軍形篇(군형편)〉

병법이란 무엇인가? 그것을 《손자》에서는 다음과 같이 해설하고 있다.

첫째는 거리를 재는 것[度]이며,
둘째는 물량을 재는 것[量]이며,
셋째는 병사(兵士)의 수를 세는 것[數]이며,
넷째는 피아간(彼我間)의 그것을 비교해 보는 것[稱]이며,
다섯째는 그것에 의해 승산(勝算)을 얻는 것[勝]이다.

여기서는 계량(計量)할 수 없는 사기(士氣) 등 정신적 요소는 포함시키지 않고 있다. 그 대신 계량할 수 있는 전력(戰力)의 요소는 철두철미하게 계량하라는 것이다.

그런 다음 이것을 비교하라고 했다.

개전(開戰)할 것인가 말 것인가를 군주의 독단이나 감정, 혹은 점(占)을 침으로써 결정했던 당시의 상황을 고려할 때 이런 사고방식은 놀랄 만한 진보이며 과연 손자다운 혁명적 제언이었다고 할 수 있다.

전쟁을 함에 있어서는 이런 것에 더하여 정신적 요소가 중요한데 불확실한 것은 일단 보류하고 확실한 것만이라도 비교해 볼 일이다.

최고의 형(形)은 무형(無形)이다

勝者之戰民也 若決積水於 千仞之谿者 形也
(승자지전민야 약결적수어 천인지계자 형야) 〈軍形篇(군형편)〉

위 표제어의 원문을 의역하면, '승자는 깊은 골짜기에 가득 괴어 있는 물을 쏟아내리는 세(勢)로, 사람들로 하여금 싸우게 한다. 체제는 그것을 가능케 하는 것이 되어야 한다'란 의미이다.

이 말은 〈군형편〉 맨 끝에 있는데 말하자면 〈군형편〉의 결론이라고 할 수 있다.

'형(形)'은 좁은 의미로는 진형(陣形)이며 넓은 의미로는 체제, 태세, 나아가서 구상화(具象化)된 것 모두를 가리킨다. 형은 고정되어 버리면 생명력을 잃는다. 이상적인 형은 물처럼 상황에 따라 변화되어야 하는 것이며 무형이야말로 최고의 형인 것이다.

손자가 힘찬 세(勢)의 형(形)을 관련시키어 설파한 것은 탁견이라고 해야겠다.

당(唐)나라 때의 시인으로도 알려진 두목(杜牧)은 《손자》 연구가이기도 했는데, 그는 이 한 구절은 이렇게 해석했다.

'깊은 골짜기에 가득 찬 물은 그 양(量)을 헤아릴 수가 없다. 그것은 아군의 체제를 상대방에서 볼 수 없고 헤아릴 수 없는 것과 마찬가지이다. 그리고 둑을 허물어 골짜기 물이 한 번 분류(奔流)하면 콸콸 쏟아져 내리듯이 아군이 공격으로 전환하면 적군은 도저히 방어할 수가 없는 것이다.'

이것이 형(形)이 세(勢)로 전환한다는 사고방식이다.

편성(編成)이 없으면 오합지중(烏合之衆)

治衆如治寡 分數是也
(치중여치과 분수시야) 〈兵勢篇(병세편)〉

위 구절의 원문을 의역하면, '많은 사람을 관리할 때 마치 적은 인원을 관리하는 것처럼 수월하게 하려면 사람들을 몇 개의 집단으로 구분해서 편성해야 한다'라는 뜻이다.

행동과학적(行動科學的)인 실험에 의하면 한 사람의 리더가 직접 효율적으로 관리할 수 있는 인원은 5, 6명이 한도라고 한다. 손자가 한 이 말은 그 이론과 부합되는 셈이다.

극히 상식적이지만 생각해 보면 이것이 '조직·편성'의 가장 기본적인 원리가 되는 것이 아닐까?

전투의 역사를 뒤돌아 보면 아주 먼 옛날에는 개인전을 했었다. 청동기시대(靑銅器時代)에는 전쟁을 하는 경우, 제후(諸侯)라든가 제후의 아들인 공자(公子)가 자국의 백성들을 이끌고 나가지만, 막상 싸우는 사람은 제후나 공자끼리 1대 1로 싸울 뿐, 백성들은 응원하는 고함소리만 지른다. 그러다가 철기시대(鐵器時代)로 접어들자 다량의 무기를 만들면서 단체전이 된 것이다.

이 집단 전투법에서는 구역 편성을 제대로 하느냐 못하느냐가 승패를 좌우한다.

중국에서는 이미 2천 년 전에 군(軍 : 1만 2천 5백 명), 사(師 : 2천 5백 명), 여(旅 : 5백 명), 졸(卒 : 1백 명), 양(兩 : 25명), 오(伍 : 5명)라고 하는 편성을 했었다는 기록이 있다.

명령의 전달법을 정확하게 하라

鬪衆如鬪寡 形名是也
(투중여투과 형명시야) 〈兵勢篇(병세편)〉

손자에 의하면 전쟁터는 '사지(死地)'라고 한다. 그 '사지'에 몸을 두고 있는 군대가 제각기 뿔뿔이 흐터져서 멋대로 행동하여 규율이 안 잡힌다면 전쟁을 할 수가 없다. 그렇게 되면 아무리 명장(名將)이라 하더라도 승전할 리 만무하다.

그러므로 명장들은 예외없이 질서정연하게 한 덩어리로 뭉치게 하는 법을 중시해 왔다. 그렇게 하기 위해 무엇이 필요하냐 하면 '형명(形名)' 즉 지휘명령 계통의 확립이 반드시 필요하다는 것이다.

예를 들자면 춘추시대의 명장 사마양저(司馬穰苴)인데 이 사마양저에 대해서는 이런 이야기가 전해 온다.

그가 제(齊)나라 장군에 임명되어 연(燕)나라 군단을 맞아 싸울 때의 일이다. 장가(莊賈)라고 하는 중신이 군사 고문관으로서 동행하게 되었다. 사마양저는 장가와 만나서,

'그럼, 내일 정오에 군문(軍門)에서 만납시다'
라고 약속했다.

그런데 그 다음 날 장가는 약속시각이 되어도 모습을 나타내지 않았다. 그가 헐레벌떡 달려온 것은 해가 서산에 뉘엿뉘엿 넘어가는 저녁나절이 된 다음이었다.

"어떤 이유로 약속 시간에 늦은 게요?"

"미안합니다. 중신들과 친척들의 전송연에서 그만 술을 과음하여 이렇게 늦었습니다."

그 말을 듣자 사마양저는,

"장수된 자는 출진의 명령을 받으면 그 즉석에서 가정을 잊어야 하고, 군명(軍命)을 받으면 육친을 잊어야 하며 출진하라는 북소리가 울리면 그 몸조차도 잊고 오직 전투에 전념해야 하는 법ㅡ. 하물며 지금 제일선의 장병들은 목숨을 걸고 싸우는 판에 송별연에 참석하려고 늦었다는 거요?"

라며 호통을 치고 나서 군법무관을 불러 놓고 물었다.

"군법에 의하면 약속 시간에 늦은 자는 어떤 죄에 해당하는가?"

"예! 참죄(斬罪)에 해당하옵니다."

사마양저는 즉시 장가를 군법에 의해 참죄에 처했다. 그러자 군 내부의 공기가 일변되었다. 즉 장병들은 바싹 긴장하여 지휘명령은 구석구석에까지 관철되었다고 한다.

그 소문을 듣고 겁을 집어 먹은 연나라 군단은 싸우지도 아니하고 철군했다는 것이다.

이것은 군대뿐만이 아니다. 어떤 조직에서도 조직이 조직으로서의 기능을 하기 위해서는 지휘명령 계통이 확립되지 않으면 안 된다.

조직의 규모가 작을 동안에는 아직 괜찮다. 비대화(肥大化)되어 감에 따라, 회의를 자주 하는 등 하여 책임 관계가 모호해지는 반면, 제일 중요한 지휘명령 계통은 녹이 슬어 간다.

그렇게 되면 조직으로서의 생명인 명령 계통이 제구실을 못하여 유사시에 즉시 대응하는 태세가 갖춰질 수 없는 법이다.

안전하게, 그리고 확실하게 승리하려면……

兵之所加 如以瑕投卵者 虛實是也
(병지소가 여이하투란자 허실시야)〈兵勢篇(병세편)〉

　손자는 주도면밀하고 조심성이 많다. 성질이 급한 우리나라 사람으로서는 싫증을 느낄 만큼 그들은 조심성이 깊은 것이다. 물론 유사시에는 '질풍처럼' 행동하라고 하지만 어쨌든 그때까지는 철두철미하게 준비를 거듭해 나가고 안전성을 확인한 다음에야 행동에 옮기라고 하는 것이다.
　'공격을 개시한 바에는 돌멩이로 달걀을 치듯이 손쉽게 이겨야 한다. 그러기 위해서는 자신의 힘을 충실하게 기른 다음에 상대방의 허점을 노려야 한다.'
　단, 자신의 힘을 충실하게 기르는 것만으로는 아직 불충분하다. 상대방에게 이길 만한 힘을 비축하면서 상대방의 허점을 노리라고 하는 것이다. 이 얼마나 철저한가.
　허점이라고 한 것은 원문에서는 '허(虛)'이다. 이 허란 실로 복잡한 개념이다. 문자 그대로의 의미는 '비어 있는 것'이라고 할 수 있는데 노자(老子)가 허심(虛心)을 설명해 놓은 것처럼 여러 뜻으로 파생되었으며 깊은 뜻을 가지게 되었다.
　여기서는 상대방의 '약한 곳' 또는 '준비가 허술한 곳', '방심하고 있을 때' 등등의 경우를 가리킴이다. 요컨대 아군의 플러스 면은 최대한으로 키워나가고 상대방의 마이너스 면은 최대한으로 이용하라는 것이다.

'정(正)'과 '기(奇)'를 분별하여 사용하라

凡戰者 以正合 以奇勝
(범전자 이정합 이기승) 〈兵勢篇(병세편)〉

이 구절을 번역하면, '무릇 전쟁이란 것은 정공법(正攻法)을 원칙으로 하되 상황에 따라 기책(奇策)을 사용함으로써 승리한다'란 의미가 될 것 같다.

일단은 그렇게 번역해 보았지만 이 '정'과 '기'는 보다 깊고 넓은 의미를 가지고 있으며 그 글자의 운용은 손자병법의 극의(極意)라고도 할 수 있다. 노자(老子)에 의하면 본디 정치가 '정'이며 전쟁은 '기'이다. 즉 노자는 '정(正)을 가지고 나라를 다스리고 기(奇)를 가지고 병(兵)을 쓴다'라고 했다.

대저 중국 사람은 대(對)를 이루는 두 가지의 개념을 대비시키어 논하기를 좋아했는데 이것도 그 중 하나이다. 그리고 이 '정과 기'는 '기본과 응용' '정(靜)과 동(動)' '원칙과 운용'…… 등등처럼 여러 가지로 바꿀 수도 있다. '먼저 해서(楷書)를 쓴 다음에 초서(草書)를 쓰라' 등도 '정(正)을 이룬 다음 기(奇)로 이기라'는 뜻과 통한다. 기초도 닦지 못한 자가 운용을 하고자 한다면 기지도 못하는 아이가 뛰려는 것과 같아서 실패할 것은 당연하다.

또 '정과 기'에는 '체(體)와 용(用)'이라는 의미도 있다. 현대식으로 말한다면 '하드웨어와 소프트웨어'이다. 손자의 명언은 이처럼 해석의 폭을 넓혀가면서 사람마다 각기 활용해나갈 수 있다는 점이 재미이기도 하다.

정석(定石)에서 출발하여 정석을 부순다

善出奇者 無窮如天地 不竭如江河
(선출기자 무궁여천지 불갈여강하) 〈兵勢篇(병세편)〉

여기서 말하는 '기(奇)'란 정해진 정석이 아니라 상대방의 모습과 상황의 변화에 따라 자유자재로 바뀌어 가는 전술을 말함이다.
'변환자재의 전술은 얼마든지 있을 수 있다. 그것은 천지와 같이 끝이 없으며 장강(長江 : 양자강)이라든가 황하(黃河)와 같이 다함이 없다'라는 의미의 구절이다.

이 '기(奇)'로 나가는 것은 아이디어의 발상(發想)으로 바꾸어 생각하면 아주 이해하기 쉽다. 빼어난 아이디어맨은 번득이는 아이디어가 꼬리를 물고 뒤를 이어 용솟음치는 법이다.

그럼 어떻게 해야 아이디어를 자꾸 짜낼 수 있는 것일까?

손자는 해가 지면 달이 뜨고, 달이 지면 해가 뜨는 것처럼 정(正)과 기(奇)를 짜맞추어 나가면 전술은 무한히 나올 수 있는 것이라고 한다. '기와 정이 상생(相生)하는 것은 마치 순환이 끝이 없는 것과 같다' 다시 말해서 정……기……정……기……정……으로 순환하여 끝없이 이어진다고 했다.

바꾸어 말하면 우선 정석(定石)으로 출발하고 다음에는 이것을 부수고 변형시키어 기수(奇手)를 만들어 낸다. 그리고 그것이 잘 풀려나가지 않으면 다시 정석으로 돌아온다. 그러다가 또 정석에서 출발을 하고……. 아이디어에 한한 것이 아니라 이것은 발전의 운동법칙이라고도 할 수 있을 것이다.

아이디어를 무한히 짜내는 법

色不過五 五色之變 不可勝觀也 味不過五 五味之變 不可勝嘗也
(색불과오 오색지변 불가승관야 미불과오 오미지변 불가승상야)

〈兵勢篇(병세편)〉

위 표제어의 원문을 의역하면, '색의 기본은 황·적·청·백·흑의 다섯 가지 밖에 없지만 이것을 뒤섞으면 다른 색깔이 무한히 나온다. 또 맛의 기본은 쓴맛·단맛·신맛·매운맛·짠맛 등 다섯 가지밖에 없지만 이것을 뒤섞으면 다른 맛이 무한히 나온다'라는 의미이다.

원본은 이것에 한 가지를 더하여 소리의 조화에 의한 변화를 들고 있다. 당시의 기본적인 음계(音階)는 궁(宮)·상(商)·각(角)·치(徵)·우(羽)였던 것 같다. 이 오음(五音)을 짜맞추면 역시 다른 소리들을 무한히 낼 수가 있는 것이다. 이처럼 비슷한 예들을 나열해 나가는 것이 중국 고전 특유의 논법이다.

한편 이 병법은 팀워크에 있어서도 그대로 적용된다. 한 사람 한 사람의 능력을 잘 짜맞추어 나가면 생각하지도 않았던 새로운 힘을 따로따로 만들어낼 수 있는 것이다. 능력이 많은 리더는 이런 짜맞춤으로 여러 가지의 맛을 만들어내는 일류급 요리사와 같다.

또 이 병법은 앞 항(項)처럼 아이디어를 짜내는 방법으로도 사용된다. 고안(考案)이라든가 착상, 혹은 문득 떠오르는 영감(靈感)에만 의지하는 것은 한도가 있다. 평범한 것, 기본적인 것들을 이것 저것 짜맞추다 보면 전혀 새로운 것을 짜낼 수도 있는 법이다.

정석(定石)과 응용을 자재로이 짜맞추라

戰勢不過奇正 奇正之變 不可勝窮也
(전세불과기정 기정지변 불가승궁야) 〈兵勢篇(병세편)〉

'기정(奇正)' 즉 정(正)과 기(奇)는 앞에서도 보았지만 고대 중국의 병법 용어이다. '정'은 일반적인 것, 정상적인 것을 의미하고 '기'는 특수한 것, 변화하는 것을 의미하고 있다. 정공법(正攻法)을 '정'이라고 한다면, 기습작전은 '기'이고 정면공격을 '정'이라고 한다면 측면공격은 '기'라고 해도 좋을 것이다.

전쟁을 하는 방법을 요약하면 이 '정'과 '기'의 짜맞춤에 불과하다. 그러나 짜맞추는 변화는 무한하다고 했다.

왜냐하면 '정'과 '기'를 기계적으로 이해하는 것만으로는 전쟁에서 승리를 거둘 수가 없다. 승리를 하기 위해서는 천변만화의 운용에 숙달하지 않으면 안된다는 말이다. 승리하기 어려운 점이 바로 그런 점에 있다고 본다.

《손자》에서는 이렇게 말하고 있다.

'정(正)은 기(奇)를 낳고 기는 또 정으로 돌아서는데 그것은 돌고 돌면서 이어져 끝이 없다. 따라서 누구도 그것을 모두 알 수는 없는 것이다.'

이 문제는 다소 관점을 바꾸면 정석(定石)과 응용의 관계이다.

정석을 이해하는 것은 중요하다. 그러나 정석만 이해하고 있다 해서 승리하느냐 하면 그렇지 아니하다. 이기기 위해서는 정석을 머리 속에 기억하고 있으면서도 다시 임기응변의 운용에 숙달할 필요가 있다.

경영 평론가가 회사 경영을 맡았던 바 그만 그 회사를 경영난에 빠뜨리고 말았다는 예가 있거니와 이런 일이 일어난 것도 실제 운용면에서의 경험이 없었기 때문이다. 창업주의 뒤를 이은 이세(二世) 경영자가 파산에 이르는 것도 이와 같은 이유에서일 것이다.

임기응변의 운용에 강해지기 위해서는 실전 경험을 쌓아나가지 않으면 안된다. 실전 속에서 자신을 단련시켜 나감으로써 정석 이외의 지혜가 몸에 익혀지는 것이다.

그렇다고 해서 정석 따위는 몰라도 된다는 말은 결코 아니다. 정석은 정석대로 머리 속에 깊이 간직해 두고, 그것에 더하여 실전 경험을 쌓아야 한다. 그 점이 중요하다는 것이다.

그럼 실전 경험 이외에 '무한한 변화'를 터득하는 방법이 없느냐 하면 반드시 그런 것은 아니다.

그런 경우 필요한 것이 사례(事例)에 대한 연구이며 선배들의 경험을 통해서 배우려는 자세이다.

《삼국지》로 알려진 오(吳)나라 손권(孫權)의 부하에 여몽(呂蒙)이란 장군이 있었다. 이 여몽은 어려서부터 전쟁터를 돌아다니며 실전에 가담했으므로, 전쟁에는 강했지만 오로지 힘으로 싸우려는 용전감투형(勇戰敢鬪型)의 무장이었다. 그런 점을 우려한 손권이 어느 때 여몽을 불러놓고 책을 읽으라고 권했다.

그때 손권이 권한 책은 다음 두 계열의 책이었다.

첫째, 《손자》 등의 병법서.

둘째, 《전국책(戰國策)》 등의 역사서.

《손자》를 비롯한 병법서를 권했던 것은 그 책 속에 전쟁의 원리와 원칙 등이 기록되어 있기 때문이다. 그러나 원리와 원칙만 알아가지고는 전쟁에서 승리할 수가 없다. 승리하기 위해서는 임기응변의 운용을 터득하지 않으면 안된다. 그래서 필요한 것이 역사서의 공부요, 연구인 것이다.

역사서 속에는 전쟁에서 패한 경우와 승리한 경우 등 갖가지 사례가 소개되어 있다. 말하자면 전쟁 사례의 연구를 위한 보고(寶庫)라고 해도 좋다.

손권의 권유를 들은 여몽은,

"이 나이에 공부를 하기는 너무 늦은 것 같나이다."

라며 계면쩍어 했다. 그러나 손권은 정색을 하며 말했다.

"책을 읽는 데 나이가 무슨 상관이겠소."

손권의 강권에 발분한 여몽은 그때부터 학자에 뒤지지 않을 만큼 열심히 책을 읽었다. 그 결과 힘으로 싸우던 무장에서 머리(지략)로 싸우는 무장으로 변신했다고 한다. 어찌나 장족의 발전을 했던지 선배 장수였던 노숙(魯肅)은 얼마만에 여몽을 만난 자리에서,

'지난날의 여몽이 아니로다'

라며 탄성을 질렀다고 한다. 그런 고사(故事)에서 나온 성어(成語)가 '오하아몽(吳下阿蒙)'으로서 오늘날까지도 쓰이고 있다.

그야 어쨌든 '정'을 실현하기 위해서는 때로 '기'가 필요하며 한편 '기'는 '정'이 있을 때 비로소 힘을 발휘하는 법이다. 이런 관계는 여러 경우에, 그리고 오늘날에도 그대로 들어맞을 것이다. '정', 한 가지만으로는 잘 풀려나갈 수가 없으며, '기', 한 가지만으로도 실패하는 법이다.

원리원칙을 익힌 위에 임기응변의 묘를 살려 나가는 것, 이것은 어느 시대에나 꼭 필요한 자기계발(自己啓發)이며 성공하는 지름길이다.

세(勢)의 힘을 활용하라

激水之疾 至於漂石者 勢也
(격수지질 지어표석자 세야) 〈兵勢篇(병세편)〉

위 구절의 원문을 의역하면, '격류(激流)는 무거운 암석을 밀어 흘려보낸다. 이것은 세(勢)가 있기 때문이다'란 의미이다.

'격(激)'이란 글자는 원래 물의 흐름이 방해를 받았을 때 세(勢)를 더한다는 의미라고 한다.

그대로 내버려 두면 가라앉아 버릴 돌이 떠서 흘러간다. 물리학에서는 당연한 일로서 용이하게 설명할 수 있겠지만, 인간의 행동(개인·집단을 포함하여)에서도 일어나는 일이므로 이상하다면 이상한 일이다. 탄력이 붙으면 뜻하지 않았던 힘이 생기는 것을 누구나 경험한 적이 있을 것이다. '세(勢)를 탄다'란 말은 이런 경우에 쓰거니와 이런 경우에는 신바람이 나며 하는 일도 효율적이다.

참고로 '파죽지세(破竹之勢)'란 말이 있다. 3세기 말경, 삼국시대(三國時代)가 끝나갈 때 진(晋)나라 장수 두예(杜預)는 오(吳)나라를 공격하여 국경의 요지를 점령했다. 그러나 부하들은 거기서 일단 창부리를 거두자고 진언했는데 두예는

'지금 우리 군단은 기세를 타고 있소. 대나무는 두어 마디까지만 칼을 넣으면 그 세로 나머지는 자연히 쪼개지는 법이오.'

라며 그대로 전진하여 오나라를 멸망시켰다. 여기서 나온 말이 '파죽지세'라는 고사성어이려니와 원래는 세를 타고 그 힘을 활용한다는 뜻이었다.

긴장은 힘의 원천(源泉)이다

鷙鳥之擊至 於毀折者 節也
(지조지격지 어훼절자 절야) 〈兵勢篇(병세편)〉

　지조(鷙鳥)는 매, 즉 맹금류의 새이다. 따라서 위 표제어의 원문을 의역하면, '맹금류는 사냥감을 덮쳐 일격으로 그 뼈를 부수고 날개를 꺾어 버린다. 그것은 한 순간에 힘을 집중시키기 때문이다'란 의미이다. '절(節)'은 대나무의 마디인데, 위 아래와 구별하여 그곳만 응축되어 있는 곳이다. 유사시에는 중점적으로 혹은 중요한 때에 전력(全力)을 집중시킨다는 의미로서 손자는 이 문자를 사용하고 있는 것이다.
　'불이야!'
라는 고함을 듣고 달려가서는, 평소 때라면 엄두도 낼 수 없을 만큼 무거운 가재도구를 번쩍 들어올렸다는 이야기를 흔히 듣는다. 전쟁터에서 백병전을 벌일 때 키 큰 나무를 훌훌 뛰어 넘으며 싸웠는데 전쟁이 끝난 다음 그 나무를 쳐다보니 도저히 뛰어 넘을 수 없었다는 전투담도 있다. 무의식 중에도 집중되어 있는 마음이 큰 에너지를 만들어낸 예이다.
　긴장은 힘의 원천이다. 단, 지나치게 긴장하여 움츠러든 나머지 도리어 가지고 있는 힘을 발휘하지 못하는 경우도 있으므로 긴장만 하면 좋다고 단정할 수는 없다. 역시 훈련이 필요하다 하겠다. 건강할 때 열심히 운동을 하고, 기업이 안정되어 있을 때일수록 유사시에 대비하라는 것은 이런 때문이다.

세(勢)를 타고 움직이며, 힘을 집중시켜 승리한다

善戰者 其勢險 其節短. 勢如彍弩 節如發機
(선전자 기세험 기절단. 세여확노 절여발기) 〈兵勢篇(병세편)〉

위 구절의 원문을 의역하면,
'전쟁을 잘하는 사람은 움직일 때는 강력한 세(勢)를 타고 공격할 때는 집중하여 친다. 그 세는 당겼던 노(弩)를 놓은 것처럼 맹렬하고, 그 공격력은 필요한 때와 장소에 집중된다'
란 의미이다.

앞의 '세의 힘을 활용하라', '긴장은 힘의 원천이다'란 항(項)의 이치를 활용하여 효과적인 힘을 발휘하는 것이 전쟁을 잘하는 사람의 요체라는 것이다. 권투 경기를 상기하면 이해가 잘 될 것이다.

나폴레옹의 모스크바 진공까지의 용병이 바로 이것이었다. 1806년 그가 지휘하는 프랑스군은 튀링겐 숲을 넘어 프로이센 영토에 들어가 예나 부근에 있던 프로이센 군과 대치했다. 나폴레옹은 적군을 단숨에 격파하기 위해 그날 밤, 험한 예나 서북고지에 포병대를 진군시키려고 했다.

그러나 칠흑같이 어두운 밤에 비까지 퍼부었으며 산은 험하다. 부하들은 포병대를 진군시키는 것은 무리라고 했는데 나폴레옹은 이 때 그 유명한 말, 즉 '내 사전에는 불가능이란 없다'라고 외치며 부대를 질타하여 마침내 산 꼭대기에까지 대포를 끌어 올렸다. 그리고 다음날 머리 위에 맹포격을 받은 프로이센은 패주하고 말았다. 이것이야말로 세를 타고 힘을 집중시킨 승리였던 것이다.

어수선하면서도 문란해지지 않는 조직은 강하다

紛紛紜紜 鬪亂而不可亂也, 渾渾沌沌 形圓而不可敗也
(분분운운 투란이불가란야 혼혼돈돈 형원이불가패야) 〈兵勢篇(병세편)〉

위 표제어의 원문을 의역하면,
'잡연(雜然)하고 혼란스럽지만 문란해지지 않으면 공격할 수가 없다. 처음도 끝도 없이 이어져 있어서 포착되지 않으면 격파할 수 없다'
란 의미이다.

앞 단(段)은 홍콩의 거리를 연상시킨다. 오색찬란하며 모양도 글자도 가지가지에다가 더구나 현란하기 짝이 없는 간판의 홍수, 소연한 소리, 그래서 통일성이 없고 잡연하지만 그 강인함 때문에 질서가 유지된다. 뒤 단은 두루뭉실한데다가 다리도 없는 귀신을 연상케 한다. 잡으려야 잡을 곳이 없다.

이런 조직은 강하다. 적으로서는 도저히 그 정체를 파악할 수가 없는 것이다. 질서정연한 조직은 보기에는 좋지만 조금이라도 무너지기 시작하면 수습할 수 없게 되어 버린다. 팔진법(八陣法)이란 진형(陣形)이 바로 이것이라고 설명하는 학자도 있다. 형식에 사로잡히지 않는 그래서 활력이 있는 회사에 흔히 있는 타입이다.

이것을 인간의 한 가지 타입이라고 생각해 보는 것도 재미있을 것 같다. 망양(茫洋)을 바라보듯하며 무엇을 생각하고 있는지 알 수 없는 사람은 어쩐지 믿음직스럽기도 하다. 옛날에는 걸물(傑物)이라 일컬어지던 사람 중에 이런 사람이 많았었다.

난국(難局)에도 동요되지 않는 세 가지의 태세

亂生於治 怯生於勇 弱生於強
(난생어치 겁생어용 약생어강) 〈兵勢篇(병세편)〉

손자는 다음과 같이 말하고 있다.
'양군(兩軍)이 뒤섞이어 혼전이 되더라도 자군(自軍)의 대오를 흐트러서는 아니된다. 수습하기 어려운 혼전이 되더라도 적에게 틈을 보여서는 아니된다.'
전쟁을 하는 데는 상대가 있다. 상대방 역시 지력(智力)을 짜내어 아군의 틈을 엿본다. 따라서 언제나 정석(定石)대로 유리하게 전쟁을 이끌어갈 수 있다고는 할 수 없다.
불리한 처지에 빠졌을 때라든가 난전(亂戰)·혼전이 되었을 때, 그대로 무너지는 조직이어서는 안된다. 그런 때야말로 한사람 한사람의 감투(敢鬪) 정신을 발휘하여 꿋꿋하게 싸울 수 있어야 진짜로 강한 조직인 것이다.
그렇게 강한 조직을 만드는 데는 세 가지의 열쇠가 있다.
첫째는 수(數)이다.
둘째는 세(勢)이다.
셋째는 형(形)이다.
첫 번째의 '수'란 지휘명령 계통을 확립하여 빈틈없는 조직 관리를 하는 것이다. 그렇게 하면 강력한 통제력이 생기어 어떤 난국에 처하더라도 정연하게 행동할 수가 있다.
이 점에 대해서는 '해설'의 장에서 소개하겠거니와 손자 자신이 오왕(吳王) 합려(闔閭) 앞에서 부인부대(婦人部隊)를 훈련시킬 때 훌륭한 시범을 보이고 있다.

두 번째의 '세'는 기세이다. 앞으로 앞으로 밀고 나가는 무드라고 해도 좋을는지 모르겠다.

손자는 이렇게 말하고 있다.

'막혀 있던 물이 세찬 흐름이 되어 바위도 밀어붙이며 흐르는 것은 그 흐름에 세가 있기 때문이다. 맹금(猛禽)이 노리던 사냥감을 일격에 잡아서 부수는 것은 순간적 순발력을 가지고 있기 때문이다. 그것과 마찬가지로 격렬한 세를 타고 순간적 순발력을 발휘하는 것이 용병(用兵)을 잘하는 사람의 전투법(戰鬪法)이다.'

조직 속에는 용감한 자도 있으려니와 겁쟁이도 있다. 조직에 세가 없으면 용감한 자까지 겁쟁이가 되고 만다. 조직에 세가 있으면 겁쟁이도 용감해지며 전군이 하나가 되어 싸울 수 있다.

세 번째의 '형'은 태세이다. 유리한 태세를 만들어낼 일이다. 마이페이스라고 해도 좋을지 모르겠다.

불리한 태세가 되어 상대방의 작전에 따라 싸울 수밖에 없게 되면 지니고 있는 힘도 충분히 발휘할 수 없게 된다.

그렇게 되면 아무리 전쟁을 잘하는 자라 해도 고전을 면치 못한다.

반대로 유리한 태세를 만드는 데 성공하면 약한 조직이더라도 그 약점을 커버할 수가 있으며 강한 조직이라면 가지고 있는 힘 이상을 발휘할 수 있다.

이상, 통제력, 기세, 유리한 태세 등 세 가지 요건을 만들어낼 수 있느냐 없느냐는 조직을 맡는 리더의 수완에 달려 있다고 해도 좋다.

상대를 움직이지 않을 수 없는 상황으로 만들라

善動敵者 形之敵必從之
(선동적자 형지적필종지) 〈兵勢篇(병세편)〉

전쟁에서도 그리고 교섭에서도 반드시 상대가 있다. 상대가 있는 일은 단도직입적으로 공격만 하면 좋으냐 하면 그렇지가 않다. 상대를 요리하기 위해서는 우선 상대방을 이쪽의 페이스로 만들지 않으면 안된다. 이쪽이 의도하는 방향으로 유도한 다음 서서히 요리한다. 이것이 용병(用兵)을 잘 하는 자의 전투법이다.

앞에서도 예로 든 바 있거니와 전국시대, 제(齊)나라에 손빈(孫臏)이라는 군사(軍師)가 있었다. 당시 위(魏)나라가 대군을 일으키어 조(趙)나라 도읍 한단(邯鄲)을 포위하자, 조나라는 위나라의 맹공에 견디어낼 수가 없어서 동맹국인 제나라에 구원을 요청했다. 제나라에서는 즉각 구원군을 편성하고 전기(田忌)란 인물을 군사령관에 손빈을 군사(軍師)에 임명하여 조나라를 구원하라고 명했다.

이때 전기는 구원군을 즉시 한단으로 진군시키려고 했다. 포위당하여 고통을 받는 것은 한단이다. 그것을 구하기 위해서는 한단을 포위하고 있는 위나라 군단을 격파하지 않으면 안된다. 그러므로 한단을 향해 달려가야 한다. 이것은 누구라도 생각할 수 있는 계책이라고 해도 좋다.

그러나 손빈의 생각은 달랐다. 그는 다음과 같이 진언했다.

"장군, 엉킨 실타래를 풀 때도 덮어놓고 실마리를 잡아당기지는 않는 법입니다. 싸울 때도 칼 끝을 함부로 내밀어서는 안되구요. 상대방의 허를 찔러야만 자연히 형세가 유리해지는 법입니다. 지금 위나라는 조나라와의 전쟁에 전력을 투입하고 있으므로 나라 안에는 노병(老兵)과 약졸(弱卒)만이 남아 있을 뿐입니다. 이런 때에 수비가 허술한 위나라 도읍 대량(大梁)을 일거에 공격하는 것입니다. 그렇게 하면 위나라는 반드시 조나라 공격을 거두고 철수할 것입니다. 이것이야말로 상대방으로 하여금 포위망을 풀게 함과 동시에 상대방을 피폐케 만드는 일석이조의 계책입니다."

전기가 이 계책을 실행했던 바 과연 위나라 대군은 한단의 포위망을 풀고 급거 귀국의 길을 재촉했다. 길목을 지키고 있던 제나라 군단은 이를 계릉(桂陵)에서 영격(迎擊)하여 일망타진하고 말았다.

손자가 말하는 '상대를 움직이지 않을 수 없는 상황으로 만든다'라는 전형적인 전쟁이었다. 이런 전투법은 전쟁 때만 유효한 것이 아니다. 교섭이라든가 설득을 하는 경우에도 그대로 응용되는 것이다.

손빈과 같은 시대에 역시 제나라에 순우곤(淳于髡)이란 교섭의 명수가 있었다. 이 사람은 부탁을 할 때 직선적으로 말하지 않고, 상대방으로 하여금 들어주지 않을 수 없게끔 조종했다고 한다. 그의 곡선적인 교섭술에 대하여 《전국책(戰國策)》이란 고전은 이렇게 평하고 있다.

'허둥대며 부탁한다고 해서 효과가 있는 것은 아니다. 빼어난 교섭자는 사물의 추세와 방향만 얘기해도 상대방이 곧 응해온다.'

부드럽게 대하는, 이런 방법도 모든 인간관계에서 효력을 거둘 수 있을 것으로 생각한다.

개개의 능력을 초월할 수 있는 세(勢)의 힘

善戰者 求之於勢 不責於人
(선전자 구지어세 불책어인) 〈兵勢篇(병세편)〉

어떤 일에든 세(勢)라는 것이 있다. 물론 전쟁에도 그것이 있다. 손자는 이 '세'를 타고 싸우라고 한다. 왜일까? 세를 타고 싸우면 생각지도 않았던 힘이 발휘되기 때문이다.

손자는 이렇게 말하고 있다.

'세를 타면 병사(兵士)는 언덕의 내리막길을 굴러 내려가는 통나무라든가, 또는 돌처럼 뜻밖의 힘을 발휘한다. 통나무나 돌은 평탄한 장소에서는 정지(靜止)하고 있지만 언덕 내리막 길에 놓으면 자연히 움직이기 시작한다. 또 네모진 것은 정지하고 있지만 둥근 것은 굴러간다. 세를 타고 싸운다는 것은 둥근 돌을 천 길 골짜기 바닥에 굴리는 것과 같은 것이다.'

세를 타지 않으면, 하나의 힘은 어디까지나 하나의 힘에 지나지 않는다. 세를 타면 그것이 둘도 되고 셋도 된다. 그러므로 어떻게 하면 세를 만들어낼 수 있느냐가 장수된 사람의 제일 큰 임무라고 해도 좋다.

그 점에 성공했던 사람이 항우(項羽)이다.

항우는 후일 정치전략을 서투르게 하다가 유방(劉邦)에게 멸망당하고 말았지만, 특히 전쟁·지휘에 있어서는 중국 3천 년 역사 가운데 첫째, 둘째를 다투는 수완가였다.

그가 초군(楚軍)의 지휘권을 장악한 직후의 일이다. 진(秦)나라 군단에게 포위되어 있던 조군(趙軍)을 구원하러 가게 되었다.
 그런데 항우는 초군의 지휘권을 잡은 지 얼마 안된다. 거기에다가 조군은 여기저기서 긁어 모은 오합지중에 불과했다. 정석(定石)에 의한 정규전을 벌였다가는 금방 뿔뿔이 흩어져서 군단은 붕괴되고 말 우려가 있다.
 그래서 항우는 자기 군단에 세를 만들기 위해 황하(黃河)를 건널 때, 건너자마자 배를 모두 침몰시키고 솥까지 때려부순 다음 병사들에게 3일분의 식량 휴대만 허용했다. 이렇게 해서 전장병(全將兵)에 대하여 살아 돌아오기를 기대할 수 없게 했다. 즉 결사적으로 싸우게 했던 것이다.
 초군의 장병들은 자기네 대장에 의해 퇴로가 막혀진 셈이므로 전쟁에서 이겨야만 살아 돌아갈 수 있게 된 것이다. 그들은 진나라 군사와 마주치면 혼자서 10명을 상대로 하여 분전했으므로 예상외의 대승리를 거두었다고 한다. 스스로 퇴로를 차단한 항우의 노림수가 그대로 적중된 것이다.
 항우는 세를 만들어냄으로써 승리를 거두었다. 그런 점에 항우의 비범한 재능이 있다고 해도 좋다.
 세라고 하는 것은 항우의 경우처럼 만들어낼 수가 있다. 또 적이 만들어 주는 경우도 있고 무엇인가의 동기로 자연히 조성되는 경우도 있다. 어쨌든 그 세를 잘 타기만 하면 승리할 확률이 높다.
 개인의 경우, 세란 것은 컨디션의 사이클이라고 해도 좋다. 누구에게나 이런 사이클은 있다.
 컨디션의 사이클이 상향(上向)하고 있을 때는 무엇을 해도 잘 될 것 같은 마음이 들며 또 잘 되는 경우가 많다. 반대로 사이클이 하향인 때는 무엇을 해도 잘 안된다. 그 사이클을 잘 탈 필요가 있는 것이다.

세(勢)의 흐름을 만들어내는 법

擇人而任勢
(택인이임세) 〈兵勢篇(병세편)〉

자연발생적으로 세(勢)가 붙는 수가 있다. 그냥 내버려두어도 세의 흐름이 생기는 수가 있다는 말이다.

그런데 그것을 인공적으로 만들어 내려면 어떻게 해야 하는가? 세탁기는 펄세이터(맥동장치)라고 하는 회전부분이 돌아감으로써 격렬한 소용돌이의 흐름이 생긴다. 이 펄세이터에 상당하는 인물이 필요하다. 리더, 적극분자, 활동가를 배치하지 않으면 안된다.

중국에서는 이 '택인임세(擇人任勢)'의 실례(實例)로《삼국지》의 주인공 중 한 사람인 조조(曹操)를 꼽고 있다.

서기 215년, 오(吳)나라 손권(孫權)이 스스로 10만 대군을 이끌고 위(魏)나라 영토인 합비(合肥)로 쳐들어 왔다. 합비를 지키고 있던 장수는 장요(張遼)·악진(樂進)·이전(李典) 등 세 명이었는데 이들에게는 7천 명의 군사밖에 없다. 조조는 세 명의 장수 가운데 경쟁심이 유난히 강한 장요와 이전에게 출격하라고 명했다.

두 장수는 정예군사 7백 명씩을 가려 뽑아가지고 나가서 오나라 본진을 치며 휘젓고 다녔다. 이로써 전쟁의 흐름이 크게 바뀌었고 수비하던 위나라 군사의 기세가 올라갔다. 결국 오나라 대군은 포위한 지 10일 남짓만에 포위망을 풀고 도망쳤다.

조조가 '사람을 선택하여 세를 타게' 만든 결과였다.

불안정과 역경이야말로 발전의 원동력

任勢者 其戰人也 如轉木石. 木石之性 安則靜 危則動 方則止 圓
則行
(임세자 기전인야 여전목석. 목석지성 안즉정 위즉동 방즉지 원즉행)

〈兵勢篇(병세편)〉

 이 구절을 알기 쉽게 의역하면, '전쟁을 잘하는 자가 부하로 하여금 싸우도록 하는 방법은 나무나 돌을 굴리는 것과 비슷하다. 원래 나무라든가 돌이란 것은 놓아둘 장소가 안정되어 있으면 정지(靜止)된 채로 있고 불안정하면 움직인다. 그 형체가 모가 진 것은 가만히 있고 둥근 것은 굴러간다'란 의미가 될 것이다.
 그러므로 둥근 돌을 높은 산 정상에서 굴러 떨어뜨리는 것처럼 세를 붙여 주는 것이 부하를 싸우게 만드는 비결이라고 하는 것이다. 인간을 나무와 돌에 비유하여 안정되어 있으면 움직이지 않고, 불안정하면 움직인다는 것은 부하의 사용방법뿐만 아니라 인간생활에도 시사해 주는 바가 많다.
 당(唐)나라 때의 문인(文人)인 한유(韓愈)의 문장에도 '물체는 평범을 얻지 못하면 운다. 초목은 소리를 안 내지만 바람이 이를 흔들어대면 운다. 금석(金石)도 소리가 없지만 이것을 치면 운다'라는 구절이 있다. 예로부터 역경을 도리어 계기로 삼아 벌떡 일어선 인물의 예는 많다.
 충격을 받았을 때 움츠러드느냐 혹은 그것을 발전의 원동력으로 삼느냐는 일상에 있어 큰 갈림길이 된다.

전쟁터에는 적보다 먼저 도착하라

先處戰地 而待敵者佚 後處戰地 而趨戰者勞
(선처전지 이대적자일 후처전지 이추전자로) 〈虛實篇(허실편)〉

표제어의 원문을 의역하면,
'전쟁터에 먼저 도착하여 적을 기다리는 쪽은 여유가 있으며, 뒤늦게서야 전쟁터에 달려온 쪽은 고전을 하게 된다'
라는 의미가 될 것 같다. 이는 일상생활이라든가 경기(競技)에도 통용되는 평범한 진리이다.

선수를 잡고 선제공격을 가하는 것은 모든 경기에 그대로 적중되는 승전법이다. 왜일까? 그 상황에서 주도권을 잡을 수 있기 때문이다. 특히 바둑의 경우를 보면 어느 정도의 희생을 각오하면서도 선수를 뽑으려고 필사적이다. 야구나 축구 등의 구기(球技)에서도 선취점을 뽑으려고 애를 쓰고, 권투의 경우에는 선제공격을 하여 게임의 주도권을 잡고자 안간힘을 쓴다. 그러기에 '선즉제인(先則制人)'이란 말도 있지 아니한가.

손자는 이 선제(先制)의 이(利)를 전략편(戰略篇)이 아닌 전술편(戰術篇)에서 강조하고 있다. 그것은 선제는 힘이 아니라 행위요, 방법이기 때문이다.

벤처기업이 신제품을 개발(선제)하고 매스컴의 각광을 받는다 해도 얼마 안가서 대기업에게 먹혀 버리어 모습을 감추고 만다. 벤처기업의 기술은 그것은 체력이 아니요, 힘이 아니기 때문이다. 따라서 두 수, 세 수를 생각하면서 선제공격을 하여야 하는 것이다.

어떤 경우에도 주도권을 잡으라

善戰者 致人而不致於人
(선전자 치인이불치어인) 〈虛實篇(허실편)〉

상대방을 이쪽 작전에 말려들도록 하는 것, 즉 주도권을 잡는 것이 승리의 지름길이라고 했다.

주도권을 잡기 위해서는 먼저 '선수필승(先手必勝)'이다. 선수를 계속 잡아가면서 포석(布石)을 하되 특히 쌍방의 필쟁점(必爭點)에 선착하지 않으면 안된다.

손자는 앞 항(項)에서 이렇게 말했다.

'적보다 먼저 전쟁터에 도착하여 상대를 기다렸다가 영격하면 여유를 가지고 싸울 수 있다. 적보다 늦게 전쟁터에 도착하면 고전을 하게 된다.'

여유를 가지고 싸운다는 것이 아주 중요하다. 마음에 여유가 있으면 판단력도 잘 서게 되어 모든 사태에 대해서 냉정하게 대처할 수가 있다. 이것이 선착의 이점(利點)인 것이다.

그럼 선착하지 못했을 때는 주도권을 잡지 못하는 것일까? 그렇지 않다. '후선(後先)'이란 것도 있다.

손자는 이렇게 말하고 있다.

'적에게 작전행동을 일으키도록 하기 위해서는 적으로 하여금 공격하면 유리하다는 생각을 일으키게 해야 한다. 반대로, 적에게 작전활동을 일으키지 말아야겠다는 생각을 하게 하기 위해서는 움직이면 불리하다는 생각이 들게 해야 한다. 따라서 적의 태세에 여유가 있으면 수단을 써서 적이 분주하게 움직이도록 함으로써 피로하게 만든다. 적의 식량이 충분한 것 같으면 양도(糧道)를 끊어 굶주리게 한다. 적의 수비가 만전하다면 계략을 써서 혼란해지게 만든다.'

주도권을 잡기 위한 계책은 얼마든지 있는 것이다.

장고파(長考派)로 유명한 프로기사 C씨는 다음과 같은 특징적 전법을 구사하는 것으로 유명하다.

바둑에서 일반적으로 장고를 하는 것은 바둑이 불리해져서 곤경에 빠졌을 때다. 그런데 C씨는 반대로 자신이 유리해졌을 때 이따금 장고를 한다는 것이다.

전황(戰況)이 좋게 전개되면 기쁜 나머지 자칫 악수가 나오기 쉽다. 상대방은 그렇게 되기를 기다린다. 그런데 C씨는 그런 때 허리를 구부리며 장고에 들어간다. 그러면 대개의 대국자들은 그만 전의(戰意)를 잃고 만다고 한다.

한 번 손에 잡은 주도권은 결단코 내놓지 않겠다는 전법인 것이다.

주도권을 잡는다는 것은 바꾸어 말하면 작전 선택의 폭이 넓다는 것이다. 이쪽은 행동의 자유를 확보하고 있으면서 상대방을 옴짝달싹도 못하는 상태로 몰고 간다.

모택동(毛澤東)도 이런 말을 했다.

'모든 전쟁에 있어 아군·적군 쌍방은 주도권 쟁탈에 힘을 쏟는다. 주도권이란 곧 군대의 자유권(自由權)이다. 군대가 주도권을 잃고 수동적인 입장에 몰리게 되면 그 군대는 행동의 자유를 잃게 되어 적군에게 격멸당하고 마는 것이다.'

적과 대전하려면 먼저 주도권을 잡을 일이다. 요리법은 그런 연후에 서서히 생각해도 좋다.

상대방을 끊임없이 뒤흔들어라

敵佚能勞之 飽能飢之 安能動之
(적일능노지 포능기지 안능동지) 〈虛實篇(허실편)〉

위 표제어의 원문을 풀이하면, '적이 편안하게 있으면 피로하게 만들고, 배가 불러 있으면 배고프게 만들고, 가만히 있으면 어떻게든 움직이게 하는 것이 좋다'란 의미이다.

모택동(毛澤東)은 유격전(遊擊戰)의 원칙에 대하여 이런 전술을 이용하고 있다.

'적이 진군해 오면 아군은 후퇴하고 적이 멈추면 아군은 괴롭히며 적이 피로해 있으면 아군은 습격하고 적이 물러가면 아군은 추격한다.'

이것은 아군이 약하고 적군이 강한 경우에 특히 유효한 전술이다. 이런 식의 전술을 쓰면 적군은 그만 혼란을 일으키고 만다.

더구나 공격해 오면 아군은 도망을 치는 것이다. 1920년대 말경 내전(內戰) 당시 우세했던 국민당군(國民黨軍)의 포위 토벌을 받은 홍군(紅軍 : 모택동군)은 이 작전으로 강력한 적군을 괴롭혔다. 항일전쟁(抗日戰爭)에서 일본군을 격퇴한 것도 바로 이 전술이었다. 상대방을 간단없이 흔들어대는 것은 다른 인간관계에서도 여러 모로 사용되는 수법이다. 이 수법에 의해 주도권을 잡을 수가 있다. 또 집단을 이끄는 리더에게도 큰 도움이 되는 경우가 있을 것이다. 안주(安住)하면 진보는 멎는다. 이것은 그렇게 되지 아니하는 마음가짐이기도 한 것이다.

남이 하지 않는 것을 하라

出其所必趨 趨其所不意 行千里而不勞者 行於無人之地也
(출기소필추 추기소불의 행천리이불로자 행어무인지지야) 〈虛實篇(허실편)〉

이 구절을 알기 쉽게 번역하면, '적군이 틀림없이 올 곳에 매복하고 기다린다. 그런가 하면 적군이 뜻하지도 않은 곳으로 쳐들어간다. 그런 까닭에 먼 길을 행군해도 지치지 아니한다. 이렇게 할 수 있는 것은 적군이 없는 곳을 골라서 행군하기 때문이다'라는 의미이다.

적의 저항이 없는 곳을 공격하고 적의 대비가 없는 곳으로 진군한다. 다시 말해서 적의 허점을 찌르라는 것이다.

전쟁이든 경기이든 사람이 하는 것이고, 사람이 하는 것에는 반드시 허점이 생겨나게 마련이다. 왜 그런 것일까?

사람에게는 완벽이란 것이 있을 수 없기 때문이다. 그 허점을 찾아내고 그 허점을 노리어 행동하는 것이 승리의 관건이라고 했다. 행동이 자유를 보장받기 때문이다.

행동의 자유를 쟁취한다는 것은 승리의 제일보이다. 그리고 적의 제약을 받지 않아서 더욱 자유롭게 행동할 수 있는 것은 적이 없는 곳에 한한다.

남이 하지 않는 것을 하라는 것은 이를 뜻한다.

경쟁은 진보의 원천을 뜻하지만, 무용한 경쟁은 에너지의 소비이다. 그것보다는 남이 하지 않는 것을 하며 무인지경을 가는 것은 어떨까? 벤처기업은 현대의 꽃이라고 하지 않는가.

필승의 공격법과 절대 안정된 수비법

攻而必取者 攻其所不守也. 守而必固者 守其所不攻也
(공이필취자 공기소불수야. 수이필고자 수기소불공야) 〈虛實篇(허실편)〉

이 사고방식도 손자병법의 백미라고 할 수 있겠다.

적군이 수비를 공고히 하고 있는 곳을 공격한다면 격전이 벌어질 것은 분명하다. 성공하게 될 확률은 극히 낮으며, 설령 성공을 거둔다 하더라도 올린 성과를 윗도는 손해를 보게 되는지 모른다. 그런 공격법은 우책(愚策)이라고 하는 것이다.

그럼 어떻게 할 것인가?

A지점에 공격목표를 설정했다고 하자. 그러나 A지점에는 적군이 주력부대를 투입하여 수비를 공고히 하고 있다. 이런 때에는 다른 지점에 공격을 가하는 척하는 등 계략을 써서 적군의 주력부대를 이동케 하고, A지점이 빈 틈을 타서 공격을 가한다.

그렇게 하면 어려움 없이 공략할 수 있다는 발상(發想)인 것이다.

실제 문제로서는 이런 계략이 들어맞는 경우가 드물는지 모르지만 작전으로는 충분히 성립될 수 있을 것이다.

손자는 이렇게 말한 다음 이런 구절을 덧붙이고 있다.

'따라서 교묘하게 공격을 가하면 적군은 어디를 수비해야 좋을지 모르게 된다. 또 교묘하게 수비를 하면 적군은 어디를 공격해야 좋을지 모르게 된다.'

이런 공격법과 수비법을 구사할 수 있는 사람이라야 지장(智將)

이란 호칭을 받기에 어울린다.
　손자의 이런 사고방식을 일반론으로 바꾸어 보면,
　'남이 하지 않는 일을 하라'
는 앞의 항(項) 제목과 같은 뜻이 될는지도 모르겠다.
　남들이 하는 것과 똑같은 것을 하면 경쟁만 치열해져서 '애쓴 만큼 돌아오는 것이 없는' 이른바 '식소사번(食少事繁)'의 결과가 되고 만다.
　남이 하지 않는 것에 눈길을 주면 성공의 확률은 훨씬 높아질 것임에 틀림없다.
　예컨대 젊은이들의 취직문제를 보자.
　'곳간에서 인심난다'하여 대기업이나 공무원 채용시험에 응모자가 몰리는 것 같은데 과연 그러할까? 운좋게 합격을 해서 들어갔다고 하자. 그러나 들어가자마자 경쟁이 치열해진다. 그리고 20년쯤 후에는 별로 일거리도 없는 한직(閑職)의 중간 관리자가 되어 버리는 경우가 허다하다.
　이에 비하여 중견기업 쪽은 쭉쭉 뻗어나갈 가능성이 높은 반면에 인재(人材)의 층이 얇다. 따라서 고생한 대가가 돌아오는가 하면 승승장구로 승진될 확률도 아주 높은 것이다.
　그런 중견기업에서 인정도 받고 돈도 버는 것, 이것 역시 한 가지 인생방법이겠다.
　또 '남이 하지 않는 것을 하라'는 것은 기업의 사업 활동에 있어서도 적용될 것이다.
　남과 똑같은 것을 해가지고는 고생만 할뿐 수익성이 적다. 독자적 상품 개발 등 남들이 하지 않는 것을 해야 신장할 수 있는 법이다. 아이디어로 승부하는 것이 좋다는 뜻이 되겠다.

급소(急所)는 남에게 알려주지 마라

善攻者 敵 不知其所守 善守者 敵 不知其所攻
(선공자 적 부지기소수 선수자 적 부지기소공) 〈虛實篇(허실편)〉

위 표제의 원문을 번역하면 '공격 방법이 뛰어나면 적은 어디를 수비해야 좋을는지 알지 못한다. 수비 방법이 뛰어나면 적은 어디를 공격해야 좋을는지 알지를 못한다'란 뜻이 되겠다.

공격을 하더라도 수비를 하더라도 이쪽의 의도라든가 급소를 상대방에게 알려지지 않도록 하는 것이야말로 지극히 중요하다. 처세술의 한 가지에, 자신을 지켜내기 위하여 자신의 능력이라든가 바라는 바를 숨기는 '도회지계(韜晦之計)'라는 것이 있다. 이것을 잘 하는 사람은 처세의 명인(名人)이다.

《삼국지》에 그 명장면이 있다. 유비(劉備)가 아직 조조(曹操)와 전면적으로 대결하지는 못하고 있을 무렵의 일이다. 후한(後漢)의 황제인 헌제(獻帝)는 유비에게 조조를 제거하라는 밀조(密詔)를 내렸다. 유비가 조조 제거의 행동에 아직 나서기 전인데 그는 조조로부터 식사를 함께 하자는 초대를 받았다. 유비는 그 초대에 응했는데 조조는 그 자리에서 태연하게 말하는 것이었다.

"지금 천하에서 영웅이라고 할 만한 사람은 귀공(貴公)과 나뿐일 것이오."

요리를 집어 들었던 유비는 깜짝 놀라 젓가락을 떨어뜨렸다. 다행하게도 때마침 천둥이 쳤는데 유비는 천둥소리에 놀라서 젓가락을 떨어뜨렸노라고 얼버무리며 본심을 드러내지 않았다고 한다.

병법은 단지 테크닉만이 아니다

微乎微乎至於無形 神乎神乎至於無聲 故能爲敵之司命
(미호미호지어무형 신호신호지어무성 고능위적지사명) 〈虛實篇(허실편)〉

이쪽의 의도라든가 급소를 적에게 알리지 않도록 하라고 손자는 앞 항(項)에서 권유했다. 그리고 그 은폐하는 방법에 대하여 이 항에서 언급하고 있는데 그것이 결코 쉽지가 아니 하다. 다소 추상적이기 때문에 이해하기가 어려운데 병법의 본질을 지적하고 있는 것만은 사실이다.

'미(微)'는 희미한 것이다. 이 미는 극한에까지 가면 마침내 모양 그 자체가 없는 데까지 이르고 만다는 것이다. '신(神)'은 인간의 지혜로는 헤아릴 수 없는 것이다. 그것은 이미 말로는 표현할 수 없는 즉 무성(無聲)의 것이다.

그러기에 병법은 적의 운명까지도 지배할 수가 있는 것이다. 이것을 사명(司命)이라고 했다.

실은 이런 사고방식의 근저(根底)에는 '무(無)'에서 큰 가치를 찾아낸 노자(老子)의 사상이 있다.

상대방이 제아무리 강하든 현명하든 간에 이쪽이 무(無)라면 손을 쓸 수가 없을 것이다. 동일한 차원에서 강약을 다툰다면 강자가 이길 것은 정한 이치이다. 그런즉 차원을 바꾸어 이쪽을 무(無)로 만들어 버리라는 것이다.

이렇게 되면 이미 병법은 단지 기교가 아니라, 생활방법, 사고방식의 뿌리에까지 거슬러 올라가게 된다.

아무리 강대(强大)한 상대라도 약점(弱點)이 있다

進而不可禦者 衝其虛也
(진이불가어자 충기허야) 〈虛實篇(허실편)〉

　수비를 굳히고 있는 상대방에게 정면으로 도전하면 어떻게 될까? 아무리 명장이라 하더라도 공격에서 성공을 거두기란 힘이 들고, 자칫하면 산더미 같은 아군의 시체 더미만 만들 것이며 전군이 괴멸당하게 될는지도 모른다. 그런 전쟁은 하지 말라고 손자는 말하고 있다.
　중국 사람들은 아무리 강력한 상대더라도 취약한 약점이 있을 것이라고 생각한다. 그리고 그것을 살핀 다음에야 공략을 한다. 그렇게 하면 이길 확률은 훨씬 높아진다.
　《삼국지》의 제갈공명(諸葛孔明)이 첫 번째 원정을 시작했을 때의 일이다.
　한중(漢中)이란 곳에 집결하여 최종적인 작전회의를 열었을 때, 위연(魏延)이라는 휘하 맹장이 우선 공격을 감행하자고 진언했다.
　그러나 제갈공명은,
　"아니오. 그것은 위태로운 도박이오. 정찰을 철저히 하여 적의 수비가 허술한 쪽을 골라서 공격해야겠소. 그렇게 하면 힘들이지 않고 적군의 영내(領內)로 진공할 수 있을 것인즉 승리할 확률이 높소이다."
라며 위연의 진언을 물리치고 일부러 멀리 우회하는 진로를 택하여 진공해 나갔다.

위연의 계책은 비유하자면 한 방의 홈런을 노리는 승부수인데 그것에 비하여 제갈공명의 계책은 포볼로 출루한 주자를 번트로 2루에까지 보내고 센터 앞 안타로 한 점을 뽑는 작전이다.

중국 사람은 제갈공명과 같은 입장에 놓인 경우, 10명 중 8명까지는 공명과 똑같은 계책을 활용할 것임에 틀림없다.

손자는 이렇게 말하고 있다.

'적군이 구원군을 보낼 수 없는 곳에 진격하고 적군이 미처 생각하지도 못하는 방면으로 쳐들어 간다. 그렇게 하면 실로 모습도 보이지 않고 소리도 들리지 않아서 자유자재로 적군을 우롱할 수가 있다.'

요컨대 적의 허점만을 따라가노라면 주도권을 잡고 적을 농락할 수가 있으며 나아가서는 안전하게 승리를 거둘 수 있다는 것이 손자의 사고방식이다.

이것은 현대의 기업 전략에도 적중되는 것이 아닐까.

모두가 함께 모래판에서 씨름을 한다면 경쟁만 심해질 뿐이어서 고전을 면치 못한다.

기업 전쟁에서 살아남기 위해서는 다른 기업이 하지 아니하는 분야에 진출하거나 새로운 상품을 개발할 필요가 있을 것이다. 그것에 성공한 사람만이 전쟁을 효율적으로 유리하게 이끌고 나갈 수 있는 법이다.

또 중소기업이 살아남기 위해서는 대기업의 허술한 부분, 대기업이 고전을 하고 있는 분야에 착안하지 않으면 안된다.

그곳을 노리면서 집중적으로 공략을 계속해서 한다면 비록 취약한 중소기업일지라도 호각(互角) 이상의 승부가 되지 않을까?

도망할 때는 재빠르게 하라

退而不可追者 速而不可及也
(퇴이불가추자 속이불가급야) 〈虛實篇(허실편)〉

'도망을 쳐야 할 때는 재빨리 도망칠 일이다. 그렇게 하면 상대방은 추격할 수가 없다.' 표제어의 원문을 의역하면 이런 뜻이다. 그야 어쨌든 도망을 친다는 것은 여간 어려운 일이 아니다.

그러나 예로부터 성공한 사람 가운데는 도망치기에 명인(名人)이 적지 않다. 기원전 3세기 진(秦)나라의 뒤를 이어 한(漢)나라를 개국한 유방(劉邦)은 맞적수인 항우(項羽)와 4년 남짓동안에 걸쳐 천하 패권을 놓고 싸웠는데 그러는 사이 전투할 때마다 항우가 우세했다. 유방은 항우에게 쫓기어 그때마다 도망다니기에 바빴던 것이다. 도망다니면서도 유방은 힘을 비축했다. 그런데다가 승운(勝運)도 따라서 유방은 최종 결전에서 마침내 항우를 제압하고 천하를 통일하여 한나라를 세웠던 것이다.

제2차 세계대전 때 미국 태평양주둔군 사령관이었던 맥아더 장군은 필리핀에서 호주까지 잽싸게 후퇴했고 전열을 재정비하여 일본군에게 결정적인 타격을 입히고 승전했다. 도망칠 때 제일 중요한 것은 결단이다. 등산 도중 조난당했을 때 하산할 결단을 더디하여 운명이 바뀌는 것과 똑같다. 또 도망가기로 결정했다면 신속하게 도망쳐야 한다. 《삼십륙계》라는 병법서에도 '도망치는 것이 제일 상책'이라고 했지 않는가. 무리한 싸움을 하다가 전멸을 당하는 것보다는 일단 도망하여 힘을 기르는 게 낫기 때문이다.

적의 약점을 공격하려면……

我欲戰 敵雖高壘深溝 不得不與我戰者 攻其所必救也
(아욕전 적수고루심구 부득불여아전자 공기소필구야) 〈虛實篇(허실편)〉

《삼국지》에서 제갈공명(諸葛孔明)의 맞적수였던 사마중달(司馬仲達)이란 무장은, 군략(軍略)이란 점에서는 결코 제갈공명에 뒤지지 않는 지모의 소유자였다.

제갈공명과의 싸움이 끝난 다음 사마중달은 그가 섬기던 위(魏)나라 조정의 명을 받고 요동(遼東)의 양평(襄平)에서 반기를 든 공손연(公孫淵)을 공격하게 되었다.

공손연은 요수(遼水) 가에 수만 명의 대군을 포진시켜 놓고 남북(南北) 6,70리에 이르는 견고한 방어선을 구축하고 영격했다.

한편 사마중달은 어떻게 했는가? 우선 적군의 남쪽 방향에 후림수 병사를 내보내어 기치를 잔뜩 세우게 함으로써 대군이 이동하는 것처럼 위장했다. 적군은 그것을 보고 남쪽으로 정예부대를 이동시켰다.

그러자 사마중달은 주력부대를 반대방향인 북쪽으로 이동시키어 요수를 건넜고 적군 진지에 접근한 다음, 배와 다리를 모두 불태워 버렸다.

그러나 그는 그 이상의 공격은 하지 않은 채 군사를 점검하고 이끌며 적의 본거지인 양평으로 향했다. 휘하 부장들은 사마중달의 의도를 이해할 수가 없었다.

"적군을 공격하지 않고 그냥 행군을 한다면 우리 군사들의 사기가 오르지 않을 것입니다."

그러자 사마중달은 이렇게 대답했다고 한다.

"아니오. 이렇게 하는 게 좋소이다. 지금 적군은 견고한 진지를 구축하고 우리 군사가 피로해지기를 기다리고 있소. 그들을 공격하면 틀림없이 그들의 계략에 빠져들고 말 것이외다. 옛사람도 '적이 보루를 아무리 높이 쌓고 도랑을 깊이 파고 수비한다 해도 싸우지 않을 수 없게 만들면 된다. 그러기 위해서는 적이 어떤 일이 있어도 구원해야 하는 곳을 공격하면 되는 것이다'라고 했소이다. 지금 적군의 주력은 이 요수 가에 집결하고 있소. 본거지인 양평에는 거의 병력이 남아있지 않을 것이외다. 이제 즉각 양평을 공격하면 적군도 당황할 것이오. 그들이 허둥대면서 도전해 오면 반드시 격파할 수 있소이다."

여기서 사마중달이 옛사람의 말을 인용하고 있는 것은 문구 하나도 틀림없는 것으로 보아 틀림없이 《손자》를 인용하고 있는 것이다. 사마중달 역시 《손자》를 연구했던 것 같다.

한편 사마중달의 군단이 양평으로 향했다는 것을 안 적군은 당황하여 요수의 진지를 버리고 사마중달 군의 진군을 막으려고 했다. 그것을 본 사마중달이 말했다.

"적진을 공격하지 않았던 것은 상대방을 끌어내기 위해서였소. 이제 적군을 격멸할 때가 왔소이다."

사마중달은 적군을 공격하여 대승을 거두었다.

그가 응용한 손자의 이 사고방식은 전쟁뿐만 아니라 모든 일에 적용된다.

적군에게 급소가 있는 것처럼 어떤 일이든 급소가 있다. 급소를 발견하고 그곳을 공격하는 것이 문제 해결의 지름길이다.

전투하기 싫을 때는 상대방이 허탕치게 만든다

我不欲戰 劃地而守之 敵不得與我戰者 乖其所之也
(아불욕전 획지이수지 적부득여아전자 괴기소지야) 〈虛實篇(허실편)〉

위 표제어의 원문을 의역하면, '이쪽에서 싸우고 싶지 않을 때는 땅바닥에 경계 표시의 금을 그어놓아도(수비를 굳게 하지 않더라도) 적으로 하여금 허탕치도록 할 수가 있다. 그것은 이쪽이 적군이 공격해 오는 곳에 있지 않으면 된다'란 의미가 될 것 같다.

예를 들면 씨름을 하는 경우 상대방이 밀치기로 나올 때는 이쪽에서 몸을 살짝 빼어 상대방의 중심이 앞으로 쏠리게 하는 것과 같은 전술이다. 유치한 전술이라고 할지 모르겠으나 이런 점에 《손자》의 묘미가 있다 하겠다.

적군이 정면승부를 걸어오는데 이것을 피하고 싶을 때가 더러 있게 마련이다.

그런 때는 도망을 치면 상대방은 추격해올 것임에 틀림없다. 그런데 살짝 피하여 적으로 하여금 허탕을 치게 하면 적군은 허탈감을 느끼게 되어 전의를 상실하고 말 것이다. 이것은 도망치는 것보다 한 수 위인 전술이기도 하다.

똑같은 평면인데다가 동일한 레일 위에 있기 때문에 충돌하는 것이다. 같은 말을 듣더라도 아내가(혹은 남편이) 하는 말에는 화를 내면서도 자식이 하는 말에는 쓴웃음만 짓고 만다. 이것은 레일이 다르기 때문이다. 차원을 바꾸면 상대의 예봉도 피해갈 수 있다.

적의 힘은 분산시키고, 아군의 힘은 집중시키라

我專爲一 敵分爲十 是以十攻其一也 則我衆而敵寡
(아전위일 적분위십 시이십공기일야 즉아중이적과) 〈虛實篇(허실편)〉

집중과 분산의 문제인데 이것 또한 주도권을 잡고 전쟁을 유리하게 이끌고 나가는 계책이다. 병력의 다소(多少)는 어디까지나 상대적인 조건에 지나지 않으며, 아군은 집중하고 상대방을 분산시킬 수 있다면 얼마든지 역전의 계기를 만들 수 있고, 또 역전시킬 수 있는 것이다.

이것은 중소기업의 전략으로서 현대에도 유효한 것이다. '병력열세'인 중소기업이 대기업과 똑같은 일을 해가지고는 살아남을 수가 없다. 살아남기 위해서는 일점집중주의(一點集中主義)에 철두철미해야 하며, 어떻게든 대기업의 틈새를 비집고 들어가지 않으면 안된다.

아군은 집중하고 적군은 분산시킨다는 것은 말은 쉽지만 그렇게 만들기까지는 결코 쉽지 아니하다. 그렇게 하기 위해서는 어떻게 하는 것이 좋을까?

손자는 이렇게 말하고 있다.

'아군 쪽에서는 적군의 움직임을 손금보듯이 환히 알 수 있는데, 적군은 아군의 움직임을 전혀 찰지(察知)하지 못한다. 이렇게 되면 아군의 힘을 집중시키고 적군의 힘을 분산시킬 수가 있다.'

상대방이 이쪽의 동태를 찰지하게 해서는 안된다. 즉 어디까지나 은밀하게 움직이어 상대방의 판단을 흐리게 만든다. 그렇게 하면 집중하기 위한 조건을 만들어낼 수 있다는 것이다.

그럼 그 결과는 어떻게 되는 것일까?

'어디서부터 공격을 받게 될는지 알지 못하면 적군은 병력을 분산시키어 수비할 수밖에 없다. 적이 병력을 분산시키면 그만큼 아군과 싸울 병력은 적어진다. 따라서 적군은 앞쪽을 수비하면 뒤쪽이 허술해지고 뒤쪽을 수비하면 앞쪽이 허술해진다. 왼쪽을 수비하면 오른쪽이 허술해지고 오른쪽을 지키면 왼쪽이 허술해진다. 사방팔방 모두를 지키면 사방팔방 모두가 허술해진다.'

나폴레옹은 막성 결전을 벌일 때면 적군을 견제하면서 병력을 분산시키고 아군의 병력은 집중시킨 다음 적군의 주력부대를 격파하곤 하였다. 어떤 부하가 말했다.

"폐하께서는 언제나 소수의 병력으로 다수의 적군에게 승리를 거두셨습니다."

그러자 나폴레옹은,

"그런 게 아니오. 나는 언제나 다수를 가지고 소수의 적에게 이긴 것이라오."

라고 말했다. 또 클라우제비츠의 《전쟁론(戰爭論)》에는,

'절대적 우세에 서지 못할 경우에는 병력의 교묘한 운용보다 막상 결전을 벌일 때 상대적 우위(優位)에 서도록 도모할 일이다.'

라고 기록되어 있다.

그야 어쨌든 제2차 세계대전 때 중국 대륙뿐만 아니라 태평양 전역으로 병력을 분산시켰던 일본군은 연합군의 각개격파로 패전 당하고 말았다. 일본군의 참모들은 《손자》를 그다지 연구하지 않았던가 보다.

신경을 너무 흐트리면 실패한다

備前則後寡 備後則前寡 備左則右寡 備右則左寡 無所不備 則無所不寡 寡者備人者也. 衆者使人備己者也
(비전즉후과 비후즉전과 비좌즉우과 비우즉좌과 무소불비 즉무소불과 과자비인자야. 중자사인비기자야)〈虛實篇(허실편)〉

앞의 항에서 대충 설명한 바 있는 구절이다.

'앞을 수비하면 뒤가 허술해지고 뒤를 수비하면 앞이 허술해진다. 왼쪽을 지키면 오른쪽이 허술해지고 오른쪽을 지키면 왼쪽이 허술하게 된다. 사방팔방을 다 지키고자 하면 사방팔방이 모두 허술해지고 만다. 허술해진다는 것은 수세(守勢)로 몰리기 때문이며 주도권을 잡으면 병력에 여유가 생기게 된다.'

즉 병력을 분산시킨 경우의 폐해를 설명하고 있다.

수세가 되면 적군이 언제 어디서 어떤 방법으로 공격해 올는지 알 수 없다. 모든 면에 있어 적군이 나오는대로 따라갈 수밖에 없는 것이다. 따라서 모든 사태에 대비하기 위한 준비를 하되 만전을 기할 수 있는 준비를 하지 않으면 안된다. 그것이 곧 힘의 분산과 연결된다.

힘뿐만이 아니라 사방팔방으로 신경을 너무 쓰는 것도 도리어 일을 그르치게 마련이다. 깊이 생각하는 것도 좋지만 지나칠 만큼 생각에 생각을 거듭하는 것도 문제가 된다. 간단하게 생각하며 공세(攻勢)로 나가는 편이 도리어 좋은 경우도 있다. 주도권을 잡고 있으면 적은 힘으로도 집중하여 뜻대로 사용할 수 있는 법이다.

사전 조사와 준비의 중요성

知戰之地戰之日 則可千里而會戰. 不知戰地不知戰日 則左不能救右 右不能救左 前不能救後 後不能救前
(지전지지전지일 즉가천리이회전. 부지전지부지전일 즉좌불능구우 우불능구좌 전불능구후 후불능구전) 〈虛實篇(허실편)〉

이 구절의 원문을 알게 쉽게 번역하면, '어떤 곳에서 싸울 것인가. 언제 싸울 것인가 등을 알고 있으면 비록 먼 곳에까지 원정을 나왔더라도 주도적으로 싸울 수가 있다. 그런데 그런 것을 알지 못하고 함부로 싸우게 되면 조직적인 행동은 고사하고 대혼란을 일으키게 될 것이다'란 의미가 될 것 같다.

원정 나와서 잠복했다가 공격을 가하여 성공한 좋은 예로는 마릉지전(馬陵之戰 : 기원전 341년)을 들 수 있다.

제(齊)나라 군사(軍師) 손빈(孫臏)은 숙적인 방연(龐涓)이 이끄는 위(魏)나라 대군을 교묘하게 마릉의 골짜기로 유인했다. 위나라 군사가 추격해 오는 것을 알고, 날마다 일부러 취사용 부뚜막의 수를 줄여나가면서 행군하여 탈영병이 많은 양 위장했던 것이다.

그리고 손빈은 방연과 조우하게 될 일시(日時)를 계산하고 그 장소를 정해놓았다. 과연 그 일시가 되자 저녁 때에 방연이 그곳에 나타났다. 그리고 그 순간 골짜기 양쪽에서 화살과 돌이 빗발처럼 날아왔고 방연은 자살하고 말았다. 손빈이 사전에 지형을 조사하고 적을 유인하는 한편 공격 준비를 철저히 했던 결과이다.

실천해 보면서 확인을 하라

角之而知有余不足之處
(각지이지유여부족지처) 〈虛實篇(허실편)〉

'각(角)'은 '촉(觸)', 즉 '닿다' '접촉하다'란 의미로서 '비교하다'란 의미도 있다. 어쨌든 상대방과 실제로 부딪쳐 보는 것을 뜻한다. 중국 최고(最古)의 왕조인 하(夏)나라 걸왕(桀王)은 포학하기 그지없어서 천하의 원성을 사고 있었다. 은(殷)나라 탕왕(湯王)은 이런 걸왕을 차려고 했으나 현신(賢臣)인 이윤(伊尹)의 헌책(獻策)을 받아들이어 우선 조공을 안 바치고 사태를 주시했다.

걸왕은 격노하여 제후(諸侯)들을 동원해 가지고 은나라를 치려고 했다. 제후들이 동원되는 것을 보니 걸왕의 권위가 아직 남아 있다는 것을 알 수 있겠다. 탕왕은 걸왕에게 사죄하고 조공을 바쳤다. 이듬해, 탕왕은 또 조공을 안 바쳤다. 걸왕은 제후에게 동원령을 내렸지만 이번에는 아무도 모이지 않았다. 그래서 탕왕은 궐기했고 마침내 하나라를 멸망시켰다.

시험삼아 실시해본 다음 전면적으로 나서는 것은 어느 나라에서도 어느 분야에서도 행해지는 것인데 특히 중국에서는 이 방법을 즐겨 채용하고 있다.

현대 중국에서는 중요한 신정책을 실시할 때 우선 특정 부문이나 지역에서 시행(試行)해 본다. 그 결과에 따라 보완할 것은 보완해서 전면적으로 실시하는 것이 통례로 되어 있다. 실물로 확인하는 나라가 중국인 것이며 이 역시 《손자병법》에서 배운 것이리라.

아군의 태세는 숨기고 상대방의 태세를 파악하라

形兵之極 至於無形. 無形則深間不能窺 知者不能謀
(형병지극 지어무형. 무형즉심간불능규 지자불능모) 〈虛實篇(허실편)〉

　　아군의 의도와 태세는 어디까지나 은닉해가면서 적군의 의도와 태세를 파악하지 않으면 안된다. 적군의 의도와 태세를 파악하는 방법은 아래와 같다.
　　첫째, 전국(戰局)을 검토하여 피아간의 우열을 파악한다.
　　둘째, 유인해서 적군이 어떻게 나오는지를 관찰한다.
　　셋째, 작전행동을 일으키어 지형상의 급소를 알아낸다.
　　넷째, 정찰전을 벌이어 적군 진형(陣形)의 강약을 판단한다.
　　이렇게 해서 적군의 태세를 알아낸 다음에는, 아군은 무형(無形)이므로 그것에 즉응하여 어떻게라도 변화할 수 있다. 그렇게 하면 주도권을 잡고 전쟁을 유리하게 전개시켜나갈 수가 있다.
　　여기서 손자가 말하는 '무형'이란,
　　첫째, 태세를 은닉한다.
　　둘째, 자유로이 변화한다.
의 두 가지 의미를 포함시키고 있다.
　　적군의 움직임은 손금 들여다보듯이 보고 아군의 동태는 적군이 알아차리지 못하도록 하면 만에 하나도 패할 염려가 없다.
　　춘추시대 말경, 양자강 남쪽에서 번영했던 오(吳)나라와 월(越)나라는 서로 큰 싸움을 반복하고 있었다. 이것을 '오월지전(吳越之戰)'이라고 한다.

오왕인 부차(夫差)에게 패하여 회계산(會稽山)으로 도망친 월왕 구천(勾踐)은 치욕적인 화의(和議)를 청하여 강화가 성립되었다. 승전한 부차는 기세등등하여 중원(中原)을 경략하러 나섰다.

패전한 구천은 은밀히 복수할 것을 다짐하면서 국내 체제의 쇄신을 꾀하는 한편, 말린 짐승의 쓸개를 핥으면서(嘗膽),

"구천이여! 회계지치(會稽之恥)를 잊지 마라!"

며 중얼거리곤 했다. 그렇게 하기를 7년 ─ . 월나라의 국력은 충실해졌다. 구천은 마침내 복수전을 감행코자 했다. 그때 중신인 봉동(逢同)이 진언했다.

"폐허상태에 빠져 있던 우리나라가 이처럼 빨리 부흥되고 그위에 군비까지 충실해졌은즉, 오나라는 당연히 경계를 할 것이옵니다. 사냥감을 노리는 매는 그 모습을 드러내지 않는 법입지요. 함부로 적국 오나라를 자극하는 것은 득책이라고 할 수 없나이다."

즉《손자》의 무형(無形)을 주장했던 것이다. 봉동의 진언은 계속된다.

"오나라는 지금 마구 군사행동을 일으키어 중원 진출을 꾀하고 있나이다. 우리나라가 취할 길은 제(齊)·초(楚)·진(晋) 3국과 관계를 돈독히 하는 한편 오나라에는 계속해서 순종할 일이옵니다. 그러면 오나라는 거듭되는 군사행동에 의해 국력을 쇠진시키고 말 것이니이다. 그때를 기다렸다가 공격하면 우리의 승리는 의심할 바가 없사옵니다."

구천은 봉동의 계책을 따랐다. 그리고 5년 후 오나라가 피폐해졌을 때 공격하여 부차를 사로잡음으로써 보기좋게 '회계지치'를 씻었던 것이다.

적군의 태세에 따라 변화하는 '물'의 전법(戰法)

兵形象水. 水之形避高而趨下 兵之形避實而擊虛
(병형상수. 수지형피고이추하 병지형피실이격허) 〈虛實篇(허실편)〉

물에는 세 가지의 특성이 있다.

첫째, 일정한 모습이 없으므로 담겨지는 그릇에 따라 모습을 바꾸는 유연성을 가지고 있다.

둘째, 저항을 피하여 낮은 곳으로 낮은 곳으로 흘러가는 특성을 가지고 있다.

셋째, 쓰기에 따라서는 암석도 부숴버리는 에너지를 비장하고 있다.

'물에는 일정한 모습이 없는 것처럼 전쟁에서도 일정한 전투 방법이란 있을 수 없다. 적군의 태세에 따라 변화하면서 승리를 거두는 것이야말로 절묘한 용병(用兵)이다.'

물에 주목한 사람은 손자뿐만이 아니다. 예를 들어 같은 병법서인 《울요자(尉繚子 : 위료자라고 읽음은 잘못)》는,

'승병(勝兵)은 물과 비슷하다'

라고 하면서 아래와 같이 주장했다.

'물은 지극히 유약하지만 흘러가는 길을 훼방하는 것은 비록 구릉(丘陵)이라 하더라도 쳐부수고 만다. 그것은 왜일까? 물의 성질에 집중성과 불변성이 비장되어 있기 때문이다. 지금 장수가 예리한 무기와 견고한 갑주로 무장한 대군을 이끌고, 변환자재(變幻自在)하는 전략으로 물과 같이 행동을 한다면 천하에 대

적할 자가 없는 법이다.'
 또 난세(亂世)를 살아가면서 끈질기게 살아남을 수 있는 처세의 지혜를 설파한 《노자(老子)》란 책은 병법서의 성격도 띠고 있는데 역시 이 물에 주목을 하면서,
 '상선약수(上善若水)'
라고 가르치고 있다. 즉 '물처럼 살아가는 것이 최상이다'라고 했다. 《노자》의 설명을 좀더 들어보자.
 '이 세상에서 물만큼 약한 것은 없다. 그렇건만 강한 것에게 이기기를 물보다 더 한 것이 없다. 그 이유는 물이 철저하게 약하기 때문이다. 유(柔)는 강(强)에게 이긴다. 이런 도리는 누구나 다 알고 있으면서도 실행하는 사람은 없다.'
 강조하는 포인트는 각각 약간씩 다르지만 위에서 든 세 가지 모두 물의 특성에 주목하고 있다는 점에서는 공통이다.
 중국 사람은 왜 물에 대하여 이처럼 주목하고 있는 것일까? 그것은 중국에 가서 광대한 양자강이라든가 황하의 흐름을 직접 바라보면 이해가 될 듯한 기분이 든다.
 우리나라의 강은 졸졸 흐른다는 이미지가 있는데 중국의 대하(大河)가 흐르는 것을 보면 실로 그 바닥을 짐작할 수 없는 강력한 힘을 느끼게 된다.
 사람을 압도하고 마는 그 강한 힘 말이다. 유약(柔弱)한 물이면서도 바닥을 짐작조차 할 수가 없는 무서운 힘을 비장하고 있는 것이다.
 《손자》뿐만 아니라 《울요자》라든가 《노자》까지도 전쟁의 사상형(思想形)을 물에서 찾고 있는 것은 그런 경외(敬畏)의 마음이 었을 것임에 틀림없다.

상대방에게 순응하면서 상대방을 지배하라

能因敵變化 而取勝者 謂之神
(능인적변화 이취승자 위지신) 〈虛實篇(허실편)〉

위 구절의 원문을 알기 쉽게 번역하면
'상대방에 따라 이쪽은 변화하면서 더구나 승리를 얻는다. 이것은 얕은 지혜라든가 상식적인 의식을 초월한 신업(神業)이다'라는 뜻이 되겠다. 이 말은《손자》〈허실편〉의 '무형(無形)' 대목에 나온다.《손자》는 이 대목 외에도 같은 〈허실편〉에서 '천리를 가더라도 피로하지 않은 것은 적군이 없는 무인지경을 가기 때문이다'라고 한 다음 '신기하도다. 무성(無聲)에 이름이여'라 했고, 또 〈용간편(用間篇)〉에서도 '오간(五間)에 의한 정보활동이 한꺼번에 전개되어도 적군은 알지 못하니 이를 신기(神紀)라고 한다. 이는 임금의 지보(至寶)이다.'라고 하는 등 '신(神)'이란 글자를 사용하고 있다. '신'이란 신업(神業), 즉 능력의 극치이다.
《손자》의 특징은 과학적임과 동시에 철학적이란 점이다.《손자》의 저자 손무(孫武)는 중원의 옛 전쟁터를 돌아다니면서 전쟁의 원칙을 탐구하는 동안에 전쟁의 법칙은 과학적이지만 그것을 실전에서 활용하는 것은 인간이다. 따라서 전쟁은 상대하는 양군의 전력의 대소(大小)에, 그리고 쌍방 리더의 지휘가 승패를 좌우한다는 것을 알았다. 그러므로 리더는 그 능력의 수준을 가급적 높여야 하는 것인데 어느 정도나 높여야 하는가? 철학적인 손자는 그것을 신, 즉 신업(神業)으로까지 높이라는 것이다.

이 세상에 절대불변인 것은 없다

五行無常勝 四時無常位 日有短長 月有死生
(오행무상승 사시무상위 일유단장 월유사생) 〈虛實篇(허실편)〉

고대 중국인은 일상생활에 있어 불가결한 물질은 목(木)·화(火)·토(土)·금(金)·수(水) 등 다섯 가지라 했고, 우주만물을 생성하고 변화시키는 것은 이 다섯 가지에 의해 상징되는 기(氣)의 작용이라고 생각했다. 이른바 '오행설(五行說)'이다. 그리고 다시 기원전 3세기경이 되자 '오행상승설(五行相勝說)'이란 학설이 생겨났다. 그것에 의하면 수는 화에게 이기고 화는 금에게 이기며 금은 목에게 이기고 목은 토에게 이기며 토는 수에게 이기는 등 순환하면서 변화한다.

따라서 표제의 원문을 번역하면, '이 세상에 절대승자는 없다. 사계(四季)는 멈추는 일 없이 변화를 반복한다. 해의 길이는 길어졌다가 짧아지고 짧아졌다가는 길어진다. 달은 찼다가는 이지러지고 이지러졌다는 가득 찬다'가 될 것이다.

무릇 절대란 있을 수 없고 또 불변이란 것도 있을 수 없다. 이것은 손자에 한한 것이 아니라 거의 모든 중국 사람들의 전통적 사고방식이다. 그렇다고 해서 그들은 결코 무상감(無常感)에 빠져 있는 것은 아니다. 변화를 전제로 하고 그 위에 실질적으로 이것을 대응해나가는 것이다. 변화를 강조한 손자의 이 말도 변화에 대응하는 전쟁법, 유연한 발상, 다면적(多面的)인 사고(思考) 등의 필요성을 설명하고 있는 것이다.

상대를 방심시키고 일격에 격멸하는 '우직지계'

以迂爲直
(이우위직) 〈軍爭篇(군쟁편)〉

 이것이 그 유명한 '우직지계(迂直之計)'이다. 손자는 이 말에 이어 다시 다음과 같은 설명을 덧붙이고 있다.
 '예를 들어, 일부러 길을 우회(迂回)함으로써, 적군으로 하여금 자기네들이 유리하다는 생각을 하게 하되, 적군보다 늦게 출발하고서도 일찍 도착한다. 이것이 '우직지계', 즉 우회하되 재빨리 목적을 달성하는 계책이다.'
 이 경우, 우회라 함은 다음 두 가지 종류가 있다.
 첫째, 거리상의 우회.
 둘째, 시간상의 우회.
 그 어느 것이든, 적군을 안심시키어 방심하게 만들기 위한 계책이다. 그렇게 해놓고 단숨에 쳐부수는 것, 그것이 우직지계의 노림수이다.
 적군의 입장에서 본다면 안심하고 있으면서 긴장을 모두 풀고 있다가 기습을 당하는 것인즉 심리적인 타격은 몇 갑절이나 크게 될 수밖에 없다.
 이 우직지계를 응용해서 멋지게 승리를 거둔 사람이 전국시대 조(趙)나라의 맹장 조사(趙奢)이다.
 진(秦)나라 대군이 알여(閼與)에 쳐들어 왔을 때의 일이다. 조나라에서는 조사를 총사령관에 기용하여 진나라 대군을 맞아 싸우게 했다.

그런데 조사는 군사를 이끌고 도읍을 출발한 다음 도읍에서 불과 30리쯤 가더니 군사를 주둔시키고 그곳에 방어선을 구축했다. 알여까지는 많이 떨어진 곳이건만 조사는 그곳에 포진한 채, 움직이려고 하지 않았다. 진나라 대군은 알여를 향하여 진격해 갔다.

때마침 조나라 군진을 염탐하러 온 진나라 간첩이 붙잡혔다. 간첩은 결박을 당하여 조사 장군 앞에 끌려왔다. 그러나 조사는 그를 후히 대접하고 돌려보냈다.

간첩은 보고 들은 바를 진나라 장수에게 낱낱이 보고했다. 그의 보고를 들은 진나라 장수는

"그렇다면 알여성은 이미 정복한 것이나 다름없군."

이라며 회심의 미소를 띠었다. 그러나 조사는 간첩을 보낸 다음 즉각 전군에 출격명령을 내렸고 밤을 낮삼아 알여 땅으로 달려갔다. 그리고 알여 땅 50리 밖에서 포진하고 한 지대(支隊)를 보내어 알여 방어의 요충지인 북산(北山)을 점거시켰다. 뒤통수를 얻어맞은 진나라 장수는,

"한 발 늦었구나."

라며 북산을 공격했다. 조사는 이때 단숨에 주력을 투입하여 진군을 격멸시켰다.

일부러 시간을 끌어가며 진나라 장수를 안심시킨 '우직지계'가 멋지게 적중한 것이다. 이 '우직지계'는 전쟁 때만 유효한 것이 아니다. 비즈니스에서 목적을 달성하기 위해서도 크게 위력을 발휘하는 법이다.

우리나라 사람은 직선적인 행동을 좋아한다. 벽에 부딪쳤을 때도 강행 돌파하려고 한다. 강행 돌파도 나쁘지는 않지만, 때로는 '우직지계'를 응용하여 우회하는 것도 효과적일 것이다.

단점을 장점으로 바꿀 수도 있다

以患爲利
(이환위리) 〈軍爭篇(군쟁편)〉

표제의 원문을 번역하면, '재앙을 이익으로 바꾼다'라는 의미가 된다.

소부대(小部隊)는 대부대에 비하여 분명 불리하다. 그러나 소부대에게는 대부대에 없는 날렵함이 있다. 의지를 통일시키기도 쉽다. 이런 특징을 살려 나간다면 불리한 점을 이로운 점으로 바꿀 수가 있다. 중소기업과 대기업의 경우도 이와 같다 하겠다. 불리한 점을 절대적인 것으로 생각한다면 운신(運身)할 수가 없게 되는 법이다. 고정관념에서 벗어나면 활로가 열리는 것이다.

건강한 사람보다 한 가지쯤 질병을 가지고 있는 사람이 도리어 양생(養生)을 잘하여 장수하는 수가 있다. 이것도 단점을 장점으로 바꾸는 것으로서 전화위복(轉禍爲福)의 한 가지이다.

참고로 이 '전화위복'이란 말은 전국시대의 유세객으로 유명한 소진(蘇秦)의 이야기에서 나온 것이다.

연(燕)나라가 제(齊)나라의 침략을 받았다. 연왕의 부탁을 받고 제나라에 간 소진은 제왕을 만나서 제나라의 침략행위는 강대국인 진(秦)나라까지 노하게 만든 것이고 그 결과 제나라를 위태로운 지경에 빠뜨릴 것이라며 위협했다. 제왕이 낭패하여 선후책을 물었을 때, 소진은 '뺏은 땅을 돌려주면 제나라 위신도 설 것이니 전화위복이 될 것'이라고 했던 것이다.

이점(利點)은 불리해질 염려가 있다

軍爭爲利 軍爭爲危. 擧軍而爭利則不及 委軍而爭利則輜重捐
(군쟁위리 군쟁위위. 거군이쟁리즉불급 위군이쟁리즉치중연)

〈軍爭篇(군쟁편)〉

표제어의 원문을 의역하면, '전쟁을 함에 있어 유리함과 위험성은 종이 한 장 차이이다. 그렇게 하는 편이 유리하겠다며 전군(全軍)을 전선(戰線)에 투입하면 예측하지 못했던 사태에 직면하는 수가 있다. 또 이렇게 하는 것이 유리하겠다며 선발대만 돌진시키면 후속 수송부대와 연락이 두절되어 보급이 안되는 수가 있다'란 뜻이다.

앞의 항(項)에서는 불리한 것을 유리하게 바꿀 수가 있다고 강조했다. 이번에는 그와 반대로 유리한 것도 유리하리라는 점만 생각하는 나머지 밀어붙이다가는 위험이 도사리고 있어서 불리해지고 만다는 것이다. 이런 이치에 대한 예는 앞의 항을 그대로 뒤집어서 생각해보면 이해가 간다. 대기업은 중소기업에 비하여 여러 가지 점에서 유리하다. 그러나 그것에 안주하고 있다가는 활성을 잃어서 변화에 대응할 수 없게 되고 만다. 건강한 사람은 환자에 비하여 축복을 받고 있는 셈이다. 그러나 그 점에 도취되어 건강관리를 소홀히 하면 뜻밖의 장해에 부딪치고 만다.

이점(利點)이 언제까지나 이점으로 작용할 것이라고 생각해서는 안된다. 이점과 불리함은 종이 한 장 차이이다. 대응하는 방법에 따라서 어느 쪽으로도 전화(轉化)될 가능성을 비장하고 있다. 변화의 시대에는 특히 이 점을 명심하고 있지 않으면 안된다.

친한 상대일수록 본심을 파악하도록 노력하라

不知諸侯之謀者 不能豫交
(부지제후지모자 불능예교) 〈軍爭篇(군쟁편)〉

위 구절을 알기 쉽게 의역하면, '항상 친하게 교류하기 위해서는 각 나라의 정략(政略)을 제대로 파악하고 있지 않으면 안된다. 그것을 알지 못한 채 교류하는 것은 위험하다'라는 의미이다.

이것은 국가와 국가의 관계에서도 기업과 기업과의 사이에서도 혹은 인간 상호간에도 그대로 적용되는 말이다.

인간 상호간에 대해서 생각해 보자. 우리는 어느 정도 친해지면 모두 다 안 것 같은 생각이 들고 만다. 그다지 친하지 않은 상대인 경우라면 여러 면에서 상대방의 속셈을 추측해 본다든지 하면서 신경을 쓰게 마련인데 어느 정도 친해지면 그런 신경은 쓰지 않게 된다. 그런데 바로 그 점이 위태롭다는 것이다. 무언가 옥신각신 다툼이 일어나면, '그토록 친하게 지냈건만……'이라며 배신감을 느끼게 된다.

친하면 친할수록 오히려 상대방이 무엇을 생각하고 있는지에 대해서 관심을 기울여야 할 것이다. 감정과 계산은 구별하지 않으면 안된다. 이는 부부 사이에도 적용되는 말이다.

국가의 경우에도 마찬가지이다. 상대방이 우호국이라면 더더욱 그 정책을 냉정하게 살펴볼 필요가 있다. 손자가 말한 이 구절은 춘추전국시대의 이합집산(離合集散)의 실천에서 생겨난 것임에 틀림이 없다.

상황을 모르는 채 움직이고 있지는 않은가?

不知山林險阻沮澤之形者 不能行軍
(부지산림험조저택지형자 불능행군) 〈軍爭篇(군쟁편)〉

위 표제의 원문을 번역하면,
'행군을 하는 데 있어서는 지형을 충분히 알고 있어야 한다.'
란 의미가 되겠다.
'험조(險阻)'란 '험난하다'란 뜻이다. '저택(沮澤)'은 푹푹 빠지는 '소택지(沼澤地)'이다.
지형도 조사·연구하지 않은 채 행군 등을 한다는 것은 상상치도 못할 일이지만, 현실적으로 우리는 왕왕 이런 잘못을 저지르고 있다.
객관적인 상황을 깊이 생각해 보지도 않고, 주관적인 판단만으로 움직이고 마는 것이다. 한번쯤 상황을 생각해 보기는 하지만 자기자신에게 유리한 쪽으로 판단을 내리기가 쉽다.
손자는 이러한 경향에 대해서 경고하고 있는 것이다. 옛사람이든 현대 사람이든 인간이 하는 행동은 그다지 달라진 것이 없는 듯하다.
그리고 손자는 갖가지 지형(地形)에 대하여 모든 각도에서 분석을 하고 그 대응책에 대해서도 논하고 있다.
오늘날의 상식으로 볼 때는 이해하기가 힘든 점도 많은데 지형의 파악에 대하여 쏟는 그 열의만은 충분히 이해할 수가 있다.
현대는 정보가 너무 지나치게 많아서 도리어 스스로 관찰하고 탐구하는 노력을 잊고 있는 게 아닌가 하는 생각이 들 정도이다.

미지의 세계에 뛰어들 때에는……

不用嚮導者 不能得地利
(불용향도자 불능득지리) 〈軍爭篇(군쟁편)〉

이 구절을 알기 쉽게 번역하면, '지리(地利)를 얻기 위해서는 안내인을 사용할 일이다'란 뜻이 되겠다.

손자는 문제의 해결을 트레이드오프(이율배반 현상)로 포착하고 그 내용에 의해, 첫째 이해(利害) 문제라면 이(利)만이 아니라 해(害)를 잊지 말도록 하라. 둘째 정기(正奇)의 문제라면 양쪽 기능의 통합을 생각하라 등등, 트레이드오프 내용에 의해 해결법을 생각하라고 가르쳤고, 그것은 앞의 항(項)에서 설명한 바 있다. 이 항은 그 다음 번의 내용이다.

전혀 환경 조건이 다른 미지의 분야에 뛰어들 때, 우선 부딪치고 보자며 밀어붙이는 방법도 있겠지만 역시 안내역에게 의논하며 따르는 것이 안전하고 효율적이다. 이야기는 다소 비약하지만 우리나라의 해외 진출 기업 중 성공을 거둔 기업은 예외없이 현지인(現地人) 간부를 적확하게 등용하고 있다. 해외에서도 우리나라식으로 밀어붙이다가는 거의가 실패하고 있는 듯하다.

자신감을 가지고 주관적으로 일을 처리하는 것도 좋지만 그것이 지나쳐서 자만이 되고 과신(過信)에 빠져들면 끝장이다.

작전에 있어서도 현지 사정에 밝은 안내역을 쓰라고 권유하는 손자의 탁견(卓見)은 실로 높이 살 만하다. 겸허하게 배운다는 것은 결코 주체성의 포기가 아닌 것이다.

자신에게 유리한 정황(情況)으로 만들라

兵以詐立 以利動 以分合爲變者
(병이사립 이리동 이분합위변자) 〈軍爭篇(군쟁편)〉

정직(正直)은 보통 평범한 인간관계에서는 미덕으로 꼽힌다. 그러나 이것이 전쟁터에서도 적용되는 것은 아니다. 적군의 의표를 찌르고 또는 속임수에 속임수를 써가면서 싸운다. 이것이 병법의 상도(常道)인 것이다.

손자는 〈시계편(始計篇)〉에서,

'전쟁은 속임수이다(兵者謂詭道也)'

라고 갈파했다. 여기서 말하는 '사(詐)'도 '궤도(詭道)'와 똑같은 의미로서 적을 '속이다'이다.

《삼국지》의 사마중달(司馬仲達)은 양평(襄平)에 틀어박혀 있는 공손연(公孫淵)을 공격할 때 멋진 지략을 보여주고 있다.

이때는 때마침 장마철이어서 사마중달의 원정군은 적군의 성(城)을 포위하기는 했지만 손을 쓸 수가 없었다. 성 안에 틀어박혀 있는 적군은 물이 풍부했다. 그들은 태평하게 나무를 베기도 하고 소와 말을 돌보면서 한가하게 지내고 있다.

참고로 중국의 성이란 것은 한 도시의 주위를 성벽으로 쌓아놓은 것이었다. 그러므로 도시가 곧 성이었으며 성이라고 해도 그것은 일반 주민들이 생활하는 장소였다.

현재 그 성벽들은 도시계획의 방해물이라 하여 허문 곳이 많지만 아직도 서안(西安)이나 남경(南京)의 일부에는 거의 완전한 형태로 남겨져 있다.

　적군의 주민들이 태평하게 우마(牛馬)를 돌보고 있는 것을 본 사마중달의 부하들은 입을 모아,

"저것들을 약탈하지요."

라고 진언했다. 그러나 사마중달은,

"아니야, 좀더 기다려."

라며 허락하지 아니했다.

　부하들도 포기하지 않고 진언을 거듭했다. 그랬지만 사마중달은 이렇게 말하며 그들의 진언을 물리쳤다.

"지금 적군은 비록 숫자는 많지만 군량이 부족되오. 아군은 병력은 부족되지만 그 대신 군량은 아주 충분히 있소이다. 더구나 이처럼 장대 같은 비가 쏟아지고 있으니 손을 쓸 수가 없구려. 이런 때는 함부로 움직이지 말아야 하오.

　그리고 나는 도읍을 떠나올 때부터 공손연이 전쟁하기를 포기하고 도망을 치면 어쩌나 하여 그것만 걱정하고 있소이다. 그런데 지금 적군의 우마를 약탈한다면 저들을 도망치도록 하는 것과 다름없을 것이오. 당분간 더 기다리기로 합시다."

　사마중달은 이보다 앞서 제갈공명(諸葛孔明)을 맞아서 싸울 때에는 전쟁을 하지 않고, 상대방으로 하여금 스스로 철수할 수밖에 없도록 만드는 작전으로 임했었는데, 이번에는 일전(一轉)하여 상대방이 철수하지나 않을까 하여 걱정을 하고 있다.

　이런 경우 등은 정황이 바뀌면 작전법도 바뀐다는 좋은 예일 것이다.

　한편 사마중달은 다음과 같이 명령하면서 부하들에게 못을 박았다.

"알겠는가? 전쟁이란 어차피 속임수의 내기인 것이오. 지금 상

대방은 대군을 거느리고 있는데다가 쏟아지는 비를 우군(友軍)으로 삼고 있소이다. 군량 부족에 빠져있기는 하지만 곤경에 처해 있는 것은 아니오. 그런즉 우리는 도저히 움직일 수 없는 척하면서 상대방을 안심시키는 것이 상책(上策)이오. 눈앞의 이익에 사로잡히어 경거망동하는 것은 하책(下策) 중 하책일 뿐인 것이오."

사마중달의 이런 생각은 곧《손자》의 사(詐)에 다름 아니다.

이렇게 해서 전투 의욕을 상실한 척하면서 적군을 안심시킨 사마중달은 장마가 끝나자마자 일거에 총공격을 감행하여 공손연을 토벌하고 양평성을 평정했던 것이다.

'사(詐)'란 꼭집어서 말한다면 '거짓'이요, '속임수'이다. 또 넓게 해석하면 '술책'이라고 해도 좋을지 모르겠다.

《손자》가 말한 것처럼 전쟁에는 이 '사(詐)'가 따르게 마련이지만 그와 동시에 그것은 난세에서 살아남기 위한 필요조건이기도 하다.

단 처세로서의 그것은 어디까지나 악의에 가득찬 속임수여서는 안되겠다.《손자》가 말하는 '적을 속인다'는 것은 심리적 조작의 의미로서, 상대방을 이쪽의 의도대로 조절하기 위한 것이다. 윤리상 어긋나느냐 그렇지 않으냐, 비겁하냐 그렇지 않으냐란 것은 사용방법과 입장에 따라 다르다. 원자력(原子力)이 사람을 살상하는 폭탄도 되지만 생활을 풍요롭게 해주는 전력(電力)도 되는 것이니 말이다.

이것은 곧 인간의 생활 유형 중 한 가지의 원형(原型)이기도 한 것이며, 그것을 어떻게 사용하느냐에 따라서 희극도 비극도 초래할 수 있다 하겠다.

승리하기 위한 행동거지는……

其疾如風 其徐如林 侵掠如火 不動如山
(기질여풍 기서여림 침략여화 부동여산) 〈軍爭篇(군쟁편)〉

작전행동의 요체를 언급한 말이다.
 작금에 일본 영화가 들어오면서부터 우리나라 도하 신문에 일본 영화 광고가 자주 실리고 있다. 그리고 일본의 소위 '사무라이 영화(武士映畵)'에는 심심치 않게 이 '풍림산화(風林山火)'란 문구가 들어있는 것을 볼 수가 있다. 이것은 일본의 전국시대 때 명장 다케다신겐(武田信玄)이 《손자》의 이 구절에서 '풍림산화'라는 네 글자를 따가지고 기치로 쓴 데서 유래된다. 이 다케다신겐이란 사람은 《손자병법》을 깊이 연구했던 것으로 보인다.
 앞에서도 여러 차례 언급했거니와 《손자병법》의 대전제라면, 첫째, 싸우지 않고 이긴다. 둘째, 승산이 없는 싸움은 안한다 등의 두 가지이다.
 다케다신겐의 용병법은 이 두 가지 점에 충실했었다고 한다. 그가 이끄는 다케다군단(武田軍團)이 무적(無敵)을 자랑했던 것도 당연한 일이다. 배운다는 것은 어렵지 않다. 그러나 실행한다는 것은 쉽지 않다. 《손자》 이후 우리나라 중국·일본의 무장들은 이 구절을 모두 배웠으련만 그것을 제대로 활용했던 사람은 많지 않은 것 같으니 말이다.
 그럼 이 '풍림산화'의 구절에서 손자가 강조하고 싶었던 것은 무엇일까? 작전행동에 있어 동(動)과 정(靜)의 대비(對比)이다.

'질풍처럼 행동하는가 하면 숲처럼 조용히 있다. 습격할 때는 열화와 같이 하고 움직이지 말아야 할 때는 태산처럼 미동도 하지 않는다.'

즉 움직여서는 안될 때에 경거망동하고 움직여야 할 때에 망설이면서 행동을 일으키지 않는다면…… 승리는커녕 패배만 있을 뿐이다.

이런 사고방식은 인생을 살아가는 지혜로도 활용할 수가 있다.

강운(强運)을 만났을 때는 무엇을 해도 잘 풀려나간다. 그런 때는 물론 적극적으로 과감하게 행동하는 게 좋다. 그러나 인생을 살아가노라면 쇠운을 만날 때도 있다. 그런 때는 잠자코 참는 수밖에 없다. 이런 때 초조해 하며 경거망동하는 것은 스스로 묘혈을 팔 뿐이다.

중국 사람들의 인생관에서는 다음과 같은 두 가지 사상이 큰 영향을 미치고 있다.

첫째, 천명(天命)의 사상.

둘째, 순환(循環)의 사상.

'천명'이란 하늘의 의지이다. 이것은 인간의 힘으로는 도저히 바꾸어 놓을 수 없는 것이다. 중국 사람은 역경에 빠졌을 때는 천명이라며 자기자신을 납득시키고 순순히 받아들인다. 그러나 그것은 단순한 포기의 경지는 아니다.

한편으로는 순환의 사상이 작용하고 있어서, 지금은 역경이지만 곧 운세가 돌아올 것이라는 말을 자신에게 들려준다.

그러므로 역경에 처하더라도 경거망동은 하지 않는다. 끈질기게 참아내면서 운세가 돌아오기를 기다린다는 처세 태도인 것이다. 《손자》가 갈파한 작전행동의 '동'과 '정'에서 그런 지혜가 나온 것이 아닐는지 ─ .

성과의 배분은 공평하고 시원시원하게……

掠鄕分衆 廓地分利 懸權而動
(약향분중 곽지분리 현권이동) 〈軍爭篇(군쟁편)〉

이 구절을 알기 쉽게 의역하면, '적의 마을을 습격하여 전리품을 얻었다면 병사들에게 분배해 주고, 영토를 넓혔다면 그 이익은 군주 혼자서 차지하지 않는다. 저울에 달 듯이 공평하게 분배하지 않으면 안된다'라는 의미가 되겠다.

유방(劉邦)이 항우(項羽)를 타도하고 천하를 얻은 다음, 제장(諸將)을 모아놓고 잔치를 벌였을 때의 일이다. 유방이 그들에게 물었다.

"짐(朕)이 천하를 얻고 항우가 천하를 잃은 것은 어디에 그 이유가 있다고 생각하오?"

그러자 고기(高起)와 왕릉(王陵) 등 두 사람이 입을 모아 이렇게 대답했다.

"폐하께오서는 공을 세운 자에게 영지(領地)를 나누어 주시면서 천하 사람들과 이익을 나누시었나이다. 하온데 항우는 전쟁에서 이기더라도 상을 베풀지 아니하고 영토를 얻어도 그것을 나누어 주지 아니하였습지요. 이것이 폐하께오서 천하를 얻으시고 항우가 실패한 원인인 줄 아옵니다."

유방도 실은 상당한 탐욕가였는데 그런 탐욕 이상으로 시원시원하게 전리품을 나누어 줄 줄 알았다. 후하게 포상한다는 것은 리더가 갖추어야 할 필수 요건이기도 하다.

집단의 의사를 통일하는 정보의 역할

軍政曰 言不相聞 故爲金鼓 視不相見 故爲旌旗 夫金鼓旌旗者 所以一人之耳目也
(군정왈 언불상문 고위금고 시불상견 고위정기 부금고정기자 소이일인지이목야) 〈軍爭篇(군쟁편)〉

이 표제의 원문을 번역하면, '고래(古來)의 병법서는 "말로 명령을 해도 잘 들리지 않으므로 금고(金鼓)를 만들었던 것이다. 또 손으로 신호를 해도 잘 보이지 않으므로 정기(旌旗)를 만들었던 것이다"라고 했는데, 그러나 금고라든가 정기의 목적은 그것 뿐만이 아니라 사람들의 마음을 하나로 만들기 위한 것이다.'란 의미이다.

손자 이전에는 금고라든가 정기는 소리나 손짓 대신 사용되어 정보를 전해 주는 도구로만 이해되고 있었다. 그것에 비하여 손자는 단순히 정보를 전해줄 뿐만 아니라 의사를 소통하기 위한 것이라며 보다 높은 가치를 부여했던 것이다.

이것이 놀라운 탁견이었음은 운동경기 때 응원단을 연상하면 충분히 이해가 될 것이다. 일반인에게는 소음에 불과하겠지만 팬이라든가 그 팀에 있어서는 일체화가 촉진되는 법이다.

이것은 정서(情緖)에 호소하는 것이므로 가급적 화려한 편이 좋다. 그러기에 손자는 이어서 이렇게 부연하고 있다.

'야간전투에는 화고(火鼓 : 불과 금고)를 많이 쓰고 낮에는 정기를 많이 쓰는 것은 사람들의 이목을 끌기 위함이다.'

개인적 스탠드플레이는 조직을 좀먹는다

人旣專一 則勇者不得獨進 怯者不得獨退. 此用衆之法也
(인기전일 즉용자부득독진 겁자부득독퇴. 차용중지법야) 〈軍爭篇(군쟁편)〉

위 구절의 원문을 의역하면,
'전원(全員)이 일체가 되어 있으면, 용감한 자라 해도 자기 멋대로 달려 나가지 못하며, 겁쟁이라 하더라도 함부로 도망치지 못한다. 이것이 다수의 인간을 관리하는 비법이다'
란 의미가 된다.

이것은 기업에 비유하면 '유지형(維持型)'인 기업에 해당된다. '혁신형(革新型)'인 기업의 경우에는 앞으로 치고 나가는 정도의 사람이 있어야만 조직 전체에 자극을 주어 활성화를 촉진시킬 것이므로 그런 편이 도리어 바람직하다고 할 것이다.

유지형의 조직인 경우에는 실로 손자의 이 말이 적중될 것 같다. 즉 아무리 능력이 있다 하더라도 비조직적(非組織的)인 행동을 취한다면 전체로서의 통제가 없어져서 도리어 마이너스를 초래하게 된다. 돌출(突出)하는 자를 다소 억제하더라도 낙오자가 없게 하여 전체로서의 성적을 향상시키는 편이 좋은 경우도 있다.

혁신형이라 하더라도 돌출행동이 개인적인 스탠드플레이가 되어 가지고는 조직의 활성화를 기할 수가 없다. 그것은 마치 병균(病菌)처럼 되어 조직을 좀먹고 마는 것이다. 그런 점을 조절한다는 것이 실은 어려운 일이다.

상대방의 심리를 교란시키라

三軍可奪氣 將軍可奪心
(삼군가탈기 장군가탈심) 〈軍爭篇(군쟁편)〉

여기서 '삼군(三軍)'이라 함은 고대 중국에서 군(軍)을 좌(左)·중(中)·우(右)로, 또는 상(上)·중(中)·하(下)로 나누어서 편성했던 점에서 '전군(全軍)'이란 의미이다.

위 표제의 원문을 알기 쉽게 번역하면, '적군 전군의 사기(士氣)를 떨어뜨리고 적군 장수의 마음을 동요시키라'는 의미가 된다.

예로부터 상대방의 심리를 교란시키는 전술은 많이 사용되어 왔었다. 《삼국지》의 두 주인공격인 유비(劉備)와 조조(曹操)의 대군이 한수(漢水)를 사이에 두고 대치하고 있을 때이다.

유비는 조운(趙雲)에게 명하여 일대(一隊)를 이끌고 가서 한수 상류의 고대(高臺)에 진을 치도록 하고, 본진에서 쏘아대는 포성(砲聲)을 신호로 하여 북을 치며 함성을 지르도록 했다. 그러다가 조조의 군단에서 '혹 적군이 습격해 오는 게 아닌가?' 하여 응전 준비를 하면, 조용히 있으라고 명했다.

이 짓을 매일 밤 반복했던 바 조조군은 피로해졌고 사기가 떨어졌으며 조조 자신도 지친 나머지 철수하고 말았다.

심리전의 효과는 크다. 심리전을 전개하는 방법, 심리전에 걸려들지 않는 방법, 공히 연구할 필요가 있다. 상대방을 초조하게 만들고, 화나게, 의심하게, 불안하게 만든다. 또 반대로 안심시키고 자만케 하고 사기를 떨어뜨리고 마음을 뺏는 등등 무궁무진하다.

기력(氣力)은 제일 무서운 전력(戰力)이 된다

善用兵者 避其銳氣 擊其惰歸
(선용병자 피기예기 격기타귀) 〈軍爭篇(군쟁편)〉

일군(一軍)의 장수가 되었다면 이런 문제에도 유의하지 않으면 안된다.

손자에 의하면 병력의 차이는 승패를 좌우하는 절대적 조건이 아니다.

비록 수가 많더라도 한사람 한사람에게 싸우려는 기개가 없고, 집단으로서의 통제가 안된다면 그것은 오합지중(烏合之衆)에 지나지 않는다. 이것과는 반대로 숫자는 비록 적다 하더라도 한사람 한사람이 싸우려는 사기가 충천해 있고 더구나 일치단결되어 있다면 그것은 무서운 상대가 된다는 것이다.

그러므로 손자는,

'기력이 충실한 적은 공격하지 마라(避其銳氣)'

며 경고하고 있다.

하지만 또 상대가 가령 기력이 충실하다 하더라도 그 기력이 언제나 지속된다고는 할 수 없다. 기력이 고양(高揚)될 때도 있으려니와 쇠퇴해질 때도 있는 등 반드시 오르내리게 마련인 것이다.

그러기에 손자는,

'무릇 사람의 기력은 아침에는 왕성해지지만 낮이 되면 차츰 쇠퇴해지다가 저녁 때가 되면 쉬고 싶어지는 법이다'

라고 지적하고 있다.

이것은 하루의 사이클인데 기력의 파도는 좀더 긴 사이클로 일어나는 수도 있다. 출진(出陣)한 당초에는 싸우고자 하는 마음이 용솟음쳐서 기력이 충실했는데 먼 길의 원정에 피로해짐에 따라 전력이 그만 저하된다.

적군에게 기력이 충실한지 아닌지를 간파하는 것이 리더의 책임이라면 아군의 기력이 쇠퇴해지지 않았는지를 찰지(察知)하여 조속히 대책을 강구하는 것도 리더가 할 일인 것이다.

이런 경우 리더가 할 일도, '기력이 충만한 상태'에 있는지, 아니면 '사기가 저하된 상태'에 있는지에 따라 조직 관리를 하는 방법에도 차이가 있다.

물론 '기력이 충만한 상태'를 유지해 나가는 것이 바람직하겠지만 그런 상태로 방치해 두면 돌출(突出)하다가 실수를 저지르고, 나아가서는 폭주(暴走)하는 사태가 일어날는지도 모른다. 따라서 리더로서는 고삐를 잡아당겨야 할 필요가 있다.

반대로 사기가 저하되어 있는 상태라면, 하는 일마다 진척이 없고 자칫 실수가 발생하기 쉬워서 조직에 큰 손해를 안겨주는 수가 있다. 이른바 타성(惰性)의 폐해이다. 이런 때는 과감하게 기분전환을 시도하여 기력의 회복을 꾀하지 않으면 안된다.

이런 일은 비단 전쟁에만 적용되는 것이 아니라 교섭·의뢰·협의·응대(應對)……. 무릇 사람과 사람과의 관계에서는 상호간이 기력의 상태가 크게 영향을 끼친다. 부탁할 일이 있을 경우 상대방의 기분이 좋을 때를 택하는 정도의 것은 어린아이도 자연히 몸에 익히고 있는 지혜이려니와 복잡한 사회생활 속에서는 이 자명한 원리를 의외로 잊는 수가 있다.

자신의 기력을 충실케 하면서 상대방의 기력의 상태를 추찰할 필요가 있다 하겠다.

자기 마음을 다스리고, 상대의 마음을 흔들어 놓으라

以治待亂 以靜待譁 此治心者也
(이치대란 이정대화 차치심자야) 〈軍爭篇(군쟁편)〉

이 구절의 원문을 의역하면, '자신의 마음은 가라앉히고 상대방의 마음은 흔들리게 만들라. 이쪽은 평정한 마음을 유지하면서 상대방의 마음을 동요케 하라. 이것이 마음을 다스린다는 것이다'란 의미가 될 것이다.

이것은 실로 심리적 싸움의 비결이라고 할 수 있겠다.

진(秦)나라가 멸망한 다음 유방(劉邦)과 항우(項羽)는 천하를 놓고 쟁패전을 벌였는데 광무(廣武)에서 대결한 적이 있었다. 광무는 오늘날의 하남성(河南省) 정주시(鄭州市)와 가까운 황하 남쪽의 구릉지대로서 골짜기를 사이에 두고 높직한 언덕이 마주하고 있는 곳이다. 이곳에 양군은 각각 돌진하고 몇 달동안이나 대치중이었는데 이따금 두 영웅의 설전(舌戰)이 전개되고 있었다.

항우는 당시 유방의 아버지를 포로로 잡고 있었는데 그를 대형 도마 위에 묶어 놓고,

"항복하지 않으면 네 애비를 삶아 죽이겠다!"

라며 고함을 질렀다. 그러나 유방은 태연자약한 어조로,

"삶거던 국물이나 좀 보내다오."

라며 껄껄 웃었다. 이 설전은 유방이 냉정을 잃지 않았고, 항우의 마음을 뒤흔들어 놓은 결과가 되었다. 심리전에서 항우가 완패한 것인데 결과적으로 항우는 천하를 잃고 말았다.

무리하지 않고 기다리는 자가 승리한다

以近待遠 以佚待勞 以飽待飢 此治力者也
(이근대원 이일대로 이포대기 차치력자야) 〈軍爭篇(군쟁편)〉

손자병법은 '물의 모습에서 배우라'고 한 것처럼 어디까지나 유연하다. 어떤 점에도 무리가 없다. 작전행동에 대해서 말한 구절 등은 그 전형(典型)이다.

손자는 또 이렇게 말하고 있다.

'아군의 태세를 갖춘 다음 적군이 문란해지기를 기다리고, 조용히 있으면서 적이 공격해 오기를 기다린다.'

또 이런 말도 하고 있다.

'대오(隊伍)를 정비하여 진격해 오는 적이라든가, 강대한 진지를 구축하고 있는 적에 대해서는 정면공격을 피하지 않으면 안된다.'

표제의 구절처럼 '충분한 휴식을 취하면서 적군이 지치기를 기다린다'면 분명 여유를 가지고 싸울 수가 있다. 《손자》에서 배워야 할 점은 실로 이러한 '몰려오면 피하고 피하면 쫓아간다'는 자연식의 전투법이다.

무리를 하면 오래 가지 못한다. 무리를 하면 반드시 어딘가에서 약점이 드러나게 마련이다. 끈질기게 싸우기 위해서는 가급적 무리를 피하고 여유가 있는 태세를 만들지 않으면 안된다.

《삼국지》의 전반(前半) 중 하이라이트는 조조(曹操)의 대군과 손권(孫權)·유비(劉備) 연합군이 싸웠던 '적벽대전(赤壁大戰)'

이다.

　이때 조조는 80만 대군(실제 병력 수는 20여만)을 자랑하는 군단을 이끌고 양자강의 흐름을 따라 내려와서 오(吳)나라 영토에 진공(進攻)했다. 이 조조군을 맞아 싸운 자가 오나라의 명장 주유(周瑜)이다.

　주유는 불과 3만의 수군(水軍)으로 적벽에서 이들을 영격했는데 소토지계(燒討之計)로 멋지게 승전했다. 완패한 조조의 군단은 그 대부분이 양자강의 물고기 밥이 되고 말았다.

　교전(巧戰)으로 정평이 나있던 조조가 왜 이토록 대패를 하고 만 것일까? 결론부터 말한다면 상대방에게 '근(近 : 가까운 위치), 일(佚 : 충분한 휴식), 포(飽 : 배부름)' 등을 허용하고 자신의 군단은 '원(遠 : 먼 곳까지 出征), 노(勞 : 심히 피로함), 기(飢 : 배고픔) 등에 빠져들고 말았기 때문이다.

　조조는 이보다 앞서, 즉 진공을 하기 전에 손권 앞으로 도전장을 보낸 일이 있다. 그 도전장에는,

'지금 수군 80만 대군을 거느리고 가서 장군과 오나라 땅에서 만나 사냥을 하고 싶소이다'

라는 내용이 적혀 있었다. 손권이 이 편지를 중신들에게 보냈던 바 그들은 모두 사색(死色)이 되고 말았다. 그것도 무리가 아니다. 당시 오나라의 군세(軍勢)는 모두 끌어 모아봤자 5만 명이 채 안 되었으니 말이다.

　중신들의 의견은 항복하자는 데로 기울었다. 이 항복론에 이의를 제기하고 나선 사람이 주유이다. 그는 조조 군단의 약점을 적확하게 꿰뚫어 보고 이렇게 주장했던 것이다.

　"비록 조조가 북방(北方)을 평정하고 또 충분한 준비를 한 연후에 진공해 온다 하더라도 우리와 수상전(水上戰)을 한다면

승산은 우리에게 있소이다. 원래 북방의 장병들은 수상전의 경험이 적어서 수상전이 될 경우 갈팡질팡할 수밖에 없을 것이오. 잡아보지 않았던 노와 키를 잡고 나와서, 물에 익숙한 우리를 상대로 싸운다면 그들이 어찌 이길 수 있겠소이까?

그리고 계절은 이미 한겨울이 되었으므로 말에게 먹일 풀도 없는 터이며 멀리 강남 땅에까지 달려온 북방의 병사들은 이곳 풍토(風土)에 익숙해 있지 못하오. 그들 중에서 환자가 속출할 것은 불을 보듯 뻔한 일이외다.

조조는 이처럼 병법에서 금기사항으로 꼽는 여러 가지를 어기면서 우리에게 도전해 온 터요. 그런즉 도리어 조조를 멸망시킬 수 있는 호기를 잡았다고 나는 생각하오."

이렇게 해서 분위기는 일전되었고 단호한 항전(抗戰)을 하기로 의견이 모아졌다.

조조의 패인(敗因)은 주유가 한 말 속에 모두 들어있다. 즉 전투의 명수인 조조라 하더라도 원정군에 반드시 따르게 마련인 불리한 점을 극복할 수는 없었던 것이다.

표제의 구절대로 유리한 조건만을 모두 갖춘다는 것은 매우 어렵다. 현실적으로는 불가능에 가깝다고 보아야 한다.

이것은 전력행사(戰力行使)에 있어서의 이상적인 목표를 제시한 것이며, 조금이라도 이것에 접근하도록 노력하는 것이 승리를 얻는 지름길이란 뜻이다.

오늘날의 말로 바꾼다면 자신의 능력은 최대한으로 발휘토록 하고 상대방의 능력은 최소한으로 제어하는 것을 의미한다. 그것이 전쟁에서의 승전법이란 말이다.

또한 기업 경영에 있어서도 이 철칙은 그대로 적중된다고 보아야 하겠다.

'변(變)'으로 수습한다는 것은 어떤 것인가?

勿邀正正之旗 勿擊堂堂之陣 此治變者也
(물요정정지기 물격당당지진 차치변자야) 〈軍爭篇(군쟁편)〉

'대오(隊伍)를 정비하고 돌진해 오는 대군과 정면으로 충돌해서는 안된다. 위풍당당하게 진격해 오는 대부대와 정면으로 맞서서는 안된다. 이러한 강적에는 변환자재(變幻自在)하는 전술을 구사하여 대항할 일이다. 이것이 '변'으로 수습한다는 것이다.'

표제어를 이해하기 쉽게 의역하면 대략 이상과 같은 의미가 되겠다.

오늘날의 중국은 건국하기 이전에 ①제1차 내전(內戰), ②항일(抗日) 전쟁, ③제2차 내전 등 세 차례의 큰 전쟁을 치렀는데 ①~②의 시기에 중국 공산당이 이끄는 이른바 홍군(紅軍 : ② 때는 八路軍)은 이 병법을 구사하여 증강되었다고 해도 좋다.

먼저 ①의 시기 —. 홍군은 그들의 근거지를 포위 공격해 들어오는 우세한 국민당 정부군에 대하여 정면으로 대결하는 진지전(陣地戰)을 폈다가 실패한 결과, 고정된 전선(戰線)을 가지지 않은 채 변환자재하는 운동전(運動戰)을 펴서 살아남을 수 있었다.

다음 ②의 시기 —. 팔로군은 강대한 일본군의 침입에 대하여 역시 변환자재하는 대규모 유격전(遊擊戰)을 전개함으로써 일본군을 점적(點的) 위치에 산재시켰다. 물론 그들의 승리는 이것만이 요소가 아니었겠지만 군사작전이란 면에서 볼 때 이 '변'으로 수습한다는 병법을 쓴 것만은 사실이다.

우위(優位)에 있는 적에게 싸워 이기려면……

高陵勿向
(고릉물향) 〈九變篇(구변편)〉

표제의 원문을 의역하면, '높은 곳에 진을 치고 있는 적은 정면에서 공격하지 마라'는 의미이다. 왜 그럴까?

먼저 상대방은 이쪽을 낱낱이 살펴볼 수 있는데 비하여 이쪽은 상대방의 상황을 파악하기가 어렵다. 더구나 상대방은 시계(視界)가 넓어서 아주 먼 곳까지 살필 수가 있다.

또 상대방은 돌멩이나 큰 바위 덩어리를 굴리는 데도 편리한데다가 활이나 노(弩)를 발사하여 명중시킬 확률이 아주 높다. 그러나 이쪽에서는 높은 곳을 향하여 그런 무기를 사용할 수가 없는 것이다.

한편 위에서 아래를 내려다보면 우월감을 가질 수 있는데 아래쪽에서 위를 올려다보면 어쩐지 열등감에 사로잡히고 만다.

그런즉 아래에서 높은 곳을 향하여 정면공격을 감행한다는 것은 불리하기 짝이 없다 하겠다.

이런 점을 감안하여 지형적(地形的)으로 유리한 적에 대해서는 의표를 찌르는 것이 좋다. 다시 말해서 상대방은 문자 그대로 이쪽을 내려다보고 있으면서(무시하고 있으면서) 자기네가 우위(優位)에 있다며 안심을 한다. 그러므로 그 배후로 돌아가서 공격을 감행한다든가, 포위하여 군량의 공급로를 차단하는 등 상호간의 장점과 단점을 역전시킬 일이다.

후원(後援)의 힘을 얻고 있는 적에게는……

背丘勿逆
(배구물역) 〈九變篇(구변편)〉

이 구절의 원문을 의역하면, '언덕 빗면에 진을 치고 있는 적에게는 정면에서 대항하지 마라'는 의미가 된다.

이 이치는 앞 항(項)의 '높은 곳에 진을 치고 있는 적'과 마찬가지인데, 언덕의 빗면에 진을 치고 있는 경우는 고지(高地)의 정상(頂上)에 있는 경우처럼 사방팔방을 두루 살필 수는 없다. 그러나 그 대신 정상과는 달라서 바람이 심하게 몰아치지는 않으며 뒷면은 언덕이라고 하는 후원자가 있기 때문에 어느 정도 안심할 수가 있다. 호랑이의 위세를 빌어 으스대는 여우, 즉 '호가호위(狐假虎威)'라고나 할까. 이런 상대에 대해서는 역시 고지에 있는 적과 마찬가지로 정면공격을 피하는 것이 좋다.

그리고 이런 적을 치는 데는 그 강성함을 역으로 이용할 일이다. 상대방에게 있어서는 뒤쪽의 언덕이 강점이며 믿는 곳이 될 것이니, 이쪽에서는 우회(迂回)하여 그 뒷면에서 언덕 위에까지 올라간다. 그리고 언덕 위에서 공격하면 입장은 완전히 뒤바뀌게 된다. 더구나 상대방은 뒤쪽이 막혀 있어서 앞쪽 밖에 살피지 못하므로 언덕 너머, 다시 말해서 후방(後方)을 전혀 살피지 못할 것이다. 이쪽에서는 그 맹점을 이용하여 작전을 편다. 그래도 상대방은 그것을 눈치챌 수가 없다. 손자가 정면공격을 피하라고 한 것은 이런 작전을 생각했던 것임에 틀림없다.

일부러 도망치는 적은 경계하라

佯北勿從
(양배물종) 〈九變篇(구변편)〉

　이 표제어의 원문을 의역하면, '일부러 도망치는 적을 깊숙이 따라가면 안된다'란 의미이다.
　도망치는 척하면서 상대방을 유인해 내는 수법은 동서고금을 통하여 실로 많이 사용되어 온 전법이다. 손자가 〈시계편(始計篇)〉에서 '가능해도 불가능한 척하라'고 말한 것도 이런 의미이다. 이런 것쯤은 누구누 다 알고 있을 것이건만 명장(名將)이라는 사람들까지 말려들어 상대방의 복병(伏兵)에게 당하고 마니 무서운 일이 아닐 수 없다. 그럼 어떻게 해야 거짓 도망치는 것을 간파할 수 있는 것일까? 손자가 그 구체적인 설명을 하지 않고 있는 까닭에 예로부터 여러 병법학자들이 설명한 바를 소개하겠다.
　'적군이 일제히 보조를 맞추면서 도망치는 경우는 수상하다.'
　'충분히 싸울 여력이 있고 기세도 올라 있는 것이 도망치는 것은 함정이다.'
　'적군이 똑같은 방향으로 도망치는 것은 복병을 두었다는 증거다.'
　참고로 이 원문에 있는 한자 '배(北 : 북)'에 대해서 여담 한 마디 ─. 이 글자는 사람이 등을 마주대고 있는 것을 나타낸 것이라고 한다. 그래서 '도망치다'란 뜻이 되었으며 이때는 음이 '배'이다. 즉 '패배(敗北)'의 배이다.

생각에 잠겨있는 상대를 설득하려면……

銳卒勿攻
(예졸물공) 〈九變篇(구변편)〉

　이 표제어의 원문을 의열하면, '정예(精銳)한 적군의 부대는 함부로 공격하지 마라'는 의미가 된다.
　이것 역시 손자류의 무리를 하지 않는 전투법이다. 아니, 손자의 생각이라기 보다 중국 사람의 전통적인 사고방식이라고 해도 좋을 것이다. 그들은 무모한 옥쇄주의(玉碎主義) 따위는 취하지 아니한다.
　적군이 정예부대일 경우 우선 약화시키는 노력부터 한다. 무턱대고 덤벼들어서 전멸당하는 짓은 하지 않는다는 것이다.
　이런 사고방식은 일반적으로 성미가 급한 우리나라 사람들에게 참고가 될 것 같다. 전쟁에서뿐만 아니라 인간관계에 있어서도 똑같은 말을 할 수 있다.
　본문의 '예졸(銳卒)'을 '골똘히 생각하고 있는 상대', '깊이 믿고 있는 사람' 등으로 바꾸어 보자. 그런 사람에 대하여 정면에서 '그 생각은 틀렸으니 고치라'고 한다면 도리어 그 상대방은 더 완고해져서 자신의 생각만 고집하게 될 것이다.
　그러므로 한 박자 늦추는 것이 좋다. 예를 들면 일단 상대방의 생각을 인정해 준다. 혹은 인정까지는 하지 않더라도 여러 가지 방법을 동원하여 상대방의 고집스런 마음을 열도록 노력한다. 마음만 열게 된다면 설득은 80%쯤 성공한 것이나 다름없다.

후림수의 미끼에 덤벼들지 마라

餌兵勿食
(이병물식) 〈九變篇(구변편)〉

　이 구절 원문을 의역하면, '후림수를 쓰는 적병에게 덤벼들면 안된다'란 뜻이다. 중국의 전쟁사에는 이 후림수 작전이 많이 나온다. 특히《삼국지》에서는 서로 후림수를 사용하여 쫓고 쫓기는가 하면 그 배후를 공격하는 등의 장면이 적지 않다.
　정사(正史)《삼국지》에서도 촉(蜀)나라의 유비(劉備)는 죽음을 맞이하게 되는 이릉지전(夷陵之戰)에서 이 후림수 작전에 나라의 운명을 걸었었다. 즉 당시 적군인 오(吳)나라에서는 먼 길을 원정 온 촉나라 장병들이 지쳐서 제풀에 쓰러지기를 기다리기 위해 수비만 공고히 하고 있을 뿐 나와서 싸우려 하지 않았다.
　이런 국면을 타개하고자 한 유비는 오나라 군진(軍陣) 바로 앞의 평지에 수천 명의 군사를 보내어 후림수 작전을 폈다. 그러다가 오나라 군단이 공격해 오면 골짜기로 이 후림수 병사들이 도망을 치고, 그곳에 복병하고 있는 8천 명의 촉나라 군사들로 하여금 오나라 군사들을 덮친다는 계략이었던 것이다.
　그런데 오나라 장군 육손(陸遜)은 촉군의 행동이 수상하다며 출격하지 않았다. 유비의 이 작전은 결국 실패로 돌아가고 말았다.
　'달콤한 이야기를 들으면 정신을 차리라.'
　이 말은 진리이다. 그러나 인간에게는 욕심이란 것이 있어서 이성을 잃고 정상적 판단을 못하여 실패하는 일이 많으니 걱정이다.

철수하는 상대는 그 길을 막지 마라

歸師勿遏
(귀사물알) 〈九變篇(구변편)〉

표제의 원문을 의역하면, '돌아가는 적은 막지 마라'는 뜻이다.
'귀심(歸心)은 화살과 같다'란 말도 있다. 철수하여 돌아가는 적군의 길을 막으면 어떻게 될까? 적군은 이판사판이 되어 죽기를 각오하고 싸울 것이다. 따라서 그런 적은 철수하도록 내버려 두는 것이 좋다. 아주 현실적인 지적이다.

서기 230년경의 삼국시대, 촉(蜀)나라의 제갈공명이 오늘날의 사천성 서남부인 한중(漢中)에서 출격하여 기산(祁山)에서 위(魏)나라 사마중달(司馬仲達)과 공방전을 벌이던 때의 일이다.

제갈공명의 촉나라 군단이 철수하기 시작했다. 이것을 본 사마중달은 부하인 장합(張郃)에게,

"어서 촉군을 추격하오!"

라고 명했다. 장합은,

"돌아가는 군단은 추격하지 말아야 한다고 생각합니다."

라며 반대했다. 그러나 사마중달은 듣지 않았다. 장합은 하는 수 없이 촉군의 뒤를 추격했다. 그리고 고지(高地)에 포진하고 있던 촉나라 복병의 공격을 받고 전사하고 말았던 것이다.

이 경우, 제갈공명의 '귀사(歸師)'는 후퇴하기 위한 철수가 아니다. 후림수 작전이었던 것이다. 사마중달이 병법의 상식을 지켰더라면 아까운 인재를 죽이지는 않았을 것이다.

궁지에 몰린 적은 반드시 도망칠 길을 터주라

圍師必闕 窮寇勿迫
(위사필궐 궁구물박) 〈九變篇(구변편)〉

위 표제어의 원문을 의역하면,
'적을 포위한 경우에는 반드시 길을 터주고 막다른 골목에 몰린 적은 가까이 추격하지 마라'
는 의미가 될 것이다. 왜 그렇게 해야 하는가?

철저하게 포위당한 적은 도망칠 길이 완전히 차단되었으므로 이판사판이라며 죽기를 각오하고 반격해올 것이다. 막다른 골목에 몰린 적도 마찬가지이고 —.

이왕 죽을 몸이라며 대드는 인간만큼 무서운 것은 없다. 죽을 각오로 반격을 해오면 이쪽이 아무리 대군이라 하더라도 상당한 손실을 입게 된다. 자칫하다가는 대역전을 당하는 일까지 있다.

그것은 현명한 전투법이 아니라고 손자는 말하고 있는 것이다.

먼저 손자의 이런 충고를 지키지 않았다가 대역전을 당하여 나라를 멸망시킨 예를 소개하겠다.

지금으로부터 약 2천 년 가까이 된 옛날, 왕망(王莽)이란 사람이 한왕조(漢王朝)로부터 제위(帝位)를 양위받는 형식을 취하여 '신(新)'이라는 왕조를 세웠는데 불과 15년도 지속해 나가지 못했다. 거듭되는 실정(失政)으로 인하여 농민들이 반란을 일으켰는데 이를 진압하려다가 실패하여 신나라는 붕괴되고 만 것이다.

그 붕괴의 방아쇠가 된 것이 왕망군과 농민반란군 사이에 벌어졌던 '곤양지전(昆陽之戰)'이었다.

　농민반란군의 주력은 원(宛) 땅을 점령하고 그곳에 본거지를 두었다. 그리고 그곳에서부터 1만 명이 채 안되는 선발대를 보내어 곤양을 점거했다.

　이에 비하여 왕읍(王邑)이란 장수를 총사령관으로 하는 정부군은 40만에 달했는데 왕읍은 우선 10만여 명의 선발부대를 이끌고 곤양을 포위했다. 이때 부사령관인 엄우(嚴尤)란 자가 왕읍에게 진언했다.

　"곤양은 소성(小城)이라고는 하지만 견고하게 수비하고 있으므로 간단히 함락되지 아니할 것입니다. 지금 반란군의 주력은 원 땅에 포진하고 있습니다. 그곳으로 대군을 보내면 겁을 집어 먹고 도망칠 것은 불을 보듯 뻔합니다. 그렇게 되면 곤양의 수비도 자연히 풀릴 것이구요."

　그러나 왕읍은 듣지 아니했다. 더욱 포위를 굳게 하고 지하도를 판 다음, 병거(兵車)를 내어 끊임없이 공격을 감행했다. 성 안의 반란군은 견디다 못해 항복할 것을 청해 왔지만 왕읍은 허락하지 않았다. 왕읍은 반란군을 맹공하여 그 뿌리를 뽑을 생각이었던 것이다.

　부사령관 엄우가 다시 진언했다.

　"병법에도 '적을 포위하면 반드시 도망칠 길을 터주라'고 했습니다. 이제 한 쪽을 터주어 적으로 하여금 탈출케 하고, 그들의 입을 통하여 우리의 전력(戰力)을 적군 모두에게 주지시키는 것이 상책일 것입니다."

　이것이 곧 손자의 사고방식이다. 그러나 힘을 과신하고 있던 왕읍은 이번에도 엄우의 진언을 받아들이지 않고, 포위망을 더욱 죄어가며 맹공을 퍼부었다.

항복을 신청했다가 거부당하고 완전 포위당한 반란군은 사력을 다해서 싸웠다.
　그리고 그럭저럭 견디어내는 사이에 반란군의 구원군이 달려왔고 앞뒤에서 협격(挾擊)하는 태세를 만들어 총반격으로 나왔다. 방심하고 있던 왕망군은 어이없게도 대패했고 도망치기에 바빴다.
　이로써 40만 대군임을 자랑하던 왕읍의 군단은 괴멸되었고 신왕조(新王朝)는 하루 아침에 몰락의 낭떠러지로 굴러 떨어졌던 것이다.
　왕읍이 엄우의 진언을 받아들이어 손자의 계책을 활용했더라면 천하의 정세는 크게 달라졌을는지도 모른다.
　손자의 이 계책은 오늘날에도 그대로 적용된다.
　사회생활, 특히 인간관계에 있어 이 '위사지계(圍師之計)'는 그 효력을 크게 발휘하는 경우가 많다. 예를 들면 남을 나무랄 때, 사소한 잘못까지 모두 들추어 내면서 잔소리를 하면, 상대는 반성을 하기는 커녕 반발할 것이다. 잘한 것은 인정을 해주면서 잘못을 지적하면 상대는 자신의 잘못을 시인하게 될 것이다.
　남과 논쟁을 벌일 때도 마찬가지이다. 상대방의 의견을 모두 부정하면 상대는 고슴도치처럼 바늘을 곤두세우고 반격해 온다. 그러다가 끝내는 감정적 대립이 되는 수도 있다.
　그러기보다는 인정할 것은 인정해 주는 편이 전략적인 논의로 발전하는 법이다. 일부러 자신 쪽에 틈새를 만들어가지고 상대방을 유인하는 고등전법(高等戰法)까지도 염두에 두어야 할 경우가 있을 것이고 —.
　어쨌든 '궁해진 쥐는 고양이 낯짝을 문다'는 속담을 깊이 명심할 일이다.

'이것만은 해서는 안된다'라고 하는 브레이크를……

塗有所不由
(도유소불유) 〈九變篇(구변편)〉

위 표제어의 원문을 번역하면, '길은 지나가기 위해 있는 것이지만 지나가서는 안될 길이 있다'란 의미이다.

우리는 무엇인가를 하는 경우, 그것에 대해서 하나하나 깊이 생각하고 행동에 옮기는 것은 아니다. 습관 또는 타성·상식·선례(先例) 등등에 의해서 행동하는 수가 많다.

길이 있으면 그것은 당연히 지나갈 수 있는 것이고, 지나가야 하는 것으로 알고, 지나가려고 한다. 그런데 그 점이 위험하다. 다시 생각해 보라고 손자는 말하는 것이다.

실은 이 말은 다음 항(項)의 '성(城)도 공격하지 말아야 할 곳이 있다(城有所不攻)'라는 항 등의 이치를 설명하기 위한 전제인데 독립시켜서 설명해도 그런대로 설득력을 지니고 있다.

인간이란 길이면 어느 길이든 다 지나갈 수 있다고 생각하기 쉽다. 그러나 지나고 보면 탄탄대로를 두고, 가시덤불길을 걸어온 예가 적지 아니하다. 실은 그 길이 지름길인 줄 알았는데 그렇지가 않은 예가 있다는 말이다.

기업을 경영하는 사람 중에는 우리 회사에서는 이런 일은 해서는 안된다고 정해 놓고 있는 사람이 있다. 기업이라면 이익을 추구하는 것이 '길'이겠는데 아무리 돈이 벌려도 해서는 안되는 일이 있다는 것을 알아야겠다.

수단에 구애되어 목적을 잊지 마라

城有所不攻
(성유소불공) 〈九變篇(구변편)〉

위 표제어의 원문을 번역하면, '성(城)에도 공격하지 말아야 할 성이 있다'란 뜻이다.

길에도 지나가지 말아야 할 길이 있듯이 성에도 치지 말아야 하는 성이 있다. 그것은 어떤 성일까?

첫째는 수비가 너무 견고하여 공격을 감행하는 경우, 이쪽에 막대한 손실이 있을 가능성이 있는 성이다. 먼저 전략적 가치가 없는 성이라면 그대로 방치하고 진군을 계속할 일이며 수비가 견고한 성이라면 아군의 원군이 도착할 때까지 기다릴 일이다.

진(秦)나라의 폭정이 극에 달하자 각처에서 반기를 들고 일어난 호걸들이 진나라 수도였던 함양(咸陽)을 향하여 돌진해 갔다. 그 반군 가운데 군세(軍勢)가 제일 강한 것은 항우(項羽)였고 그 다음이 유방(劉邦)이었다. 그들은 누구든 함양에 먼저 입성하는 자가 관중(關中)의 넓은 땅을 차지하기로 약정했는데 유방은 우회(迂回)하면서도 항우보다 먼저 함양성에 들어갔다. 유방은 어떤 전략을 썼기에 먼저 입성할 수 있었을까?

이때 유방이 쓴 전술이 바로 표제에서 강조한 전략이었다. 즉 그는 웬만한 성은 거들떠보지도 않고 전략적 요충지의 성만을 공격하여 전진했던 것이다. 《손자》〈모공편(謀攻篇)〉에도 '부득이한 경우에만 성을 공격하라(攻城爲不得已)'란 명구가 있다.

의미가 없는 싸움은 하지 마라

地有所不爭
(지유소부쟁) 〈九變篇(구변편)〉

전체의 국면(局面)을 보지 않고 일부만 보다가는 실패한다.
이와 마찬가지로 그것은 무엇을 위함인가, 무엇을 위해 그렇게 하는 것인가를 끊임없이 스스로 묻지 않으면 아무리 노력을 하더라도 아무 쓸모도 없게 된다.
표제어의 원문을 의역하면, '토지는 쟁탈의 적(的)이 되지만, 싸워서 빼앗아도 의미가 없는 토지가 있다'란 의미이다.
이 구절은 '길도 지나가지 말아야 할 길이 있다'로 시작하여 '성(城)도 공격하지 말아야 할 성이 있다' 등과 함께 일련의 공식으로 되어 있으며 그 취지는 모두 마찬가지이다.
프랑스 황제 나폴레옹에 의한 러시아 원정의 실패는 그 공식의 증례(證例)이다. 1812년, 그는 70만 대군을 이끌고 러시아 원정을 결행하여 모스크바를 점령했다. 러시아가 나폴레옹의 금령(禁令)을 깨고 영국과 통상을 재개했다 하여 분노한 나머지 취한 조치이다.
나폴레옹은 모스크바를 점령하면 러시아가 복종할 것이라고 생각했는데 당시 아직 근대국가의 틀을 갖추고 있지 못했던 러시아로서는 모스크바가 중추적 기능을 하는 곳이 아니었다. 그리고 러시아인의 저항심을 강하게 불러 일으키어 점령의 의미가 없었다. 그 결과 격렬한 저항과 대대적인 방화, 식량난, 한파 등으로 총퇴각했으며 10만여 명의 포로를 내어 나폴레옹은 몰락하고 말았다.

임금의 명령에도 복종하지 않아야 하는 경우도 있다

君命有不受
〈군명유불수〉〈九變篇(구변편)〉

이 구절의 원문을 의역하면, '비록 군주의 명령일지라도 따르지 말아야 하는 경우가 있다'란 뜻이 되겠다.

예로부터 중국에서는 군주의 권력은 절대적인 것이었다. 수십 명의 순사자(殉死者)를 군주의 무덤에 생매장한 제왕의 능에서부터 청왕조(淸王朝)의 거대한 궁궐에 이르기까지, 그 유적들이 군주의 엄청난 권력을 대변해 주고 있다. 그랬던 만큼 저항하는 세력도 강했으리라. 반역까지는 하지 않더라도, 군주가 도리에 맞지 않는 언행을 한다면 신하들은 그것이 비록 군명(君命)이러라도 받아들이지 않았던 고집불통의 사람도 많았다.

춘추시대 제(齊)나라의 사관(史官)은 군주와 그의 총신(寵臣)의 부정(不正)을 곡필(曲筆)하지 않고 적나라하게 기록했다가 죽음을 당했는데, 규정에 따라 사관의 직책을 이어받은 그의 동생도 죽음을 당했다. 그리고 다시 그의 막내 동생도 사실을 그대로 기록했는데 그때서야 군주도 권력자도 사실(史實)의 말살을 단념했다고 했을 정도이다. 손자의 경우는 이런 이념과는 다소 다르며 일종의 '군주기관설(君主機關說)'에서 유래하고 있다. 국가가 절대이며 군주는 그 기관이다. 그러므로 국가라든가 군(軍)을 위한 것이 아니라면 군주의 명령도 받아들이지 말아야 한다는 것이다. 오늘날의 기업에서도 간혹 통용되는 사고방식일 것으로 생각된다.

임기응변을 모르면 이론을 살려나가지 못한다

將不通九變地利者 雖知地形 不能得地之利也
(장불통구변지리자 수지지형 불능득지지리야) 〈九變篇(구변편)〉

　이론과 경험에 대한 문제이다.
　이론은 해도(海圖)와 같은 것으로서 인생의 항해에서도 빼놓을 수가 없다. 해도가 없는 항해는 실패만 거듭하는 수밖에 없다. 그럼 해도만 가지고 있으면 안전한가 하면 그렇지도 않다. 그것에 더하여 경험이 있어야 비로소 안전한 항해가 보장되는 것이다.
　이론과 경험은 수레의 양쪽 바퀴와 같은 것인데 실제로 이 두 가지를 몸에 익히고 있는 사람은 드물다. 이론가는 경험이 모자라고 경험에 의존하는 사람은 이론을 경시하기 쉬운데, 모두 다 바람직한 일이 아니다.
　제갈공명(諸葛孔明)이 첫 번째 원정길에 나섰을 때 마속(馬謖)이란 젊은 참모 장교를 선발대의 사령관에 기용했다.《삼국지》에 의하면 마속의 간청에 의해 기용했던 것인데, 이때 마속은 가정(街亭)에서 위(魏)나라 대군과 접전을 벌이게 되자 나지막한 언덕 위에 포진을 하고 적군을 영격하기로 했다.
　그것을 보고 왕평(王平)이라는 뛰어난 부장(副將)이 병법에 맞지 않는 포진을 한다면 반대 의견을 제시하고 이렇게 말했다.
　"장군, 차라리 이 길쪽에 포진을 하면 적군이 아무리 대군이라 하더라도 막을 수가 있습니다. 이런 요충지를 버려두고 하필이면 언덕 위에 포진을 하고자 하십니까? 그러다가 만약 적군에게 포위당하기라도 하는 날에는 어쩌자는 것입니까?"
그러나 마속은 듣지 않았다.
"모르는 소리요. 병법에도 '높은 곳에 진을 치고 내려다 보면 그 기세가 마치 대나무를 쪼개는 것과 같다'고 했잖소. 저 언덕 위에 포진하는 것이 왜 나쁘다는 게요?"
"장군, 저 언덕은 만약의 경우 퇴로(退路)가 없는 절지(絶地)입니다. 만약 포위당하면 물을 공급받을 수 없을 것인즉 그야말로 싸우지도 못한 채 손을 들어야 합니다."
"무슨 말을 하는 게요? 《손자병법》에도 '군사를 사지(死地)에 두어야 살릴 수 있다고 하지 않았소? 물의 보급까지도 끊어져야 우리 군사들은 죽을 각오로 싸울 것이외다. 그대는 조금도 걱정할 것 없소."
마속은 왕평의 반대를 무시한 채 언덕 위로 올라가서 진을 쳤다. 위나라 대군이 밀물처럼 밀려오더니 그 언덕을 완전히 포위하고 물길을 끊어 버렸다. 마속의 군사들은 물을 길러 나갔다가 위나라 군사에게 죽음을 당했고, 혹은 사로잡혀 갔다. 그러던 끝에 마속의 선발대는 대패를 하고 말았다.
제갈공명은 도망쳐 온 마속을 군법에 따라 눈물을 흘리면서 참형(斬刑)에 처했다. 이 일로 인하여 '읍참마속(泣斬馬謖)'이라는 유명한 고사성어가 생겨났거니와, 그렇다면 마속은 병법에 어두웠던 것일까? 그렇지 않다.
그는 오히려 다른 장군들보다 병법 이론에 훨씬 밝았었다. 이상은 《삼국지연의(三國志演義)》에 나오는 이야기이고 정사(正史) 《삼국지》에는 마속이란 사람의 인물됨됨이에 대하여
'재주는 보통사람보다 뛰어나고 즐겨 군계(軍計)를 논하다'
라고 평하고 있다. 대단한 병법 이론가였던 것이다.

포진과 지형(地形)의 문제에 있어서도 《손자》 병법서에는,
'군(軍)을 포진시키는 데는 얕은 곳을 피하고 높은 곳을 택해야 한다.'
'고지(高地)에 포진한 적은 공격해서는 안된다'
라고 명기되어 있다.

마속은 병법 이론에 아주 충실한 포진을 했고, 그리고 패배했던 것이다. 이론상으로 잘못된 것은 아니다. 경험이 부족했던 마속은 이론을 교조적(敎條的)으로 익히고 있었을 뿐, 그것을 임기응변으로 활용하지 못했었다. 이론가의 비극이라고 해도 좋다.

마속의 실패는 오늘날에도 흔히 일어나고 있다. 그것을 피하기 위해서는 이론을 습득함과 동시에 실전(實戰)의 체험을 쌓아나가는 데 게을리 말아야 한다.

참고로 표제어의 원문 중 '구변(九變)'에 대하여는 예로부터 여러 해석이 있었다.

구체적으로 9가지 항목을 만들어낸 학자도 있었는데 그것은 무리가 많다.

'구(九)'는 구체적인 수(數)가 아니라 무한을 뜻하고 있으며, 따라서 '구변(九變)'은 '무한한 변(變)'이라고 해석하는 것이 옳다. 그럼 또 이 '변(變)'이란 무엇인가? 이것은 '정(正)'이라든가 '상(常)'이 아닌 것을 의미한다. 알기 쉽게 비유하다면 야구시합에서 투수가 던지는 직구(直球)에 비하여 변화구(變化球)인 것이다.

'길도 지나가지 말아야 할 길이 있다.' '토지도 쟁취하지 말아야 할 토지가 있다' 등등의 병법이 곧 '변'이다. 그런 것을 무한히 하는 것이 '구변'이며 이는 이론에 대한 경험을 바탕으로 무한한 임기응변을 하라는 의미인 것이다.

운(運)을 하늘에 맡기기 전에 해야 할 일

無恃其不來 恃吾有以待也. 無恃其不攻 恃吾有所不可攻也
(무시기불래 시오유이대야. 무시기불공 시오유소불가공야)〈九變篇(구변편)〉

손자는 계속해서 이렇게 말하고 있다.
'적군의 공격이 없을 것을 기대하지 말고 적에게 공격할 틈을 주지 아니하는 아군의 수비를 믿어야 한다.'
유비무환(有備無患), 즉 만전의 태세를 견고하게 갖추고 있으라는 말이다. 이것 또한 전쟁뿐만 아니라 모든 일에 적용되는 철칙이라고 해도 좋다. 단, 그런 때에 유의해야 할 일이 두 가지 있다.
첫째는 희망적 관측에 빠져들어서는 안된다는 점이다. 진짜로 만전의 태세인지 아닌지는 피아간(彼我間)의 역관계(力關係)에 의해서 결정된다. 자신은 만전이라고 생각하더라도 상대방이 이쪽의 예상을 상회하는 규모로 공격을 가해 온다면 그것은 결코 만전의 수비라고 할 수 없다. 그런 의미에서는 무적함대(無敵艦隊)라든가 무적부대라는 등의 발상은 오만에 지나지 않는 것이다.
그러한 희망적 관측에 빠져들지 않기 위해서는 철두철미하게 피아간의 전력을 분석 검토하지 않으면 안된다.
두 번째는 요행을 기대해서는 안된다는 점이다.
입수 가능한 모든 정보를 종합하고 철저하게 검토를 했다 하더라도 '그것은 하느님만이 알 수 있어'라는 불확정적 영역은 남게 마련이다. 인간이 하는 일에 완벽이란 있을 수가 없기 때문이다.
그러나 해야 할 일을 태만히 하고 처음부터 하느님의 가호를 기대하는 것은 논외(論外)이다. 그런 발상은 애시당초부터 머리 속에서 지워 버려야 한다.

요컨대 하느님에게 맡기는 영역을 가급적 적게 하는 노력이 필요한 것이다. 그런 노력은 태만하게 하면서 운을 하늘에 맡긴다면 하늘도 도와주지 않을 것이다. 사람으로서 할 일을 충분히 하고 난 다음에 하늘에 의지하여야 하늘도 미소를 지을 것이니 말이다. '진인사대천명(盡人事待天命)'이란 말도 있지 아니한가 —.

《손자》와 쌍벽을 이루는 병법서인 《울요자(尉繚子)》에도 하늘에 의지하는 것과 점치는 것에 의존하는 것을 경계하면서 이렇게 말하고 있다.

'여기 동쪽과 서쪽에서 공격을 해도 함락시키지 못하고 남쪽과 북쪽에서 공격을 해도 떨어뜨리지 못하는 성(城)이 있다고 하자. 천문방위(天文方位)의 설에 따르면 네 방향 중 어느 한 방향은 좋은 방향일 것인즉 함락시킬 수 있어야 한다.

그렇지만 현실적으로 함락이 안되는 것은 어찌된 일일까? 그것은 다름이 아니라 성벽은 높고 도랑이 깊으며 무기와 식량을 충분히 저장하고 있고, 성 안에서는 강력한 군사들이 힘을 합치어 굳게 지키고 있기 때문이다. 만약 이런 상황과는 반대로 성벽이 낮고 도랑도 얕으며 수비가 불완전하다면 어느 방향에서 공격하더라도 함락시킬 수 있을 것이다. 이것만 보아도 알 수 있듯이 아무리 천문점(天文占)을 쳐본다 하더라도 사람이 힘을 다 쏟는 것만 같지 못하다. 황제(黃帝)도 "하늘에 빌기 전에 내 지혜를 활용하라"고 하지 않았는가?'

2천여년 전의 병법서인 《손자》도 《울요자》도 합리적 사고방식으로 일관하고 있다. 우리는 이런 점에서 배우지 않으면 안되겠다.

필사적인 자신이 되지 말고, 필사적인 부하를 만들라

必死可殺也, 必生可虜也
(필사가살야, 필생가로야) 〈九變篇(구변편)〉

손자는 장수된 자가 빠지기 쉬운 위험성으로 이 두 항목을 들고, 또 덧붙이어,
1. 조급히 굴면서 화를 내는 것.
2. 청렴결백에 구애되는 것.
3. 동정심을 지나치게 갖는 것.

등을 든 다음,
'이상 5항목은 모두 전쟁을 수행해나가는 데 있어 방해가 되는 것들이다. 군(軍)을 괴멸시키고 장수를 죽음으로 몰아넣는 것은 반드시 이 5항목의 위험성들이다. 충분한 고려를 하지 않으면 안된다'
라며 주의를 환기시키고 있다.

'필생(必生)'은 이해가 간다. 하지만 살겠다며 발버둥만 친다면 과감한 작전행동을 펼 수가 없어서 도리어 적군에게 당하고 만다.

한편 '필사(必死)'는 왜 안 좋은 것일까? 필사적으로 싸우는 것이야말로 장수된 자의 책무가 아니던가. 손자에게 묻는다면, 그렇게 해가지고는 장수로서는 실격(失格)이라고 대답한다. 왜냐하면 장수된 자는 어떤 사태에 놓이더라도 냉정한 태도를 잃으면 안되며, 전국적(全局的)인 판단을 하면서 행동해야겠기 때문이다. 자기자신이 필사적이 되어 싸우는 것보다 오히려 부하들로 하여금

필사적이 되도록 하는 것이 장수된 자의 책무라는 것이다.

손자는 이에 앞서 임기응변의 전투법을 강조했는데 그 문제에 대하여 더욱 구체적으로 말한 바 있다.

1. 비지(圮地), 다시 말해서 행군을 하기 곤란한 곳에는 군을 주둔시키지 말아야 한다.

2. 구지(衢地), 즉 여러 외국의 세력이 침투하고자 다투고 있는 곳에서는 외교교섭에 중점을 두어야 한다.

3. 절지(絶地), 다시 말해서 적국의 영토 깊숙이 진공했을 때는 장기간 주둔하지 말아야 한다.

4. 위지(圍地), 즉 적군의 두터운 포위망에 걸려들어서 진퇴가 모두 어려운 때는 교묘하게 계략을 써서 탈출을 꾀하여야 한다.

5. 사지(死地), 다시 말해서 도저히 어찌할 수 없는 위기에 빠져 있을 때는 용전(勇戰)이 있을 뿐이다.

즉, 어떤 경우에도 용전하는 게 좋다는 것은 아니다. 따라서 자기가 어떤 정황에 놓여 있는 지를 냉정하게 판단하고 그 정황에 맞는 전투법을 선택·감행하지 않으면 안된다. 그것이 장수된 자의 책무인데, 그렇게 하기 위해서는 필생(必生)도 필사(必死)도 그 저해(沮害) 조건이 되는 법이다.

현대에도 평사원일 때는 일을 척척 처리해내어 유능하다는 평을 받던` 사람이 관리직에 승진하면 기대한 만큼 성적을 올리지 못하는 사람이 있다.

이런 인물은 대개 자기 혼자서 필사적으로 일에 열중할 뿐, 부하들을 필사적으로 일하도록 만드는 능력이 결여되어 있기 때문이다. 이렇게 되면 관리직으로서는 실격이라고 할 수밖에 없다.

장수된 자는 어디까지나 냉정한 판단력을 잃지 않고 부하들로 하여금 필사적인 전투를 하게끔 만드는 인물이 되어야 한다.

사람을 움직이는 데는 타이밍이 중요하다

敵絶水而來 勿迎之於水內. 令半濟而擊之利
(적절수이래 물영지어수내. 영반제이격지리)〈行軍篇(행군편)〉

　손자는 행군시의 마음가짐에 대해서 많은 것을 논하고 있는데 예를 들면 지형(地形)에 따라 상당히 구체적으로 설명하고 있다. 그것은 대단히 합리적이어서 과연 그렇겠구나라며 공감을 하게 되는데, 특별히 이렇다할 만한 것은 없다. 그런 가운데서도 이 항(項)은 상당한 함축성이 있다 하겠다.
　표제의 원문을 의역하면,
　'적군이 강을 건너려고 하면, 아직 강가에 있을 때는 못본 체하
　다가 강심(江心)쯤 건넜을 때 공격하는 것이 효과적이다'
란 의미이다. 원문 중 '수내(水內)'는 물속이 아니라 적군 측에서 볼 때 강 앞, 즉 강가이다.
　이 단계에서 서둘러 공격을 해서는 안된다. 그러면 적은 물러갈 수도 있다. 그러는 것보다는 강심에까지 왔을 때 공격을 가하면 적은 오도가도 못하게 된다. 그런데 이 항(項)의 말을 뒤집으면 사람을 움직이는 타이밍이 되는 것이니 재미가 있다. 즉 남에게 무언가를 시키고자 할 때는 적을 공격하는 경우와는 반대로 시작하기 전 (강가에 있을 때), 충분한 설명을 할 일이다. 그리고 하기 시작했으면(강심에 왔을 때) 이러쿵저러쿵하는 잔소리를 삼가야 한다.
　처음에 설명을 하지 않고서, 도중에서야 이래라 저래라 하면 따르기가 매우 어려워진다.

하고자 하는 마음을 일으키게 하는 '귀양지계'

凡軍好高而惡下 貴陽而賤陰
(범군호고이악하 귀양이천음) 〈行軍篇(행군편)〉

　이것은 본디 군(軍)을 주둔시키는 장소의 적합한 곳과 부적합한 곳을 든 것이다. 먼저 고지(高地)가 바람직하고 저지(低地)는 좋지 않다고 한다. 행동의 자유, 조망(眺望)의 조건, 병사들의 건강 등 모든 점에서 고지 쪽이 좋을 것은 당연하다. 저지대는 특히 비라도 쏟아지는 날에는 큰 낭패일 수밖에 없다.
　다음으로 양지(陽地)가 좋고 음지(陰地)는 나쁘다고 했다. 고대 중국에서는 강의 북쪽 및 산의 남쪽을 양지로 쳤다. 하남성(河南省)의 '낙양(洛陽)'은 낙하(洛河)의 북쪽 강가라는 뜻이다. 또 섬서성(陝西省)의 서안(西岸) 대안(對岸)에 있는 함양(咸陽: 秦나라 도읍이었던 곳)은 위하(渭河) 북쪽, 섬북고원(陝北高原) 남쪽에 있는데 이곳은 어디서 보더라도 모두(咸: 咸은 모두라는 의미이다) 양(陽)에 상당한다는 의미로 지은 도시 이름이다.
　그러나 이 병법은 포진의 방법에서 더 나아가 사람에게 하고자 하는 마음을 일으키도록 만드는 방법으로 활용되어 왔다. 양기(陽氣)인 것은 좋아하고 음기(陰氣)인 것은 싫어한다. 양은 사람들을 그 방향으로 나아가게 만들고 음은 사람들을 뒷걸음질치게 만든다. 인간은 대부분의 동식물과 마찬가지로 향양성(向陽性)이다. 소극적인 면만 강조하면서 주춤거리기보다 적극적인 면을 강조하여 하고자 하는 마음을 일으키게 하는 것, 이것이 '귀양지계'이다.

징조를 잘 살피어 대책을 세우라

上雨水沫至 欲涉者待其定也
(상우수말지 욕섭자대기정야) 〈行軍篇(행군편)〉

위 표제어의 원문을 의역하면, '상류(上流)에서 비가 내리어 수면(水面)이 일렁이면 그것이 멎을 때까지 도강하지 말고 기다리라'는 의미가 된다.

길을 걸어갈 때 모퉁이를 돌면 어떤 장애물이 있을까? 또는 내일은 어떤 일이 일어날까? 등등을 예측하기란 매우 어렵다.

그러나 사물에는 대개 조짐, 즉 징조란 것이 있게 마련이다.

참고로 '조(兆)'란 글자는 미래 예측과 관계가 깊다. 고대 중국에서는 짐승의 뼈라든가 거북의 등딱지를 불에 태우고 그 갈라진 금[線]의 상태를 보고 점을 쳤다. 그 갈라진 금 모양이 상형문자화(象形文字化)된 것이 바로 조(兆)라는 글자인 것이다.

그야 어쨌든 조짐을 알아차리느냐, 알아차리지 못하느냐가 실로 운명의 갈림길이 된다. 조짐을 알아차리려면 주의 깊은 관찰, 변화에 대한 감도(感度), 그리고 사물에 대한 깊은 지식, 이 세 가지가 갖추어질 때 비로소 가능해진다.

손자가 말하고 있는 도강(渡江)의 마음가짐도 물의 흐름을 잘 관찰하되, 이상(異常)을 느끼는 감도(感度)와 상류에서 어느 정도의 비가 내렸는지의 정보 등을 갖추어야 한다고 지적하고 있다. 변화의 시대를 살아가는 우리로서도 이 세 가지 요소는 갖추고 있어야겠다.

산(山) · 천(川) · 습지 · 평지에서의 포진법

凡處軍相敵絶山依谷 視生處高戰隆無登. 此處山之軍也
(범처군상적절산의곡 시생처고전륭무등. 차처산지군야) 〈行軍篇(행군편)〉

 이 구절의 원문을 의역하면, '산지(山地)에서 싸우는 경우, 산을 넘은 다음에는 골짜기 남쪽의 시야가 넓은 고소(高所)에 포진하라. 고소의 적과 싸울 때는 이쪽에서 올라가지 말고 적을 끌어내리는 것이 좋다'란 의미가 된다.
 포진하는 방법과 그곳에서 싸우는 방법을 논한 것으로서 이것은 실로 합리적이어서 특별한 설명이 필요치 않겠다.
 손자는 이 구절에 이어서 강가와 소택(沼澤), 평지 등에 대한 포진법도 설명하고 있다.
 강가에서 도강하려는 적과 싸우는 데는 그들이 강심에까지 왔을 때 개전하라고 했다(앞의 項). 또 수상전은 하류에 있으면서 상류에서 내려오는 적과 싸우지 말라고 했다. 습지(濕地)는 가급적 빨리 통과해야 하는데 부득이하여 습지에서 싸워야 할 때는 수초를 이용하여 엄폐하라고 한다.
 평지인 경우에는 '이(易)'에 위치하라고 했다. 이것은 행동하기 쉬운 장소란 뜻이리라. 그리고 '우후방(右後方)이 높직한 곳에 진을 치라'고 했는데 이 대목은 이해하기가 어렵다. 예로부터 진설기설(珍說奇說)이 전해 오는데 좌전방(左前方)에서 오는 적이라면 활 쏘기가 쉬울 것이라는 해석도 있다. 그러나 그렇다면 우후방에서 오는 적은 어떻게 하란 말인지…… 대답이 궁해진다.

행동하기 어려운 곳에서는 속히 떠나라

凡地有絕澗 天井天牢天羅天陷天隙 必亟去之 勿近也. 吾遠之 敵近之 吾迎之 敵背之
(범지유절간 천정천뢰천라천함천극 필극거지 물근야. 오원지 적근지 오영지 적배지) 〈行軍篇(행군편)〉

행동하기 어려운 지형의 예를 들면서 그런 장소에는 가까이 가지 말라고 충고한다. 그리고 그것뿐만 아니라 적군을 그런 곳으로 유인해 들이고 또는 그런 곳으로 밀어붙이라는 말이다. 아군에게 불리한 조건을 적군에게 전가시키고, 그것을 아군의 유리한 무기로 삼으라는 권유를 하고 있다.

또 이런 지형인 곳에서 싸우는 데는 그것을 등에 지고 있는 적군에게 공격을 가하라고 했다. 즉 적군을 아군과 천험(天險)한 지형 사이에 몰아넣으라는 것이다.

그럼 행동하기 어려운 지형은 어떤 곳일까?

첫째, 절간(絕澗), 즉 높고 가파른 절벽에 둘러싸인 깊은 계곡. 둘째, 천정(天井), 즉 밖은 높고 가운데는 낮고 깊어서 우물처럼 생긴 곳. 셋째, 천뢰(天牢), 즉 험난하고 높은 산. 넷째, 천라(天羅), 즉 숲과 나무들이 가로세로로 걸쳐 있으며 갈대와 풀들이 가려져 있는 곳. 다섯째, 천함(天陷), 즉 물이 괸 수렁. 수레와 말이 빠져들어 움직이기 어려운 곳. 여섯째, 천극(天隙), 즉 길이 좁고 위태로우며 땅바닥에는 깊은 웅덩이가 많이 패여 있는 곳.

밀려면 먼저 당기고, 당기려면 먼저 밀라

辭卑而益備者 進也. 辭詭而强進驅者 退也
(사비이익비자 진야. 사궤이강진구자 퇴야) 〈行軍篇(행군편)〉

이 구절의 원문을 의역하면, '적군의 군사(軍師)가 아첨하는 말을 하면서 한편으로는 착착 수비를 굳히고 있는 것은 실은 진격할 준비를 하고 있는 것이다. 반대로 적군의 군사가 강경하게 말하며 당장에라도 공격할 것처럼 을러대는 것은 실은 후퇴할 준비를 하고 있는 것이다'란 의미이다.

이 밖에도 손자는 적정(敵情)을 파악하고 적군의 동향을 알아내기 위한 방법을 몇 가지나 들고 있다. 먼저 그 일부를 소개한다. '적군이 아군측 가까이에 접근하면서 조용히 있는 것은 험준한 지형을 믿고 있는 것이다. 대진을 하고 있는 중에 갑자기 강화할 것을 청하는 것은 어떤 계략을 쓰고자 하는 것이다. 적군이 나왔다가는 물러서고 물러났다가는 나오는 것은 이쪽을 유인해 내려는 것이다.'

이런 것들은 모두 적군의 의도를 알아내는 데 단서가 되는 요인이며 그 수법은 현대에도 그대로 통용된다. 상대방은 반드시 적(敵)이어야 할 필요는 없다. 교섭을 하는 상대라고 해도 좋고 또 넓게 생각하여 모든 인간관계라고 해도 좋다. 오늘날에도 충분히 응용할 수 있다는 점을 알게 될 것이다.

손자가 여기서 말하고 있는 '나왔다가는 물러가고 물러갔다가는 나오는 것'은 전쟁에 있어서의 술책이다. 그러나 이런 술책은 아주 초보적인 단계에 지나지 않는다.

이것과 비슷하면서도 단수가 높은 책략이 얼마든지 있다. 예를 들자면 《병법삼십륙계(兵法三十六計)》에서 소개하고 있는 '성동격서(聲東擊西 : 동쪽에서 소리치고 서쪽을 공격한다)' 등도 그 한 가지이다. 이것은 어떤 전략인가?

첫째, 우선 동쪽을 치는 척하면서 양동작전을 전개한다.

둘째, 그것에 넘어가 적군이 동쪽으로 이동하여 수비를 굳히면 서쪽이 허술해지게 마련이다.

셋째, 수비가 허술해진 서쪽을 즉시로 공격한다.

"뭐야? 그런 것쯤 누가 모를까봐."

라고 말하는 사람이 있을는지 모르겠다. 그러나 사전에 그런 계책이 있다는 것을 파악하고 있지 않았다가는 그런 술책에 간단히 걸려들고 만다. 그렇게 되면 조직을 맡고 있는 리더로서는 실격(失格)이라고밖에 할 수 없다.

손자가 말하고 있는 것은 이 '성동격서'보다 훨씬 단순한 술책이다. 그러나 단순하기 때문에 걸려들지 않을 것이라고 생각한다면 큰 오산이다. 그런 술책이 있다는 것을 충분히 파악하고 있지 못하다가는 모처럼 승기(勝氣)를 얻었다가 수포로 돌릴 수도 있고 큰 손해를 자초할 수도 있다. 난세를 살아가면서 살아남는 영지(英智)를 설파해 놓은 《노자(老子)》란 책에도,

'그것을 뺏고자 하면 반드시 그것을 내주라(將欲奪之 必固興之)'

라고 했는데 손자의 발상도 이것과 똑같다 해도 좋다. 손자가 하고 싶었던 말을 이쪽 입장에서 한다면 다음과 같은 것이 될 것이다.

1. 밀어내고자 하거던 먼저 잡아 끌라.
2. 잡아 끌고자 하거던 먼저 밀어내라.

중후(重厚)한 리더는 어떻게 해야 생겨나는가?

軍擾者 將不重也
(군요자 장부중야) 〈行軍篇(행군편)〉

위 표제어를 의역하면, '군(軍)에 통제가 결여되어 있는 것은 장수된 자의 무게가 없기 때문이다'란 의미가 되겠다.

조직을 살려 나가는 것도, 죽이는 것도 조직을 맡고 있는 리더의 역량에 달려 있다. 리더의 책임은 실로 막중한 것이다. 그러나 우리나라의 사회는 탁월한 명(名) 리더를 만들어내지 못하는 사회인 것 같다.

역사를 통해서 볼 때 우리나라의 병사들은 1급이란 평을 받은 적이 많건만 장수의 질은 그렇지 못했었으니 말이다. 이런 체질은 근대에 들어서서도 변하지 않고 있다. 70년대 이후 눈부신 경제성장을 이루어낸 것은 제1선에서 분투 노력한 병사(兵士 : 근로자)들에 의한 것이지 몇몇 사람의 빼어난 지도자에 의한 것은 아니었다. 리더가 해낸 것이 아니라 병사들의 질이 좋았기 때문인 것이다.

왜 우리나라에는 명 리더가 나오지 않는 것일까?

중국 사람들은 개인적으로는 강인하지만 집단적 행동이 되면 그렇지 못한 면이 있다. 방치해 두면 금방 뿔뿔이 흩어져서 단체 활동을 하기 어렵다. 즉 조직에 대한 귀속 의식이 아주 약하다는 말이다.

그런 사람들을 조직 속에 하나로 묶어 놓고, 조직을 위해 하고

자 하는 마음을 가지도록 하는 데는 보통 이상의 통솔력을 필요로 한다. 그런 어려운 점이 도리어 명 리더를 만들어내는 소지가 된 것으로 생각된다.

이에 비하여 우리나라 사람은 개인적으로는 나약하지만 집단행동에 있어서는 상당한 강점을 보이고 있다. 역사적으로 볼 때 숱한 외침(外侵)을 당하면서도 국민 전체가 궐기하여 역경을 이겨냈고 현실적으로 보아도 천재지변 등 큰 위기를 당하면 온 국민이 뜻을 모아 슬기롭게 대처해 왔다. 조직에 대한 귀속 의식도 상당히 강하다. 이런 속에서는 뛰어난 통솔력을 발휘하지 않더라도 국민 전체를 하나로 묶어 놓을 수가 있다.

통솔력이 뛰어난 명 리더가 생겨나지 않는 원인은 이런 점에도 있는 게 아닌가 하는 생각이 든다. 즉 리더로 활약하기에 너무 좋은 환경이 반대로 명 리더가 생겨나지 못하게 만든 것이다.

국내에서 겨루어야 하는 일쯤에는 앞으로도 명 리더가 나오지 않을는지도 모른다. 그러나 앞으로는 세계화시대—. 한 발짝만 나라 밖으로 나가도 사정은 달라진다. 명 리더를 가지고 있지 못하기 때문에 국가적으로 치명적인 손해를 보는 일이 있을는지도 모른다. 우리나라가 안고 있는 앞으로의 과제는 나라 밖에 나가서도 통용될 수 있는 훌륭한 리더를 양성하는 일일 것이다.

참고로 여기서 말하는 '무게' 또는 '중후(重厚)'함이란 착실하게 조직을 관장하고 있는 상태를 의미한다.

그것은 《노자(老子)》에서, '무거운 것은 가벼운 것의 근본이 되고 고요한 것은 시끄러운 것의 지배자가 된다.……그러니 어찌 천하의 임금이 되어 가지고도 자신을 천하보다 가벼이 할 수 있겠는가? 가벼이 하면 근본을 잃게 되고 시끄럽게 행동하면 임금 자리를 잃게 된다'라고 말한 것과 같은 내용이다.

상벌(賞罰)을 남용하는 것은 정체상태에 있다는 것을 뜻한다

屢賞者 窘也. 數罰者 困也
(누상자 군야. 삭벌자 곤야) 〈行軍篇(행군편)〉

위 표제어의 원문을 번역하면,
'상을 난발하는 것은 정체 상태에 빠져 있다는 증거이고 벌을 많이 주는 것은 막다른 길에 막혀 있다는 표시이다.'
라는 뜻이 되겠다.

조직관리의 요체(要諦)는 신상필벌(信賞必罰)이다. 상을 주어야 할 경우에는 상을 주고 벌을 주어야 할 때에는 처벌하는 것이다. 이것이 없다면 통제된 조직을 만들어낼 수가 없다.

조직관리의 최고 지침서라고도 할 수 있는 《한비자(韓非子)》란 책에는 상과 벌에 대하여 다음과 같이 적고 있다.

'명군(明君)은 두 개의 자루[柄]만 쥐고 있을 뿐, 그것으로 신하를 통제한다. 두 개의 자루란 무엇인가? 형(刑)과 덕(德)이다. 형덕이란 무엇인가? 형이란 벌을 가하는 것이요, 덕이란 상을 주는 것이다.

벌을 두려워하고 상을 기뻐하는 것은 모든 신하가 똑같다. 군주가 이 두 개의 자루를 잡고 있으면 때로는 부추기기도 하고 때로는 위협도 해가면서 신하를 마음대로 다루어나갈 수 있다.

군주는 상과 벌이라고 하는 두 개의 자루로 신하를 통제하고 있다. 만약 군주가 이 두 개의 자루를 내주어, 신하가 이것을 사용케 하면, 군주는 역으로 신하에 의해 통제를 받게 된다.
 죽음을 당하기도 하고 지위를 위협받기도 하며, 혹은 귀가 가리워지고 눈도 가리워져서 실권을 잃은 군주는 상벌, 두 개의 자루를 모두 신하에게 뺏기고 만다. 이런 군주가 다스리는 나라는 언제고 쇠망을 면치 못한다.'
또 《울료자(尉繚子)》라는 병법서에서도 상벌이야말로 장수의 위신을 확립시켜 주는 열쇠라면서 다음과 같이 말하고 있다.
'부하 한 사람을 처벌함으로써 전군(全軍)의 기강을 바로잡을 수 있다고 판단되면 주저하지 말고 처벌할 일이다. 이와 마찬가지로 부하 한 사람을 표창함으로써 전군을 심복(心服)시킬 수 있다고 판단되면 주저하지 말고 표창할 일이다.
 처벌하는 사람은 지위가 높으면 높을수록 효과가 있으며 표창하는 사람은 지위가 낮으면 낮을수록 반향이 크다. 처벌할 만한 죄를 저지른 사람은 아무리 지위가 높더라도 반드시 처벌하지 않으면 안된다. 형벌을 최고 간부에게까지 미치도록 하는 일이야말로 장수된 자의 위신을 세우는 길인 것이다.'
그러나 상벌의 집행은 말로 지껄이는 것만큼 쉽지가 않다.
일반적으로 말해서 자신이 없는 리더일수록 상을 난발하여 인기를 얻고자 한다. 이렇게 되면 조직 속에 아첨배가 생기게 마련이다.
또 리더에게 사심(私心)이 있으면 상벌의 균형이 금방 허물어지고 만다. 그렇게 되면 부하의 신뢰를 얻지 못할 것이다.
상벌은 조직 관리의 요체이긴 하지만 그 집행에 있어서는 어디까지나 신중하게 그리고 공평하게 하지 않으면 안된다.

병사(兵士)의 수(數)가 승패를 좌우하는 것은 아니다

兵非益多也
(병비익다야) 〈行軍篇(행군편)〉

위 구절의 원문을 의역하면,
'전쟁을 할 때 병사의 수가 많다고 해서 꼭 좋은 것은 아니다' 란 의미이다.

손자는 계속해서 다음과 같이 말하고 있다.

'함부로 맹진(猛進)하지 말아야 한다. 전력(戰力)을 집중시키면서 적정(敵情)의 파악에 힘을 기울이는 것이야말로 승리를 거둘 수 있는 지름길이다.'

즉, 병력의 수가 승패를 좌우하지는 않는다. 승패를 좌우하는 것은 전투법이라고 강조하고 있다.

중국 3천 년 역사 가운데는 분명 적은 병력으로 대적(大敵)을 격파한 예가 적지 아니하다. 그 사례를 조사해 보면 여기서 손자가 한 말이 사실임을 알 수 있다.

즉 승리한 쪽은 적정을 파악하고 병력을 집중시키어 전쟁을 한 반면, 패한 쪽은 병력만 과신하며 적을 얕잡아 보았는데 그 결과 뜻밖의 패배를 했다는 유형이다.

그런 예를 한 가지만 들어보겠다.

서기 783년 북중국(北中國)을 지배하고 있던 전진(前秦)의 부견(符堅)이란 황제가 남정군(南征軍)을 일으켰다. 병력의 수는 자그마치 1백만—. 군단의 행렬은 대오정연하게 1천 리나 이어졌다고 한다. 목표로 삼은 곳은 남경(南京)에 도읍을 둔 동진(東晋)이다.

이 남경군을 맞아 싸우는 동진의 군사는 불과 8만 명, 상대방 병력의 10분지 1도 안된다. 두 나라의 군사력에는 그만큼 차이가 심했던 것이다. 부견은 원정을 나서기에 앞서,

"동진의 토벌은 병력으로 비교해 볼 때 질풍이 낙엽을 떨구는 것과 같다."

라며 호언장담했다고 한다. 당연한 일이지만 부견은 자신만만했을 것이다. 그러나 이 자신감은 과신이 되어 경솔한 판단으로 이어지고 만다.

양군은 비수(肥水)를 끼고 대진했다. 동진군의 사령관은 사현(謝玄)이라고 하는 인물이었다. 그는 이런 때가 올 것을 예측하고 일찍부터 군사를 훈련시키고 있었다.

그러므로 그의 휘하 군단은 비록 병력의 수는 적었지만 말 그대로 정예부대였다.

그러나 이처럼 대치한 상태에서 지구전을 계속했다가는 승산이 없다. 승리하기 위해서는 상대방의 주력이 포진을 끝내기 전에 공격을 가해야 할 필요가 있다.

이렇게 판단한 사현은 즉시 적군에 군사(軍使)를 보내어 요청했다.

"귀군(貴軍)은 우리나라 영토 깊숙이 진공하고서도 지구전의 태세를 보이고 있소. 그러지 말고 귀군이 진영을 조금 풀어 우리로 하여금 도강(渡江)을 할 기회를 주구려. 그리고 단판에 승부를 겨루도록 합시다."

적군을 가벼이 보았던 부견은 어리석게도 이 요청을 받아들이어 자기 군단에게 후퇴 명령을 내렸다. 그런데 워낙 대군이었기

때문에 일단 후퇴하기 시작한 병력을 쉽게 되돌릴 수가 없었다. 그럴 때에 사현이 이끄는 동진군이 강을 건너 총공격을 감행해 왔던 것이다.

전진군은 어이없게도 대패했고 모두 도망치기에 바빴다.

세상에서는 이 전쟁을 '비수지전(肥水之戰)'이라고 하거니와, 전사(戰史)에서는 아주 드물게 보는, 대군(大軍)으로서 대패한 예로 전해 온다.

전진군이 대패했던 원인은 무엇일까? 자기네 병력을 과신하고 적군을 가벼이 본 것이 그 원인이다. 이데 비하여 동진군은 비록 소수의 병력이지만 이를 집중시키고 전군이 혼연 일체가 되어 싸움으로써 대승을 거둔 것이다. 이것이 적은 숫자의 병력을 가지고 대군을 격파한 이유이다.

패인이든 승인(勝因)이든 모두가 손자가 지적하는 병법 그대로였다고 해도 좋을 것이다.

오늘날에는 어느 기업이든 저성장시대(低成長時代)를 맞아 어떻게든 살아남기 위해 몸부림을 치고 있다. 이제는 조직의 무원칙한 비대(肥大)는 허용되지 아니한다.

그렇게 되기 위해서는 조직 속의 거품을 하루 속히 배제함과 동시에 남은 인원의 활성화를 꾀하여 소수 정예주의에 철저하지 않으면 안된다. 특히 중소기업인 경우에는 중점적인 목표를 향하여 집중적으로 인력을 투입시킬 필요가 있을 것이다. 인력을 적재적소에 배치하여 낭비를 억제함으로써 효율적 경영 합리화를 꾀하고 나아가 국제 경쟁력을 향상시킬 일이다. 이것이 곧 구조조정임에 다름아니다.

이 사업에도 저 사업에도 욕심을 내면서 문어발식으로 확장만 해나가는 것은 결코 용납되지 않는 것이다.

위기를 벗어났다고 생각하는 때가 제일 위험하다

慮而易敵者 必擒於人
(여이이적자 필금어인) 〈行軍篇(행군편)〉

위 구절의 원문을 의역하면, '심모원려(深謀遠慮)를 하지 않고 적군을 경시하면 적에게 당하기 십상이다'란 의미가 되겠다.

적군에게 승리를 거두기 위해서는 적을 알고 나를 안 다음에 주도면밀한 작전계획을 세울 필요가 있다. 자신의 힘에 자신감을 가지는 것은 좋지만 뒷받침이 없는 자신감은 그 대가를 금방 받게 된다. 고금의 전사(戰史)를 보면 대군을 이끌고 있으면서도 어이없게 패배한 예가 심심치 않게 나온다. 원인은 경우에 따라서 다르지만 거의 공통되는 점으로는 방심이다. 자신의 힘을 과신하고 적군을 경시함으로써 마음이 느슨해지는데 상대방은 그 허점을 노리어 맹공을 퍼붓는 것이다.

앞 항(項)에서 소개한 '비수지전(肥水之戰)' 등이 그 전형인데 《삼국지》의 하이라이트인 '적벽지전(赤壁之戰)'도 같은 경우라고 해도 좋다. 이때 조조(曹操)는 20여만 명의 군단을 이끌고 오(吳)나라 영토에 침공했는데 오나라 장군 주유(周瑜)가 이끄는 3만 명의 소수 수군(水軍)에게 괴멸적인 패배를 당했다.

주지하는 바와 같이 조조란 사람은 《삼국지》에서 첫손가락을 꼽는 걸물(傑物)로서 전쟁에는 굉장히 강했다. 탁월한 전쟁 지도자란 점에서는 중국 3천 년 역사 속에서도 세 손가락 안에 들어오는지 모르겠다. 그러한 그가 '적벽지전'에서 망신스럽게 대패했던 것이다. 조조는 왜 패했을까? 몇 가지 패인을 지적할 수 있겠지만 제일 큰 이유는 방심이었다. 자신의 힘을 과신하고 적군을 경시한 결과, 그것이 대패로 이어졌던 것이다.

느슨해진 마음, 한 순간의 방심이 돌이킬 수 없는 실패를 불러오는 것은 비단 전쟁에서만 있는 일이 아니다. 우리가 일반적으로 하는 일에 있어서도 아주 똑같은 것이다.

마음이 느슨해지는 것은 대부분 업적이 호조(好調)를 이루고 있을 때이다. 고전을 하고 있을 때는 누구나 긴장하여 자신의 능력 이상으로 노력을 한다. 그러나 위기에서 벗어나고 업적이 상향되면 안심을 하는데 이때 마음에 틈새가 생기게 마련이다. 실은 그때가 제일 위태롭다고 해도 좋다. 그러므로 예로부터 명군(名君)으로 일컬어지는 사람은 그 점에 대해서 항상 자계(自戒)를 게을리하지 않았다. 예를 들면 당(唐)나라 태종(太宗)이 그리했는데 그는 이런 의미의 말을 한 적이 있다.

"나라를 다스린다는 것은 환자의 경우와 똑같소이다. 환자는 치유되어갈 때야말로 한층 더 조심을 해야 하는 법이오. 자칫 방심을 하여 의원(醫員)의 지시에 따르지 않다가는 그야말로 생명을 잃게 될 것이오. 나라를 다스림에 있어서도 이와 똑같은 마음가짐이 필요하오. 천하가 안정되어갈 때야말로 더더욱 신중하게 대처해 나가야 하는 법이오."

당나라 태종은 이런 마음가짐으로 정치에 임하였는데, 그 결과 '정관지치(貞觀之治)'로 불리는 성세(盛世)를 현출하고 명군으로 추앙받게 되었던 것이다.

리더는 태종과 같이 긴장감을 늘 풀지 말아야 한다. 그렇게 하면 손자가 말한 것처럼 '적에게 사로잡혀 가는' 어리석은 일은 없을 것이다.

관리를 함에 있어 정(情)과 규율의 관계

卒未親附而罰之則不服 不服則難用也. 卒已親附而罰不行 則不可用也
(졸미친부이벌지즉불복 불복즉난용야. 졸이친부이벌불행 즉불가용야)
〈行軍篇(행군편)〉

부하를 관리할 때 정(情)과 규율의 관계를 제대로 해나간다는 것은 매우 어렵다.

정으로만 대해 주다가는 관계가 모호해진다. 그렇다고 해서 규율만 앞세운다면 그 누구도 심복(心服)하지를 않는다.

위 구절을 의역하면, '병졸이 아직 친근하게 따르기도 전에 벌을 주면 병졸은 심복하지 않을 것이다. 심복하지 않으면 쓰기가 어렵다. 이미 친근하게 심복하는 병졸에게 과실이 있어도 벌을 주지 않는다면 병졸은 두려워하지 않는다. 두려워하지 않는다면 쓰지 못한다'란 의미가 될 것이다.

이런 문제는 이미 2천 수백 년 전부터 있었던 것으로 손자는 손자다운 해결책을 남겨 놓았다. 그는 현대의 경영학에서 미국의 학자인 매글레거에 의해 엄격한 관리를 강조하는 X이론과 자주성을 강조하고 Y이론과의 분류를 행하고 있었거니와, 이것은 이미 2천 수백 년 전, 중국에서 격렬한 논쟁이 벌어졌던 일이기도 하다. 대체적으로 말하여 유가(儒家)의 성선설(性善說)과 법가(法家)의 성악설(性惡說)이다.

손자는 전쟁이라고 하는 현실의 필요성에서 이 양자의 사상을 절충했던 것이다.

부하의 통솔에는 '엄(嚴)'으로 임하고 '인(仁)'으로 보완하라

令之以文 齊之以武
(영지이문 제지이무) 〈行軍篇(행군편)〉

위의 표제어를 의역하면, '병사에 대해서는 온정으로 교육시킴과 동시에 군령(軍令)으로 통제해 나가지 않으면 안된다'란 뜻이 되겠다.

손자는 이 말에 앞서 앞의 항(項)에서 소개한 것처럼,

'병사와 친해지기도 전에 엄벌만을 적용하면 병사는 심복하지 아니한다. 심복하지 않는 부하는 쓰기가 어렵다. 반대로 완전히 친해졌다 하여 과실을 범해도 처벌하지 않는다면 이 역시 쓰기가 어렵다'

라고 말했다. 또 이런 말도 하고 있다.

'평소에 군령(軍令)이 철두철미하게 이행되고 있으면, 병사들은 기꺼이 군령에 따른다. 이와는 반대로 평소부터 군령이 철두철미하게 이행되고 있지 않으면 병사들의 신뢰를 얻을 수가 없는 것이다.'

병사들의 마음이 각각인데다가 싸우고자 하는 사기도 떨어져 있다. 장수의 명령에 복종하지도 않으며 군령을 위반하는 것쯤은 우습게 안다. 이렇게 되면 군(軍)으로서의 기능을 다하지 못한다. 아무리 유능한 장수라 하더라도 이런 군단을 이끌고 있다면 패배할 것은 불을 보듯 뻔한 일이다.

그러므로 명장이라 일컬어지던 사람들은 하나같이 부하의 통솔에 온신경을 집중시켰었다. 그리고 그들에게 공통되어 있던 점은 '엄(嚴)'과 '인(仁)'의 적절한 분간이었다.

우선 '엄', 즉 신상필벌(信賞必罰)의 엄격한 태도로 임한다. 그러나 '엄'만으로는 명령에 따르게 할 수는 있지만 심복까지 시킬 수는 없다. 그래서 필요한 것이 '인', 즉 동정이요 배려이다.

'엄'과 '인'의 균형을 어떻게 안배하느냐가 관건인 것이다.

예를 들면 《삼국지》의 제갈공명을 꼽을 수 있다. 그는 승상(丞相)으로서도, 군단의 총사령관으로서도 신상필벌의 엄격한 태도로 부하라든가 국민에 임했었다고 한다. 그 좋은 예가 '읍참마속(泣斬馬謖)'의 고사(故事)일 것이다.

제1회 원정 때, 제갈공명은 선발대의 사령관에 마속이라고 하는 젊은 참모 장교를 기용했다. 본인의 간청을 들어주었던 것이다.

이 마속은 선발대를 이끌고 나가서 막상 적군과 대진하게 되자, 제갈공명의 지시를 무시하고 진을 쳤다가 그만 대패하고 말았다. 그로 인하여 제갈공명은 진군(進軍)을 단념하고 퇴각하지 않을 수 없었다.

제갈공명은 군령에 따라 마속의 책임을 물었고, 눈물을 흘리며 이 사랑하는 부하를 참형에 처했다. 때마침 도읍 성도(成都)에서 군중(軍中)의 상황을 살피러 왔던 중신이 그 말을 듣고,

"천하가 아직도 동란 중에 있는데 장래가 촉망되는 지모(智謀)의 장수를 죽인다는 것은 좀 심하지 않습니까?"

라며 항의했던 바 제갈공명은,

"그 옛날, 손무(孫武)가 무위(武威)를 떨칠 수 있었던 것은 군법을 엄하게 적용했었기 때문이오. 지금 천하는 분열되고 풍운(風雲)이 아직도 화급을 고하고 있는데 어찌 군법을 굽힐

수 있겠소이까? 그렇게 해가지고 어찌 역적들을 토벌할 수 있으리요."
라며 고충을 털어놓았다고 한다.

이것이 곧 '엄'이다.

그러나 제갈공명은 마속의 목을 친 다음, 그의 유족들에 대해서는, 마속이 살아있을 때와 똑같이 후대(厚待)해 주도록 조처했다. 이것은 분명 '인'이라고 해도 좋다.

중국인은 예로부터 조직적으로 행동하는 것은 매우 서툴렀으며 개인 행동을 잘하기로 유명했다. 즉 집단행동은 잘 못했었는데 따라서 단결력이 없다는 평을 받아 왔다. 그런 사람들을 하나로 뭉치게 하기 위해서는 이 제갈공명을 위시하여 이른바 명장들은 우선 '엄'으로 임하고, 그 다음에 부족되는 부분을 '인'으로 보완했던 것이다.

이에 비하여 우리나라 사람은 예로부터 조직으로서의 단결력이 중국 사람들보다는 뛰어났었다. 숱한 외침(外侵)을 당하면서도 꿋꿋하게 살아왔고 오늘날에도 불우이웃돕기라든가 천재(天災)를 당한 동포에게 사랑의 온정을 베푸는 것이 그것을 대변해 주고 있다.

그런 온정주의가 민족성의 바탕을 이루고 있는 것은 좋지만, 그러나 어딘가에 '엄'의 요소를 지니고 있어야 할 필요가 있다. 그렇지 않으면 조직 속에 안일과 응석받이의 풍조가 생겨나고 인맥·지연 등의 나쁜 풍조를 조장하게 될 우려가 있다.

'엄'과 '인'은 마치 수레의 두 바퀴와 같은 것이어서 그 중 한 가지에만 치우치면 조직은 기우뚱해지게 마련이다. 조직을 이끄는 Top이라든가 리더들은 이 점을 꼭 명심해야겠다. 일종의 당근과 채찍의 작전이라고나 할까 —.

평소의 신뢰가 중요하다

令素行以敎其民則民服. 令不素行以敎其民則民不服. 令素信者 與衆相得也
(영소행이교기민즉민복. 영불소행이교기민즉민불복. 영소신자 여중상득야)
〈行軍篇(행군편)〉

위 구절의 원본을 의역하면, '평소에 지도자가 스스로 내린 포령(布令)을 그대로 실시하고 있으면 백성들은 지도자가 하는 말을 신용하고 그것에 따르게 마련이다. 그러나 평소에 내린 포령대로 실시하지 않는다면 유사시에 아무리 설교를 해도 백성들은 따르지 아니한다'란 뜻이 되겠다.

손자는 이렇게 말한 다음 통렬한 한 구절을 덧붙이고 있다.

"평소에 늘 남들로부터 신용을 받아왔던 자가 남들과 성과를 나누어 가질 수 있는 법이다(令素信箸者 與衆相得者)."

봉건시대의 전제군주에게 있어서도 백성들로부터 신뢰를 얻느냐 얻지 못하느냐는 중요한 관심사였다.

당(唐)나라 태종은 중국 3천 년 역사 가운데 명군(名君)으로 꼽히는데 그는 이런 말을 한 적이 있다.

'흐르는 물이 맑으냐 흐리냐는 그 근원에 달려 있다. 군주는 나라의 근원이며 백성은 흐르는 물과 같다. 군주가 스스로 거짓말을 하고도 신하들과 백성들이 바른 언행을 하기 바라는 것은 근원의 물을 흐려놓고 그 물이 맑기를 바라는 것과 같다. 어찌 이치에 맞는 일인가?'《貞觀政要》

특이한 적정(敵情) 관찰법

敵近而靜者 恃其險也
(적근이정자 시기험야) 〈行軍篇(행군편)〉

《손자병법》에 '상적법(相敵法)'이란 것이 있다. 여기서의 '상(相)'은 '본다'란 뜻이므로 '상적법'이란 곧 적정 관찰법이란 뜻이된다. 이것은 아주 특이한 것으로서 설명이 필요하다. 그것은 다름이 아니라 표면의 현상을 보고 숨겨져 있는 사실을 찰지(察知)하는 것인데 33개조가 있으며 다음 세 가지로 대변된다.

1.적군의 동정을 찰지하는 법. 2.적군의 기도하는 바를 찰지하는 법. 3.적군의 내정(內情)을 판단하는 법.

이 표제어의 구절은 그 서두에 기록되어 있는 것으로서 의역을 하면, '적군 진영에 가까이 다가가도 죽은 듯이 조용히 있는 것은 적군이 천험(天險)을 의지하고 있으면서 뭔가 믿는 곳이 있기 때문이다'라는 뜻이 되겠다.

실전에서 실제로 이런 예가 많았다. 그 중 한 가지만 예로 든다.
제갈공명의 맞적수였던 사마중달(司馬仲達)의 경우를 소개하겠다. 위(魏)나라의 명장이었던 그가, 요동(遼東) 땅에서 위나라에 등을 돌린 공손연(公孫淵)을 토벌하러 갔을 때의 일이다.

공손연은 요하(遼河) 건너편에 포진을 하고 있으면서 중달의 군단이 접근해 와도 조용할 뿐이었다. 요하의 험준한 지형을 믿고 있는 것이다. 중달은 공격을 중지하고 후림수 부대로 하여금 적군의 주의를 끌게 하고 주력부대를 우회 공격하여 대승했다.

그럴싸한 이야기에는 경계하라

遠而挑戰者 欲人之進也
(원이도전자 욕인지진야) 〈行軍篇(행군편)〉

이 대목의 원문을 의역하면,
'적군이 가까이 접근하려 하지 않으면서 더구나 자주 도발해 오는 것은 무엇인가? 노림수가 있어서 이쪽을 유도해 내려는 것이다'
란 뜻이 된다.
입장을 바꿔놓고 생각해 보면 용이하게 이해할 수 있다. 상대방을 이쪽으로 끌어들이려면 여러 짓을 하여 상대방의 이목을 끌고자 하게 마련이다.
무심코 그 유혹에 넘어갔다가는 큰일이 벌어진다.
이런 적군에 대해서는 면밀한 정찰을 하여 상대방의 진의(眞意)가 무엇인지 찰지하는 게 우선이다.
그와 동시에 이쪽이 상대방의 그런 행동에 신경을 곤두세우고 있다는 것을 상대방에서 알아차리지 못하도록 주의해야 한다. 상대방이 도발을 자주 하는 것은 이쪽을 유인해 내려는 것뿐만 아니라 그 도발에 이쪽의 주의를 집중시키게 하고, 배후로 돌아와서 급습하려는 작전일지도 모르기 때문이다.
어쨌든, 그럴싸한 이야기에는 경계하는 것이 상책인 것이다.
이것과 비슷한 관찰법으로 '적군이, 장해물이라고는 아무 것도 없는 평지(平地) 등에 포진하고 있는 것은 이쪽으로 하여금 유리할 것으로 오인케 하여 유도해 내려는 것이다'라는 조항도 있다.

동식물의 움직임을 보고 이변(異變)을 찰지(察知)하라

衆樹動者來也. 衆草多障者疑也. 鳥起者伏也. 獸駭者覆也
(중수동자내야. 중초다장자의야. 조기자복야. 수해자복야) 〈行軍篇(행군편)〉

위 표제어의 원문을 의역하면,
'여러 나무가 동시에 흔들리는 것은 적군이 습격해 오는 표시이다. 풀숲에 여러 장애물을 만들어 놓은 것은 아군으로 하여금 의심케 하여 진군을 방해하려는 것이다. 새들이 갑자기 날아오르는 것은 복병이 있다는 증거이다. 짐승들이 놀라서 마구 달려 도망치는 것은 대부대의 복병이 있다는 표시이다'
란 의미가 되겠다.

지금으로부터 2천 수백 년 전의 병법서가 이 《손자》이다. 오늘날에는 적군의 동태를 파악하는 방법과 수단이 고도로 발달되어 있으므로 이처럼 유치한 방법에 귀를 기울이지 않을는지도 모르겠다. 그러나 요컨대 적군의 동태를 적확하게 판단하는 것은 승전의 요체(要諦)이다.

그 옛날 손자가 살아가던 시대에는 산마다 수목이 빼곡하게 들어서 있었을 것이다. 물론 자연 속에서 살아가는 조수(鳥獸)도 많았을 것이고 —.

나무와 새, 짐승 등 자연을 면밀히 관찰하여 적군의 움직임을 알아내라는 손자의 권유는 나름대로 설득력을 가지고 있었을 것임에 틀림이 없다. 요즈음 같으면 레이더 관측을 비롯하여 전략위성으로 감시를 철저히 하라는 충고일 것이다.

흙 먼지의 모양으로 적군의 내습(來襲)을 안다

塵高而銳者 車來也. 卑而廣者 徒來也. 散而條達者 樵採也. 少而往來者 營軍也
(진고이예자 거래야. 비이광자 도래야. 산이조달자 초채야. 소이왕래자 영군야) 〈行軍篇(행군편)〉

광활한 중국 대륙은 북쪽과 남쪽은 그 풍토가 사뭇 다르다. 양자강 유역은 물과 푸르름이 넉넉하고, 공기도 알맞지만, 황하 유역의 대부분은 삼림이 부족되며 공기가 건조한 대평원이다. 태고(太古)에는 삼림도 많이 있었던 듯 은허(殷墟), 즉 요즈음의 하남성 안양시에서는 코끼리의 뼈가 출토될 정도였지만, 양자강 시대에 접어들면서부터는 상당히 건조화가 진행되었던 것 같다.

그런 까닭에 흙 먼지에 의한 적정(敵情) 관찰이 생겨난 것은 지극히 자연스럽다 하겠다. 참고로 중국 고대 병거(兵車)는 말이 끄는 이륜차(二輪車)로서 무기를 든 군사와 어자(御者 : 수레를 모는 사람)가 타며 일단의 보병 군사들이 이 병거를 따랐다. 이것이 전속력으로 달리면 상당한 흙 먼지가 일어났었을 것이다.

표제어의 원문을 의역하면, '흙 먼지가 뾰족한 모양으로 높게 피어 오르는 것은 병거의 내습이다. 흙 먼지가 낮게 퍼지는 것은 보병부대가 오는 것이다. 흙 먼지가 여러 곳에서 가늘게 피어나는 것은 적군이 땔나무를 하는 것이다. 흙 먼지가 여러 곳에 이동하면서 피어나는 것은 적군이 숙영(宿營) 준비를 하고 있는 것이다'란 의미이다.

상대방을 유인하는 '반진반퇴지술(半進半退之術)'

半進半退者 誘也
(반진반퇴자 유야) 〈行軍篇(행군편)〉

　위 구절의 원문을 의역하면, '적군이 진격했다가는 후퇴하고 후퇴했다가는 진격하는 것은 이쪽을 유인해 내려는 것이다'란 의미가 된다.
　원문의 '반진반퇴'를 '부대를 반(半)으로 나누어 반은 진군시키고 반은 물러나게 한다'라고 해설한 학자도 있지만, 이것은 그처럼 구체적인 형태를 가리키고 있는 것이 아니라, 진격했다가는 후퇴한다는 의미로서, 요컨대 상대방의 이목을 끄는 행동이다. 낚시 미끼로 물고기를 유인하기 위해 낚싯대를 가볍게 상하로 움직이는 것과 같다.
　동물 가운데는 인간에 비유하면 머뭇머뭇거리는 동작을 취한다든가 상대방의 앞뒤에서 깡총깡총 뛰거나 하여 이성(異性)의 관심을 끄는 구애행위를 하는 것이 있다. 이것과 같은 이치이다.
　사람을 움직이게 하는 경우, 상대방의 이목을 끄는 행동은 흔히 있을 수 있는 일이다. 광고에서도 캐치프레이즈와 그 문안(文案) 등에서, 노골적인 상품표시가 아니라 은근히 이목을 끌게 하는 표현을 하는 경우가 많은데 이것도 넓은 의미에서의 '반진반퇴지술'이라고 해도 좋겠다. 이목이 끌리는 대로, 상대방의 유인에 넘어가지 않음으로써 '반진반퇴지술'에 말려들지 않도록 주의해야 할 일은 일상생활에서도 마찬가지이다.

상공(上空)에 새떼가 무리지어 있는 것은 그곳에 아무것도 없기 때문이다

鳥集者 虛也
(조집자 허야) 〈行軍篇(행군편)〉

위 표제어의 원문을 의역하면, '적진 위에 많은 새가 무리지어 있는 것은 이미 그곳에 아무도 없기 때문이다'란 의미이다.

이것은 야전(野戰)을 벌이는 경우를 생각하면 이해하기 쉽다.

아직 그것에 적군의 장병들이 있다면 검(劍)과 극(戟), 과(戈) 등의 무기가 번쩍이고 기치를 휘날릴 것이니 새들이 다가오지 못할 것이다. 그런데 그곳에 새떼들이 모여드는 경우가 있다. 그것은 적군의 장병이 이미 그곳에서 떠난 후 그들이 먹다가 떨어뜨린 밥 찌꺼기 등이 흩어져 있어서 그것을 쪼아 먹기 위해 모여드는 것이다. 그 새가 까마귀라면 썩 어울리는 말이다.

춘추시대에 이런 예(例)가 있다. 정(鄭)나라에, 강성하기로 이름 높았던 초(楚)나라 군단이 쳐들어 왔다. 그들과 정면으로 대결한다면 승산이 없다. 정군(鄭軍)은 도망칠 준비를 하고 있는데 척후병이 달려와서, '초나라 군영(軍營)에 새떼가 무리지어 날아왔다'고 보고했다. 그래서 정나라 사람들은 초나라 군단이 물러간 것을 알 수 있었다.

또 진(晉)나라가 제(齊)나라를 공격했을 때 진나라 대부(大夫) 숙향(叔向)은 적군의 성(城) 위에 새떼가 무리지어 있는 것을 보고 제나라 군사들이 도망친 것을 알았다고 한다.

깃발이 흔들리는 것은 내부가 문란함을 나타낸다

旌旗動者 亂也
(정기동자 난야) 〈行軍篇(행군편)〉

위 구절의 원문을 의역하면, '적진(敵陣)의 깃발이 마구 흔들리고 있는 것은 그 내부가 문란하다는 증거이다'란 뜻이 되겠다.

깃발은 옛날의 군대에 있어서는 단결의 상징이었을 뿐만 아니라 편성의 표시이며, 정보 전달의 수단으로도 사용되는 등, 오늘날 우리가 생각하는 것보다 훨씬 많은 의미를 가지고 있었다. 그러기에 기수(旗手)는 보통 병사가 아니라 우수하고 젊은 사관(士官)이 맡고 있었던 것이다.

역사서인 《좌전(左傳)》에 이런 에피소드가 실려 있다.

기원전 7세기 초, 소국인 노(魯)나라가 대국인 제(齊)나라와 싸움을 했던 이른바 '장작지전(長勺之戰)' 때의 일이다. 제나라 대군이 총퇴각을 했다. 노나라 장공(莊公)이 추격을 명하려고 하자 조예(曹劌) 장군이,

"잠깐만 기다리소서."

라며 만류했다. 도망가는 척하면서 복병을 두었는지도 모를 일이기 때문이다. 조예는 적군 병거(兵車)의 바퀴 자국이 흩어져 있는 것을 확인한 다음, 수레 위에 올라서서 적군의 기치가 흔들리지 않는 것을 보고서야 공격 명령을 내리라고 진언했다.

"되었나이다. 어서 추격명령을 내리소서."

현실에서 목표가 자주 바뀌는 조직은 문란하다고 본다.

인기없는 상사일수록 지루하게 말한다

諄諄翕翕 徐與人言者 失衆也
(순순흡흡 서여인언자 실중야) 〈行軍篇(행군편)〉

위 표제어의 원문을 의역하면, '상사가 부하에게 장황한 설명을 한다든가 아첨하는 듯한 이야기를 하는 것은 부하들의 인망(人望)을 잃고 있다는 증거이다'란 의미가 된다.

'순순(諄諄)'은 공손히 말한다는 의미이다. '흡흡(翕翕)'은 상대방의 이목을 끈다든가 마음에 맞춘다는 뜻이 있는 것 같다. '서(徐)'는 서행(徐行)의 '서'로서 천천히 또는 서서히라는 것 —.

봉건시대 관리들의 권위와 그 으스대는 모습은 일제 때만 하더라도 성행하고 있어서 오늘날을 살아가는 노인층은 짐작이 가겠지만 신세대들로서는 상상도 할 수 없는 것이었다. 더구나 노예제(奴隷制)에서 갓 벗어난 손자의 시대에는 선비라든가 장군의 위광이란 대단한 것이었으리라.

그렇건만 신분이 낮은 자에게 사정하는 말을 한다는 것은 뭔가 크게 약점이 있었기 때문임에 틀림없다.

현대에는 세대(世代)의 단층(斷層)에 직면한 연배(年輩)의 관리직에게 있어 젊은이를 관리한다는 것이 두통거리가 되었다. 그래서인지 왕왕 '순순흡흡(諄諄翕翕)'의 현상이 나타나고 있다. 중년 관리직이 자기 아들이나 딸 같은 직원에게 고분고분하며 '○○씨' 운운하는 것을 보면 어쩐지 안쓰럽기도 하다. 가까이 하는 것은 좋지만 가까이 다가오도록 하는 노력이 필요할 것이다.

지형(地形)을 확인하는 것은 장수의 중요임무이다

地形 有通者 有挂者 有支者 有隘者 有險者 有遠者……凡此六者 地之道也. 將之至任 不可不察也
(지형 유통자 유괘자 유지자 유애자 유험자 유원자……범차육자 지지도야. 장지지임 불가불찰야)〈地形篇(지형편)〉

전쟁을 할 때는 지리(地利)를 얻어야 함이 아주 중요하다. 이런 지형의 이점(利點)을 살리기 위해 지형을 확인하는 것은 장수된 자의 중요한 임무라고 손자는 강조하고 있다.

그러기 위해서는 먼저 지형의 특징을 알아 두어야 한다. 그러기에 손자는 6종류의 지형에 대해서 설명해 나간다.

첫째가 통(通)이다. 통은 길이 사방으로 통하고 있는 곳이다. 이런 곳이라면 재빨리 가서 고지(高地)를 확보하는 것이 승전과 연관된다고 했다. 둘째는 괘(挂)이다. 앞으로 나아가기는 쉬우나 물러서기 어려운 곳을 가리킴이다. 적군이 방심하고 있을 때는 좋지만 수비를 굳히고 있으면 아군은 후퇴를 할 수가 없어서 궁지에 빠지게 되므로 주의해야 한다.

셋째는 지(支)이다. 어느 곳이든 나아가면 불리해지는 지형이다. 적군의 유인에 빠지지 않도록 주의해야 한다.

넷째는 애(隘)이다. 애는 좁은 곳이다. 적군에게 선수를 뺏기면 상대할 수 없으므로 물러나야 한다.

다섯째는 험(險)이다. 먼저 차지하는 편이 유리하다. 여섯째는 원(遠)이다. 세력이 엇비슷할 때는 멀리 나아가는 쪽이 불리하다.

이런 패전(敗戰)은 장수의 책임이다

兵有走者 有弛者 有陷者 有崩者 有亂者 有北者. 凡此六者 非天之災 將之過也
(병유주자 유이자 유함자 유붕자 유란자 유배자. 범차육자 비천지재 장지과야)〈地形篇(지형편)〉

손자는 패군(敗軍)의 모습을 여섯 가지로 분류해 놓았다. 그리고 그렇게 되는 것은 장수된 자의 책임이라고 했다. 즉, 실패를 안겨 주는 '지도자의 관리책임'을 설명하고 있는 것이다.

이 분류도 앞의 항(項)과 마찬가지로 각각 한자(漢字) 한 글자로 나타내고 있는데 문자에 깊고 넓은 의미를 함축시키어서 분류하고 있는 것은 오늘날에도 중국에서 흔히 사용하는 수법이다.

우선 첫째로 주(走)이다. 주는 곧 패주(敗走)를 의미한다. 병력의 집중과 분산(分散)에 대한 작전을 잘못하여 소수의 병력으로 많은 수의 적군과 충돌한 경우에 일어난다.

둘째는 이(弛)이다. 이는 군율(軍律)의 이완, 즉 군율의 느슨함을 뜻한다.

셋째는 함(陷)이다. 함은 전력의 공동화를 가리킴이다.

넷째는 붕(崩)이다. 이 붕은 지도부의 의견 불일치를 의미한다.

다섯째는 난(亂)이다. 난은 전투부대의 혼란을 가리킨다.

여섯째는 배(北)이다. 이 배는 전선(戰線)의 이탈을 뜻한다. 적군의 병력 추정을 잘못한 결과 약병(弱兵)으로 강병(强兵)에게 부딪쳐 간 경우를 의미한다.

부하가 유능하고 간부가 무능하면 질서가 없어진다

卒强吏弱 曰弛
(졸강리약 왈이) 〈地形篇(지형편)〉

졸(卒)이란 본디 병사 100명의 편성 단위를 가리킴인데 넓은 의미로 병사(兵士)를 가리키게 되었다. '이(吏)'는 원래 관리(官吏)를 가리켰는데 군대에 있어서는 '지휘자'란 뜻이다. 혹은 간부라고 해도 좋을 것이다. 부하가 강하고 간부가 약하다 —.

이럴 경우 한 조직이 빠져드는 상태를 '이(弛)'라고 표현하고 있는 것이다. '이'란 원래 활[弓]의 시위가 느슨해져서 활 자체가 꼿꼿하게 펴져 있는 것을 나타낸 글자라고 한다.

아래가 강하고 위가 약하면 야무진 조직이 될 수가 없다. 하극상(下剋上)의 상태가 되고 만다.

중국의 역사를 보면 왕조(王朝)의 말기(末期)에는 흔히 이런 현상들이 일어나곤 했다. 군주를 둘러싼 고관대작들, 혹은 내관이라 불리던 환관(宦官)들이 부패되어 그 내부적으로 약화되고 있었던 것이다. 그런 틈새를 타고 혁명의 세력이 싹트고 궁극적으로는 왕조를 뒤엎어 버리곤 했다.

일반적인 조직체에 있어서도 이런 일이 일어날 수 있는데 그렇게 되면 정상적인 운영을 방해한다. 또 강(强)과 약(弱)뿐만 아니라 이런 경우도 생각해볼 수 있다.

1. 부하는 능력이 있는데 간부는 무능한 경우.
2. 부하는 의욕적으로 일하는데 간부는 의욕이 없는 경우.

간부가 유능하고 부하가 무능한 조직은 약하다

吏强卒弱 曰陷
(이강졸약 왈함) 〈地形篇(지형편)〉

간부가 약하고 부하가 강한 경우, 그 군(軍)은 '이(弛)'의 상태가 된다고 앞의 항(項)에서 설명했다. 그것은 이해가 간다. 그러나 그 구절에 이어서 손자가 한 말은 고개가 갸우뚱해진다. 간부가 강력하고(혹은 유능하고) 부하가 약한(혹은 무능한) 경우—.

이런 때에는 그 군(軍)이 '함(陷)'이란 상태가 된다는 것이다. 이 '함'은 군이 궁지에 빠진다는 것인데, 군을 몰락의 구렁텅이로 몰아넣는 것 등등, 예로부터 여러 가지의 설이 있다. 그러나 납득할 만한 정설은 없다. '함'의 의미가 분명치 않다는 말이다.

이것은 '함(陷)'이란 글자 그대로 생각하는 것이 제일 이해하기 쉬운 게 아닐까. 즉 '함(陷)'은 함정이란 뜻이다. 함정은 겉은 그럴듯하게 위장해 놓았는데 그 속은 텅텅 비어 있다. 그 모양은 분명 공동(空洞)이다. 간부가 훌륭하고 유능하면 그 조직 전체가 아주 그럴듯하게 보인다. 그런데 그 속은 텅텅 비어 있는 공동이란 말이다. 이렇게 되면 실전에서 금방 패하고 만다. 바꾸어 말하면 물렁물렁한 조직인 것이다.

이 모양은 《역경(易經)》의 산지박(山地剝)에 해당한다. 이것은 붕괴 직전의 위기 상태를 나타낸다. 이럴 경우 '위에 선 자는 아래에 있는 자들을 충실케 하여 튼튼하게 만들어야 한다. 그래야만 자신의 입장도 굳어진다'라고 《역경》은 말한다.

지도부의 불일치(不一致)는 조직을 붕괴시킨다

大吏怒而不服 過敵懟而自戰 將不知其能 曰崩
(대리노이불복 과적대이자전 장부지기능 왈붕) 〈地形篇(지형편)〉

중요한 간부가 불평을 하며 자기 멋대로 전투를 하는 상태가 있는데도 Top은 부하의 능력을 바르게 인식하지 못하는 경우는 어떠한가?

여기서 중요한 간부라고 번역한 것은 원문에는 '대리(大吏)'이다. 상급 부하이다. 이것은 부장(副將)일 수도 있겠고 보좌역 또는 참모라고 해도 좋다. Top은 물론 '장(將)'이다.

그렇게 되면 이 문장에서는 Top과 보좌역의 관계가 된다. Top이 보좌역의 마음을 제대로 이해하지 못하면 의외의 일이 발생했을 때 의외의 사태로 말미암아 발목을 잡히는 일이 생길는지도 모른다. 이런 일은 오늘날에도 흔히 있을 수 있는 일이다.

지도부의 불일치가 그것이다.

그것은 조직의 붕괴를 의미한다. '붕(崩)'이란 글자는 산이 두 개로 갈라져서 무너지는 모양이다. Top이 우물쭈물하고 있으면 조직은 분열된다.

그 대책은 역시 《역경(易經)》의 산지박(山地剝) 괘(卦), 즉 ☷ 에서 찾아야 한다.

이 괘는 '산이 무너져서 평지(平地)가 된다고 하는 경고인데 그렇게 되지 않으려면 아래를 두텁게 하여 위에 있는 자신의 입장을 안정시키라고 했다. 무너질 것 같은 곳을 얼른 보수하란 말이다.

이런 장수는 전투부대를 혼란스럽게 만든다

將弱不嚴 敎道不明 吏卒無常 陳兵縱橫 曰亂
(장약불엄 교도불명 이졸무상 진병종횡 왈란) 〈地形篇(지형편)〉

'장수는 나약하고 엄격하지 못한데다가 지도방침은 불명확하다.'
'병사(兵士)들은 동요하고 있다.'
'전투 배치는 엉망진창이다.'

이런 조건들이 모두 갖추어져 있다면 더 이상 설명할 필요조차 없다. 전투부대로서도 어찌할 수가 없어서 혼란을 일으킬 뿐이다.

여기서 장수의 엄격함에 대하여 언급하고 넘어가겠다. 엄격이라고 하면 대개는 태도의 위엄을 떠올리기 쉬운데 《울요자(尉繚子)》, 즉 진(秦)나라 시황제(始皇帝)를 섬기던 병법가 위료자가 썼다고 하는 병법서에 의하여 '위(威)는 변치 않는 것'이라고 했다.

명령이라든가 태도를 함부로 가볍게 변경하지 않는 것, 그것이 진짜 위(威)라는 것이다. 으스대는 것이 위(威)가 아니란 말이다.

그런 다음 《울요자》는,

'장수가 된 사람은 위로는 하늘의 제재를 받지 않고, 아래로는 땅의 제재를 받지 않으며 중간으로는 사람의 제재를 받지 아니한다'

라고 덧붙였다. 모든 간섭과 제약, 말참견과 잡음 등에 흔들리지 말고 신념을 관철해 나가는 것, 그것이 진짜 위엄과 통하는 것이라고 했다.

객관적 정세를 고려하지 않으면 실패한다

夫地形者兵之助也. 料敵制勝 計險阨遠近 上將之道也. 知此而用
戰者必勝 不知此而用戰者必敗
(부지형자병지조야. 요적제승 계험애원근 상장지도야. 지차이용전자필승
부지차이용전자필패) 〈地形篇(지형편)〉

위 표제어의 원문을 의역하면, '지형은 전쟁할 때에 중요한 도움이 되는 법이다. 그러므로 총사령관이 될 사람은 적정(敵情)을 파악하고 확인하여 작전계획을 세울 때, 지형의 상태, 거리 등을 충분히 계산하지 않으면 안된다. 지형을 잘 파악하고 싸우는 자는 틀림없이 승리를 얻지만, 지형을 잘 모르는 채 싸우는 자는 틀림없이 패배할 것이다'라는 뜻이 된다.

전국시대(戰國時代)의 책사(策士)인 소진(蘇秦)은 중국 서쪽에 있던 강대국 진(秦)나라에 대항하는 6개국의 남북동맹을 꾀하며 각 나라를 두루 찾아가서 그 나라 국왕을 설득했다. 그때 우선 거론했던 것이 지형이다.

그리고 지리(地利)를 이용하면 비록 작은 나라라 하더라도 큰 나라를 대항할 수 있다며 각 나라에 자신감을 심어 주었다.

후한(後漢)의 장군 마원(馬援)은 여러 차례 출전하여 후한의 기초를 공고히 만든 인물인데 그가 광무제(光武帝)에게 작전을 설명할 때 곡물을 사용하여 입체지도를 만들어, 한눈에 그 상태를 알게 했다는 일화로 유명하다. 산행(山行)에도 지도는 필요하다. 무엇을 하든 지리와 객관적 상태를 아는 것은 아주 중요하다.

하고자 하는 마음이 생기게 하는 심리술(心理術)

視卒如嬰兒 故可與之赴深谿. 視卒如愛子 故可與之俱死
(시졸여영아 고가여지부심계. 시졸여애자 고가여지구사) 〈地形篇(지형편)〉

이 구절의 원문을 의역하면 '부하 병사를 사랑하되 어린아이처럼 하라. 그래야만 그들은 명령이 떨어지면 깊은 골짜기 바닥에라도 내려가며, 생사를 같이 하려는 마음이 생기는 것이다'란 의미이다.

부하를 통솔하는 데 있어 사랑과 온정이 얼마나 필요한지를 설명하고 있는 것이다. 이 말은 현대적으로 표현하면 인간적 접촉을 내포하고 있다.

《손자》와 쌍벽을 이루는 병법서《오자(吳子)》의 저자 오기(吳起) 장군에 대한 유명한 에피소드가 있다.

어느 때, 한 병사가 몸에 난 종기로 고생하는 것을 본 오기 장군은, 스스로 입을 대고 그 종기의 고름을 빨아 주었다. 그 후 그 이야기를 전해 들은 병사의 어머니는 엉엉 소리를 내며 울었다. 동네 사람이 이상하게 여기면서,

"아니, 장군께서 친히 입을 대고 고름을 빨아주셨다는데 왜 우시는 게요?"

라고 물었던 바 그 어머니는 이렇게 대답했다고 한다.

"실은 몇 해 전에 오기 장군께서는 그 애 아버지의 고름을 빨아준 일이 있답니다. 그 후 애 아버지는 출진(出陣)을 했는데 오기 장군의 온정에 보답하기 위하여 끝까지 적군에게 등을 보

이지 않으며 싸우다가 당당하게 전사했지요. 듣자하니 이번에는 아들놈의 고름을 또 오기 장군께서 빨아 주었다지 뭡니까. 그렇다면 그 아들놈의 운명도 뻔한 일입니다. 오기 장군을 위해 싸우다가 또 죽을 게 뻔하다니까요. 그래서 슬피 우는 것입니다."

이 이야기는 여러 가지로 해석을 할 수 있겠는데 오기의 입장에서 본다면 그렇게까지 하여 병사들의 마음을 사로잡기에 노력했던 것이다. 이것이 곧 손자가 말하는 '병사 사랑하기를 어린아이처럼 하라'는 교훈임에 다름 아니다. 그러나 손자는 한편으로 어디까지나 냉철하다. 이 말에 이어서 다음과 같은 의미의 말을 덧붙이고 있는 것을 잊어서는 안된다.

'그러나 부하를 후하게 대우해주면서 생각하는 대로 부리지 못하고, 귀여워할 뿐 명령을 내리지 못하여 군율을 어겨도 처벌할 수 없게 되면 어떻게 되나? 그렇게 되면 친자식을 지나치게 사랑하는 것과 같을 뿐이며, 아무 쓸모도 없게 된다.'

사랑이라든가 인간적 접촉을 중시하면서도 그 속에서 엄(嚴)의 요소를 잊지 말라고 강조하고 있다.

《울요자(尉繚子)》라고 하는 병법서에서도, '장수된 자가 부하를 잘 통솔하기 위해서는 사랑과 위엄을 공히 갖추고 있어야 한다'라고 전제한 다음, 이렇게 역설하고 있다.

'장수를 마음으로부터 경모(敬慕)하는 부하가 아니면 아무 쓸모도 없다. 또 장수를 두려워하는 부하가 아니라면 수족과 같이 움직이게 할 수가 없다. 부하로 하여금 명령에 따르도록 하는 데는 온정이 필요하거니와 장수의 지위를 확립하는 데는 위신이 필요하다. 온정과 위신, 이 두 가지가 겸비되어 있어야만 부하는 기꺼이 명령에 따르는 법이다.'

통솔력을 몸에 익히려면 이 두 가지에 유의하지 않으면 안된다.

부하를 '버릇없는 자식'처럼 만들지 마라

厚而不能使 愛而不能令 亂而不能治 譬若驕子 不可用也
(후이불능사 애이불능령 난이불능치 비약교자 불가용야) 〈地形篇(지형편)〉

앞 항(項)의 본문에서 설명한 바 있는 이 원문의 뜻을 의역하면 다음과 같다. '부하는 후대하는 것만으로는 마음대로 부릴 수가 없고, 귀여워하는 것만으로는 명령에 따르게 할 수 없다. 문란해도 다스릴 수가 없다면 부모가 너무 사랑하다가 버릇없는 자식으로 만드는 것과 같아서 부릴 수가 없다.'

손자는 부하에 대한 애정이 꼭 있어야 한다고 말한 다음 이렇게 덧붙였던 것이다. 문맥으로 본다면 앞의 구절은 도리어 이 뒤의 구절을 도출해내기 위하여 한 말 같다. 《손자》를 연구하고 스스로 주석서까지 지은 일이 있는 위(魏)나라 조조(曹操)는 이 구절에 대하여 다음과 같이 아주 적절한 해설을 가하고 있다.

'은(恩)만을 전적으로 쓰지 마라. 벌(罰)만을 전적으로 과(科)하지 마라.'

은상(恩賞)만이 아니라 벌도 주라. 벌만이 아니라 은상도 주라는 것이다.

《삼국지》의 제갈공명은 부하인 마속(馬謖)의 간청을 받아들이어 그를 신뢰하고 중용했었다. 이것은 은상에 해당한다. 그런데 이 마속이 중대한 군율 위반을 저질렀다. 명령을 무시하고 독주했기 때문에 아군에게 큰 피해를 입혔던 것이다. 제갈공명은 울면서 마속의 목을 쳤다. 이것이 벌인 것이고ㅡ.

책임감이 강한 사람일수록 권한도 커진다

戰道必勝 主曰無敗 必戰可也. 戰道不勝 主曰必戰 無戰可也
(전도필승 주왈무패 필전가야. 전도불승 주왈필전 무전가야) 〈地形篇(지형편)〉

'필승의 가능성이 있다면 군주가 싸우지 말라 해도 싸우는 것이 좋다. 그러나 필승의 가능성이 없으면 군주가 싸우라고 해도 싸우지 말 일이다.' 위 구절을 의역하면 이런 의미가 되겠다.

이 내용은 현대의 조직론(組織論)과는 반드시 일치되지 않는다고 할 수 있겠지만 리더된 자의 강렬한 사명감과 왕성한 책임감을 강조한 말로 받아들일 수 있겠다. 그 증거로 손자는 이 말에 이어서, '그 결과로서 장수는 공적을 올리더라도 명예를 구하지 않으며, 패배하더라도 책임을 회피해서는 안된다. 오로지 국민의 안전을 바라고 군주의 이익을 꾀할 일이다. 그렇게 해야만 나라의 보물이라고 할 수 있는 것이다'라고 강조하고 있다.

장군이란, 국가가 일단 위급한 일이 생겼을 때 군주의 명령을 받고 전쟁터로 나간다. 따라서 국민의 생명, 국가의 안위(安危)를 두 어깨에 짊어지고 있다. 그 책임은 지극히 막중하다. 반면 작전 지휘에 대해서는, '군명(君命)에 따르지 않는다'(〈九變篇〉)여서, 독단전행권이 부여되어 있다. 말하자면 막중한 책임에 걸맞게 폭 넓은 권한이 부여되는 것이다.

권한 없이는 책임이 없다. 책임이 있기에 권한이 없어서는 안된다. 본국 깊숙이 있는 군주가 작전 지휘에 하나하나 간섭을 한다면 장군으로서의 직책을 완수할 수 없다는 사고방식이다.

이에 대하여 유명한 이야기가 있다. 한(漢)나라 초기의 장군에 주아보(周亞父)라는 인물이 있었다. 흉노(匈奴)의 침입에 대비하여 세류(細流)란 곳에 주둔하고 있으면서 수비를 공고히 하고 있을 때, 당시의 황제인 문제(文帝)가 전선(戰線)을 찾아 위문 겸 독전(督戰)을 하기 위해 그곳에 온다는 것이었다. 세류 주둔군 장병들은 위의(威儀)를 바르게 하고 맞으려 했다.

그런데 황제의 행렬 선도부대가 도착했건만 군문(軍門)은 닫혀 있는 채였다. 선도부대원이,

"폐하의 행차시오!"

라며 외쳤건만 군문을 지키고 있던 장병들은 맞고함을 쳤다.

"군중에서는 장군의 명령에만 따를 뿐, 천자의 '조(詔)'도 듣지 않는 법이오!"

하는 수 없이 문제는 주아보에게 사자(使者)를 보냈다. 그때서야 비로소 주아보는 군문을 열고 군례(軍禮)로 문제를 맞아들였다.

군단의 사열을 무사히 끝낸 문제는 돌아가는 길에 따르는 자를 돌아다보며,

"주아보야말로 참된 장군이로고."

라며 찬사를 아끼지 않았다고 한다. 직무에 대한 그 왕성한 책임감에 감동되었던 것이리라. 현대의 리더들 가운데는 권한도 안 주면서 책임만 지탄하는 사람이 많다. 그런 통폐가 있는 것은 분명 사실이다. 그러나 책임감이 적은 사람에게 큰 권한을 주지 않는다는 것도 확실하다. 공자(孔子)는 리더의 첫째 조건으로 '사방에 사신으로 나아가 군명(君命)을 욕되이 하지 않을 것'을 들고 있다. 그러기 위해서는 역시 막중한 사명을 완수코자 하는 책임감이 있어야 한다. 현대의 리더들도 그 점을 잊지 말아야겠다.

겸허한 사람은 신뢰도와 지지도가 높게 마련이다

進不求名 退不避罪
(진불구명 퇴불피죄) 〈地形篇(지형편)〉

이 표제어의 원문을 의역하면, '성공을 하더라도 명예를 구하지 아니하고 실패를 하더라도 책임을 회피하지 않는다'란 뜻이 되겠다.

손자는 이것을 리더의 조건으로 들고 있다. 이를 알기 쉽게 풀이하면,

첫째, 공적을 내세우지 말라.

둘째, 왕성한 책임감을 가지라.

등 두 가지로 요약되겠다.

공적을 자랑하지 않는다는 것은 곧 겸허하라는 뜻이다. 겸허의 반대는 오만이고 —. 왜 겸손한 것이 바람직하단 말인가?

'자만하는 자는 손해를 부르게 되고, 겸손한 자가 이익을 보게 됨은 바로 하늘의 도이다(滿招損 謙受益 時乃天道)'

라고 《서경(書經)》에서 말했듯이 겸허한 사람이 남들로부터 지지를 받을 수 있기 때문이다.

《노자(老子)》란 책에도 다음과 같은 내용의 구절이 있다.

'스스로를 드러내고자 하는 사람은 분명하게 알려지지 아니한다. 스스로 옳다 하는 사람은 밝히게 되어 인정받지를 못한다. 스스로 자랑하는 사람은 공적(功績)이 인정되지 아니한다. 스스로 뽐내는 사람은 재능이 훌륭함이 알려지지 않는다(自見者不明 自足者不彰 自我者無功 自矜者不長).'

내가 잘났다며 스스로를 내세우기 좋아하는 사람은 리더로서의 자격이 없다는 것이다.

다음은 책임감인데 조직을 맡고 있는 이상 책임감이 따르는 것은 당연한 일이어서 굳이 설명할 필요도 없을 것 같다.

공자(孔子)가 한 말로서 《논어(論語)》에서 소개하고 있는 말 가운데 이상적인 리더의 상(像)에 대하여,

'그 몸이 올바르면 명령을 하지 않아도 따르며, 그 몸이 올바르지 못하면 명령을 내려도 따르지 아니한다(其身正 不令而行 其身不正 雖令不從)'

라는 유명한 말이 있다. 그렇게 되기 위해서는 조직의 안팎에 상관 없이 모든 사람들에 대하여 발군의 설득력을 몸에 익히고 있지 않으면 안된다. 그것은 '저 사람에게 맡기기만 하면 틀림없다'라는 안심감과도 통하는 일면이 있다.

그러한 설득력은 손자가 이 항(項)에서 거론하고 있는 두 가지 요점을 포함하여 몇몇 가지의 조건을 습득함으로써 갖추게 된다.

그 가운데 가장 중요한 것이 수양(修養)이다.

수양이라든가 수신(修身) 운운하면 말만 들어도 낯을 찡그리는 사람이 대부분이다. 사실, '이렇게 하라', '저렇게 하라'며 설교조로 이야기하면 누구든 다 싫어하게 마련이다.

그러나 수신이라든가 수양이란 것은 실은 자기자신을 단련시키고 자기자신을 향상시키기 위한 자각적(自覺的) 노력을 제외하고는 생각조차 할 수 없는 것이다. 그리고 그런 자각적 노력 없이는 리더로서의 설득력도 몸에 익힐 수가 없다. 설득력의 기초는 실력이며 실력의 바탕은 지식과 능력이기 때문이다.

사람들 위에서 일하기만을 원하고, 이런 실력은 갖추려고 하지 않는다면 그것이 곧 난센스라는 것이다.

적군과 아군, 쌍방의 힘을 알라

知吾卒之可以擊 而不知敵之不可擊 勝之半也. 知敵之可擊 而不知吾卒之不可以擊 勝之半也
(지오졸지가이격 이부지적지불가격 승지반야. 지적지가격 이부지오졸지불가이격 승지반야) 〈地形篇(지형편)〉

한문(漢文)은 도중에서 주체가 예고없이 변하기를 잘 하여 마치 교통 표지의 단서처럼 까다롭고, 아리송한 부정(否定)의 부정이 있기도 해서 이해하기 어려운 대목이 있다. 이 구절 역시 그 가운데 하나이다.

정리를 하면 이런 의미가 될 것이다.

- 우리 부하가 적에게 이길 힘을 가지고 있는 것을 알고 있더라도 적이 쉽게 타도되지 않을 상대인 것을 알고 있지 않으면 승패의 확률은 5대 5가 된다.
- 적이 타도될 상대라는 것을 알고 있더라도 우리 군에게 그만한 힘이 없다는 것을 알지 못하면 승리할 확률은 5대 5이다.

《손자》의 바닥에 깔려 있는 이면사고(二面思考)의 좋은 예이다. 사물에는 모두 양면(兩面)이 있다. 적군과 아군, 이면(裏面)과 표면(表面), 이익과 손해, 선(善)과 악(惡), 남(男)과 여(女), 낮과 밤, 여름과 겨울……. 그 양면을 보지 않으면 정확한 전체상(全體像)을 파악할 수가 없다. 그러기에 손자는 〈모공편(謀攻篇)〉의 유명한 말을 여기서도 결론으로 반복하고 있는 것이다. '적을 알고 나를 알면 승리는 위태롭지 않다(知彼知己 勝乃不殆).'

승부를 겨루는 '장소'에 따라 역관계(力關係)도 변한다

知敵之可擊 知吾卒之可以擊 而不知地形之不可以戰 勝之半也
(지적지가격 지오졸지가이격 이부지지형지불가이전 승지반야)

〈地形篇(지형편)〉

적군이 타도 가능한 상대라는 것을 알아냈다. 그리고 우리 군대에게 그만한 힘이 있다는 것도 잘 알고 있다. 그러나 그것만으로는 아직 완전히 승리할 수 있다고 할 수는 없다.

왜 그렇다는 것일까? 그것은 그밖에 지형(地形)을 숙지(熟知)하지 않으면 안된다는 것이다. 그렇지 않으면 승리의 확률은 5대 5인 것이다.

손자는 앞의 항에서 설명한 '이면사고(二面思考)를 발전시키어 다시 입체적인 것으로 설명하고 있다. 상대방의 힘과 자기자신의 힘, 그것뿐만 아니라 양자(兩者)가 서있는 장소의 인식이 필수라고 강조한다.

힘의 강약은 놓여진 장소에 따라 크게 변화된다. 수험생이 시험장의 분위기에 휩싸이게 되면 원래 지니고 있던 힘조차 완전히 발휘하지 못하는 경우도 있는 것이다.

《삼국지》의 적벽대전(赤壁大戰)에서 대군을 이끌고 남하했던 조조군(曹操軍)은 그 병력이 10여 만 ─ . 대항하는 손권(孫權)·유비(劉備)의 연합군은 불과 3만 안팎이었다. 이 전쟁은 이미 승부가 난 것이나 다름 없었다. 그러나 장강(長江 : 양자강)의 흐름이라는 장소는 양자간의 역관계(力關係)를 대역전시켰던 것이다.

자신의 힘과 입장과 타이밍을 파악하고 있는가?

知兵者 動而不迷 擧而不窮
(지병자 동이불미 거이불궁) 〈地形篇(지형편)〉

이 표제어의 원문을 의역하면, '정세를 충분히 파악하고 있는 자는 행동을 일으키더라도 미혹당하는 일이 없고 싸움이 시작된 다음에 곤경에 처하는 일이 없다'란 의미가 된다.

즉 여기서 말하는 '지병자(知兵者)'는 ①아군의 실력, ②적군의 실력, 그리고 ③지형(地形) 등 세 가지에 대하여 잘 아는 자를 가리킴이다.

이런 것들만 숙지하고 있으면 행동을 일으켰을 때 미혹되지 아니한다는 것이다. 이 경우 정세란 피아간의 전력(戰力), 지형, 타이밍 등을 가리킨다. 손자는 이런 말도 하고 있다.

'적군과 아군, 쌍방의 전력을 정확하게 파악하고 천시(天時)와 지리(地利)를 얻어 가지고 싸우는 자는 항상 불패(不敗)이다.'

싸우기에 앞서 피아간의 전력을 분석한다. 이것은 당연한 일이어서 상식이라고 해도 좋다. 문제는 그것이 얼마나 정확하고 철저한 것이냐란 점이다. 희망적 관찰이 섞여 있어 가지고는 분석했다고 할 수 없다. 다음으로는 지형, 지리(地利)에 대해서인데 손자는 이렇게 말하고 있다.

'지형은 승리를 쟁취하기 위해 유력한 보조적 조건이다. 따라서 적군의 움직임을 찰지(察知)하고 지형의 험준과 원근을 견주어 보면서 작전계획을 책정하는 것은 장수의 임무이다.'

그런 다음 지형에 대하여 여러 가지 주의사항을 열거하고 있다. 한 예를 들자면,

'군(軍)을 포진시키는 데는 저지(低地)를 피하고 고지(高地)를 선택하지 않으면 안된다. 또 습한 응달보다 햇볕이 잘 드는 장소를 선택해야 한다. 그렇게 하면 병사의 건강관리에 유리하며 질병의 발생을 막을 수 있다. 도강(渡江)할 때도 만약 상류에서 비가 내리어 수량(水量)이 불어났다면 수량이 줄 때까지 기다리는 게 좋다'

라는 식으로 여기서도 지극히 합리적인 사고방식으로 일관하는 점에 특징이 있다. 그러나 오늘날 우리가 《손자》를 읽을 때 지형에 대한 기록은 그다지 의미를 가지지 못한다. 도리어 지형을 '추상적인 장소'. 즉 입장이라든가 정황(情況)이라고 이해하면서 읽는 편이 얻는 바가 많을 것이다. 즉 행동으로 옮길 때는 자기가 처해 있는 입장이나 정황을 신중하게 검토해야 한다는 것이다.

천시(天時)란 하늘이 준 호기(好機)이다. 그 천시를 잘 잡는 것이 승리를 거두는 조건이 된다.

그것은 전쟁에서 뿐만이 아니다. 어느 인생이든 한 번이나 두 번쯤은 이 호기가 찾아오게 마련이다. 그것을 잘 잡느냐 못잡느냐로 그 사람의 인생항로는 크게 달라지는 법이다.

이상 세 가지를 충분히 파악하고 전쟁에 임하면 자신감과 여유를 가지고 전쟁을 수행해 나갈 수 있다. 따라서 승리의 확률도 그만큼 높아지게 되는 것이다.

끝으로 참고삼아 당(唐)나라의 감찰어사(監察御使)로서 《손자》의 연구가이기도 했던 두목(杜牧)의 말을 소개해 둔다.

'이 세 가지를 파악하고 있다면 싸우기 전부터 승리를 거둔 결과가 된다. 그러므로 미혹당한다든가 곤경에 빠지는 일이 없다.'

변화에 대응할 수 있는 자만이 살아남는다

知天知地 勝乃不窮
(지천지지 승내불궁) 〈地形篇(지형편)〉

앞의 항(項)과 이어지는 구절로서 의역을 하면, '하늘을 알고 땅을 알면 승리하되 막히지 아니한다'란 의미이다.
 알기 쉽게 풀이하면, '승리를 계속해서 유지해 나가려면 천시(天時)와 지리(地利)를 관찰하여 파악하고 있어야 한다'란 뜻이 되겠다.
 천시는 타이밍, 즉 시류(時流)이다. 지리는 바람직한 환경조건이라고 하면 이해하기 쉽겠다.
 시류와 환경의 변화에 잘 대응해 나가는 자만이 승리를 얻고 유지해 나갈 수 있다. 다시 말하면 계속해서 생존할 수 있다는 것이다. 아무리 크더라도 그리고 아무리 힘이 세더라도 시류와 환경의 변화에는 견디어내지 못한다. 성(盛)한 것은 언젠가는 쇠해지고, 승자도 언젠가는 패한다. 그러나 천시와 지리에 대하여 철두철미한 통찰력을 지니고 있다면 쇠해지고 패하는 시기를 다소라도 늦출 수가 있다. 혹은 선견지명으로, 변신을 꾀하여 새롭게 거듭 태어날 수 있을지도 모른다.
 천(天)과 지(地)를 동적(動的)인 것으로 생각하여 양(陽)과 음(陰)으로 바꾼다면 양이 음을 낳고 음은 양을 낳는 등, 무한한 변화를 반복하는데 그 변화에 즉응(卽應)해나가는 것이 승리요, 궁해지지 않는 비법이기도 하다.

환경에 맞는 심리적 전투법

用兵之法 有散地 有輕地 有爭地 有交地 有衢地 有重地 有圮地
有圍地 有死地
(용병지법 유산지 유경지 유쟁지 유교지 유구지 유중지 유비지 유위지
유사지)〈九地篇(구지편)〉

여기서는 아홉 가지의 지형을 열거하고 그런 곳에서의 전투법을 제시하고 있는데 심리적 영향이란 측면에서 지형을 분류한 아주 특이한 전투법들이다. 즉 '구지법(九地法)'으로서 환경에 맞는 심리적 전투법인 것이다. 그 아홉 가지를 대충 설명해 보겠다.

1.산지(散地) — 무엇인가의 원인으로 장병들의 전의(戰意)가 집중되지 않는 곳. 이런 곳에서는 싸우지 말 일이다. 2.경지(輕地) — 국경에서 다소 적지로 들어간 곳. 얼른 퇴각하는 게 좋다. 3.쟁지(爭地) — 피아간에 차지하고 싶은 곳. 이익에 눈이 어두워져서 초조한 심정으로 공략하지 않는 편이 좋다. 4.교지(交地) — 쌍방이 손에 넣기 쉬운 곳. 피아간 혼란을 일으키기 쉬우므로 부대간에 연락을 긴밀히 할 것. 5.구지(衢地) — 모든 세력이 뒤섞이기 쉬운 곳. 외교교섭을 우선적으로 한다. 6.중지(重地) — 적국 깊숙이 들어가서, 마음에 중압감을 가지기 쉬운 곳. 약탈하여 중압감을 발산시키는 것이 좋다. 7.비지(圮地) — 험준한 지형으로서 행군하기 어려운 곳. 빨리 통과할 것. 8.위지(圍地) — 출입구는 좁고 속은 포위되어 있는 곳. 전투보다 계략으로 싸우는 게 좋다. 9.사지(死地) — 싸우는 길밖에 살아남을 길이 없는 곳. 필사적으로 싸우라.

적군의 내부를 분열시키라

古之所謂善用兵者 能使敵人前後不相及 衆寡不相恃 貴賤不相救
上下不相扶 卒離而不集 兵合而不齊
(고지소위선용병자 능사적인전후불상급 중과불상시 귀천불상구 상하불상부 졸리이부집 병합이부제) 〈九地篇(구지편)〉

위 구절의 원문을 의역하면, '예로부터 전쟁을 잘하는 사람은 적군의 내부를 분열시키는 데 뛰어났다. 즉 적군의 전위부대(前衛部隊)와 후위부대 사이를 끊고, 대부대(大部隊)와 소부대의 장점을 잃게 만들며 계층간에 대립이 생기도록 하였다. 간부와 사병간에 협력하지 못하게 하고 병사들은 서로 흐트러지게 하여 단결하지 못하도록 하였다'라는 의미가 된다.

진(秦)나라가 멸망한 다음, 항우(項羽)와 유방(劉邦)이 천하를 놓고 싸우기 4년 ─ . 처음에는 항우가 우세했었는데 종반전에서 유방이 역전승리를 거두고 한왕조(漢王朝)를 세웠다.

항우의 패인 중 하나에 그가 유능한 참모인 범증(范增)과 대립하다가 그를 잃게 된 것을 꼽을 수 있다. 이때 항우는 유방의 계략에 넘어갔던 것이다.

어느날 유방의 본진에 항우가 보낸 사자(使者)가 왔다. 유방은 호화판 연석을 준비하고 사자를 맞았는데 일부러 놀라는 척하며 '아니, 범증님이 보낸 사자인 줄 알았는데 항우님의 사자가 아닌가'라며 보잘것없는 요리로 대신 접대했다. 이 사자의 보고를 받은 항우는 범증을 의심한 나머지 그를 물러나게 했던 것이다.

승패의 코스트 계산을 잊지 마라

合於利而動 不合於利而止
(합어리이동 불합어리이지) 〈九地篇(구지편)〉

위 표제어의 원문을 알기 쉽게 의역하면,
'이익이 되는 것이면 하고, 이익이 되지 않는 것이면 하지 마라'
는 뜻이다. 아주 쉬운 것 같지만 이것이 그렇게 간단하지가 않다.
왜냐하면 '이(利)'의 개념이 분명치가 않기 때문이다.

오늘날 우리는 '이'라고 하면 주로 돈을 벌게 되는 것을 의미하게 된다. 물론 그것도 '이'임에는 틀림없지만 손자가 말하는 '이'는 그것만이 아니라 더 넓은 의미를 가지고 있다.

원래 '이(利)'라는 글자는 벼 화(禾)와 보습 사(耜 : 쟁기의 부속품)를 합성한 문자로서 밭을 가는 데 편하다는 의미였다. 그것이 전(轉)하여 예리(銳利)·이기(利器) 등의 이(利)처럼 날카롭다는 의미로 사용되었고, 다시 '득(得)이 된다'란 의미로도 사용되었는데 특히 이 득이 된다란 뜻으로 많이 쓰이게 된 것이다.

《손자》의 경우는 물론 '이익이 된다'는 뜻인데 그것뿐만 아니라 '사정이 좋다', '무리가 없다' 등의 원뜻도 포함하고 있다. 앞뒤의 문장이라든가 용례(用例)로 보더라도 이 말은 '무리가 없고 더구나 득이 된다면 하라'고 해석하는 것이 정해(正解)인 것 같다.

한편 '이'의 반대 개념은 '의(義)'이며 《논어》에서는 '군자는 대의를 밝히고 소인은 이를 밝힌다'라고 했다. 손자는 이런 윤리 문제에서가 아니라 승패의 코스트 계산이란 관점에서 말한 것이다.

아무리 열세더라도 상대방의 약점을 찌를 기회는 있다

奪其所愛則聽矣
(탈기소애즉청의) 〈九地篇(구지편)〉

이 말은,
'질서정연한 적군 대부대가 공격해 오는 경우 어떻게 하면 물리칠 수 있는가?'
라는 질문에 대하여 손자가 대답한 말이다. 즉,
'상대방이 가장 소중히 여기는 것을 뺏으면 이쪽의 말을 듣는 법이다'
란 뜻이다.

여기서 '소애(所愛)'란 '제일 소중히 여기는 것'이란 뜻이며 부채의 사북과 같은 부분이다. 부채에서 사북을 떼내면 아무리 좋은 부채라 하더라도 부챗살이 모두 흐트러지고 만다. 이와 마찬가지로 적군의 사북에 해당하는 부분을 탈취하면 전쟁을 유리하게 끌고 나갈 수 있다.

부채의 사북은 견해를 바꾸어 보면 급소(약점)라고 해도 좋다. 아무리 강력한 상대더라도 반드시 급소는 있게 마련이다. 그러므로 그곳에 병력을 집중시키어 공격하라는 것이다.

《삼국지》 전반(前半)의 최대 전투는 당시 최강의 세력을 자랑하던 원소(袁紹)와 신흥세력인 조조(曹操)가 격돌했던 '관도지전(官渡之戰)'이었다. 이 전투에서 승리한 조조가 북중국(北中國)의 패자(覇者)가 된 반면 패배한 원소는 끝내 패전을 만회하지 못한 채 자멸하고 말았다.

그러나 전쟁이 시작되기 전에는 원소측 세력이 압도적으로 강했다. 동원된 병력은 원소측이 10만에 조조측은 불과 1만 ─. 교묘한 전술을 구사하던 조조는 이 싸움에서도 선전하여 전술적인 승리를 거두었지만 병력과 물량(物量)의 차이를 극복하기가 쉽지 않았다.

그래서 차츰 후퇴할 수밖에 없었고 관도(官渡) 땅까지 물러났으며 그곳에서 최후의 보루를 쌓고 수비를 굳혔다.

하지만 이곳에서도 전선(戰線)을 유지하는 게 고작이었다. 이때, 귀에 솔깃한 정보가 들어왔다.

'원소군의 치중(輜重 : 전선으로 수송·보급해야 하는 군수품) 1만 여대가 오소(烏巢) 근방에 집적(集積)되어 있는데 그 경계는 뜻밖에도 허술하다. 기습부대를 편성해서 급습하여 그 치중을 불태우면, 원소군을 사흘 안에 격파할 수 있다.'

조조는 일단 결심을 하면 실행에 옮기는 시간이 짧다. 그는 곧 보병·기병 합계 5천 명을 편성했다. 그리고 어두운 밤에 오소로 급행했고 격투 끝에 오소를 함락함과 동시에 치중을 모두 불태웠다.

그러자 원소군은 큰 타격을 받을 수밖에 없었다. 그러한 원소군을 조조는 총공격하여 격파했다. '관도지전'의 전환점이 된 것은 바로 이 오소의 급습이었다. 오소야말로 원소군의 소애(所愛)였던 것이다.

소애란 상대방의 급소이며 약점이기도 하다. 교섭을 함에 있어서도 상대방의 급소를 발견하고 그곳을 공략하면 의외의 성공을 걷는 경우가 적지 아니하다.

이런 이야기도 있다.

전국시대(戰國時代)에 있었던 일이다. 제(齊)나라의 장축(張丑)이란 가신(家臣)이 연(燕)나라에 인질로 끌려갔다. 그런데 제나라와 연나라 사이에 우호관계가 깨지면서 장축은 죽을는지 모르는 신세가 되었다. 온갖 수단을 다 써서 탈출하여 국경에까지 도망오긴 했지만 국경 경비대원에게 붙잡히고 말았다.

여기서 가만 있다가는 목숨이 붙어 남지 못한다. 그는 경비대원에게 말했다.

"연나라 왕이 나를 죽이려고 했던 것은 내가 귀한 보옥(寶玉)을 지니고 있다고 밀고를 한 자가 있기 때문이었소. 실은 나는 그것을 잃어 버렸는데 왕은 내 말을 곧이듣지 않습니다. 지금 여기서 내가 붙잡히어 연나라 왕 앞에 끌려가면 나는 왕 앞에서 그대가 그 보옥을 탈취하며 입 속에 넣고 삼켰노라고 말할 것이외다. 그러면 왕은 틀림없이 그대의 배를 째고 그 보옥을 손에 넣으려고 할 것이오. 욕심이 누구보다도 많은 왕에게 아무리 해명을 해도 받아들이지 않을 것이외다. 그런즉 나도 죽겠지만 그대도 꼼짝없이 배가 갈리고 창자가 토막나서 죽을 게 아니겠소."

경비대원은 장축을 풀어주었다. 이렇게 해서 장축은 무사히 제나라로 돌아올 수 있었다고 한다. 경비대원의 급소를 공격했고 그런 계략은 멋지게 성공할 수 있었던 것이다.

지난날 강대국에서 약소국의 왕자(王子) 등을 인질로 잡아놓고 자기네 의도대로 약소국을 조종했던 것도 이런 원리에 속한다. 비열한 짓이긴 하지만 말이다.

'소애(所愛)'를 탈취하라는 손자의 가르침은 응용범위가 아주 넓어서 평소의 인간관계에서도 충분히 활용할 수 있을 것이다.

약한 세력이 살아남기 위한 방법

乘人之不及 由不虞之道 攻其所不戒也
(승인지불급 유불우지도 공기소불계야) 〈九地篇(구지편)〉

위 표제어의 원문을 의역하면,
'적군이 아직 그곳에 이르기 전에 그것을 간파하고, 뜻하지 아니한 길로 가서 적군의 수비가 허술할 때 공격하는 것이 좋다' 란 의미가 되겠다.

샛길로 달려가서 적의 미방비 상태일 때 공격하여 대승을 거둔 실례는 동서고금에 얼마든지 있다. 이런 전투법은 말하자면 약소한 세력이 강대한 적과 싸우는 경우에 흔히 사용된다.

이 병법에 따라 약소한 쪽이 강대한 적을 무찌르고 살아남는 방법을 좀더 살펴 보기로 한다.

같은 코스로 가고 똑같은 전법을 구사한다면 강대한 쪽이 승리하는 것은 너무나 당연하다. 그것을 무너뜨리어 의외의 결과를 가져오도록 하는 것이 지혜의 힘이다. 이 힘은 물리적인 강약(強弱)과는 관계가 없으며 무한한 가능성을 가지고 있다.

우선 아무도 하지 않는 방법을 강구하는 노력이다. 즉 처녀지를 찾아내는 노력이다. '인지불급(人之不及)', 다시 말해서 '사람들의 힘이 미치지 않는 것'을 강구하는 것이다.

다음으로 발상(發想)을 대전환시키는 것이다. 남들은 감히 상상도 할 수 없는 발상을 떠올리는 것이다. 그것이 '불우지도(不虞之道)'이다. 그리고 강대한 쪽에서 방심하고 있는 곳을 치는 것이다.

어떤 일이든 도중하차해서는 안된다

凡爲客之道 深入則專 主人不克
(범위객지도 심입즉전 주인불극) 〈九地篇(구지편)〉

위 표제어의 원문을 의역하면, '적지(敵地)에 쳐들어간 경우에는 과감하게 깊숙이 공격해 들어가는 것이 좋다. 그렇게 하면 장병은 싸울 수밖에 없는데 맹공을 가하면 그 앞에서 상대방은 대적할 수가 없다'란 의미이다.

이 구절에 이어서 손자는, '적국의 옥야(沃野)에서 곡물을 탈취하여 현지 조달을 하고, 그것으로 전군(全軍)의 식량을 보급하여 기력을 충실케 하고 계략을 쓰는 게 좋다'라고 덧붙이고 있다.

손자가 살아가던 시대는 그렇다 치더라도 이 병법은 아주 위험하다. 그렇게 하면 적국 국민들의 저항을 받게 될 것이기 때문이다. 약탈은 그 저항을 점점 더 강하게 만든다. 전쟁이 장기화(長期化)되면 아군의 사기도 떨어지게 마련이다.

나폴레옹이나 히틀러의 모스크바 진격과 그 실패, 그리고 일본군의 중국 침략과 그 실패를 돌아볼 필요가 있겠다.

이 작전은 고대 중국의 제후국(諸侯國)을 전제로 할 때 비로소 성립된다.

단, 생각하는 각도에 따라서는 도중하차하는 것은 안 좋다는 의미로 이해할 수도 있겠다. 이 구절의 말은 어떤 일이든간에 철저하게 해야만 성과를 올릴 수 있다는 교훈으로 받아들인다면 나름대로 값어치가 있겠다.

밀어붙여서 전력(全力)을 발휘하도록 만들라

投之無所往 死且不北
(투지무소왕 사차불배) 〈九地篇(구지편)〉

위 구절의 원문을 의역하면, '병사들을 도망치기는커녕 필사적으로 싸우게 하기 위해서는 싸우는 것 이 외에 다른 길이 없는 막다른 골목으로 몰아넣을 일이다'란 의미가 된다.

싸우는 수밖에 다른 수가 없는 곳은 다시 말해서 '사지(死地)'이다. 그래서 이런 전투를 '사지지계(死地之計)'라고 한다.

손자는 이것을 설명하기 위해 다음과 같이 덧붙이고 있다.

'철두철미하게 밀어 붙이면 병사들은 공포심이 없어지고, 피할 곳이 없어지면 병사들은 단결하게 마련이다. 적지(敵地) 깊숙이 들어가면 병사들은 동요하지 않게 되고 다른 방도가 없게 되면 병사들은 싸우게 되는 것이다.'

손자의 설명은 이어진다.

'그렇게 되면 상관이 이래라 저래라 하지 않더라도 병사들은 서로 훈계하면서 자발적으로 행동하고 단결하며 신뢰를 배반하지 않는다.'

'출진(出陣) 명령이 떨어졌을 때 병사들은 눈물을 흘리어 옷깃을 적실 것임에 틀림없다. 그러한 그들을 도망칠 길이 없는 막다른 골목으로 밀어붙이면 역사상 용맹하기로 이름높은 전제(專諸)라든가 조예(曹劌)처럼 되는 것이다.'

배수진(背水陣)과 같은 원리임은 두말할 나위도 없다.

부하를 동요케 하지 마라

禁祥去疑 至死無所之
(금상거의 지사무소지) 〈九地篇(구지편)〉

위의 표제어 원문을 알기 쉽게 풀이하면, '신(神)에게 고(告)하는 일이나 점치는 것을 금하고, 거기에다 의심하는 마음이 일어나지 않도록 만반의 조치를 취하면 병사들은 최후까지 동요하지 않으면서 싸울 것이다'란 의미가 된다.

춘추시대(春秋時代)까지는 점치는 일이 굉장한 위력을 발휘했었다. 승패의 예측, 개전(開戰)의 가부(可否), 출진의 기일(期日) 등등을 모두 점(占)에 의지하고 있었던 것이다.

손자는 이것에 대하여 합리적인 계산에 근거한 인간의 의사를 제일로 쳤다. 물론 오늘날의 의사 결정법과는 다른 점도 많이 있는데 어쨌든 미신으로부터의 이탈이다. 이 구절의 말도 그것을 선언한 것이다. '신에게 고하는 일이나 점치는 것을 금하고 의심하는 마음이 안 일어나게 하는 것'도 지금 우리가 생각하는 것 이상으로 무게가 실린 말인 것이다.

우리들은 점치는 것을 믿지 않겠노라고 말은 하면서도 은근히 점을 쳐보고자 하는 생각을 가지는 수가 많으며 또 미혹이라든가 의심 때문에 고민하는 일도 많다. 그러나 이름을 남긴 무장들은 이 점을 역으로 이용하여 은밀히 자신에게 유리한 우상을 만들고 부하들에게 확신토록 하여 심리적으로 용감하게 만든 사람도 있다. 그야 어쨌든 리더는 점 따위보다는 자기자신을 믿어야 한다.

바위의 굳기보다, 끈질긴 뱀의 강력함을 가지라

善用兵者 譬如率然
(선용병자 비여솔연) 〈九地篇(구지편)〉

위 표제어의 원문을 직역하면, '전쟁을 잘하는 사람은 비유컨대 솔연과 같다'란 의미이다. 그럼 '솔연'이란 무엇인가? 손자는 다음과 같이 설명하고 있다.

'솔연이란 상산(常山)에 살고 있는 뱀이다. 상산의 뱀은 머리를 때리면 꼬리로 습격해 온다. 꼬리를 때리면 이번에는 머리로 습격해 온다. 몸뚱이를 때리면 머리와 꼬리로 함께 덤벼든다.'

손자는 이것을 집단행동의 이상(理想)이라고 찬양하는데 조직론(組織論)으로 받아들여도 시사하는 바가 많다.

우리나라에서는 흔히 바위를 단단한 것에 비유하면서 단결의 상징으로 이 바위를 든다. '바위처럼 굳건하게 단결하여' 운운하면서 말이다. 분명 이 바위와 같은 단결은 굳은 것인지 모르겠으나 어쩐지 경직된 이미지가 있다. 항복을 인정하지 않으면서 옥쇄(玉碎)할 것을 강요하는 군대도 있으니 말이다.

바위는 어딘가 한 군데에 금이 가면 그 조직 전체가 갈라지고 쪼개진다. 딱딱하고 강한 것은 사실이지만 그 반면 약한 면도 있는 것이 바위인 것이다.

그런데 중국인들은 오히려 유약(柔弱)한 것이야말로 강력함의 상징이라고 본다. 그 좋은 예가 《노자(老子)》이다.

'천하의 지극히 유약한 것이 천하의 지극히 견고한 것을 부리고

있다(天下之至柔 馳騁天下之至堅).'
《노자》에는 또 이런 말도 있다.
'미세(微細)한 사상(事象)을 찰지(察知)하는 것, 이것을 명(明)이라 한다. 유약한 태도를 견지하는 것, 이것을 강(强)이라 한다(見小曰明 守柔曰强).'
이처럼 《노자》에서는 유약한 것이야말로 강력함의 상징이라고 했는데 손자 역시 이 구절의 바탕에는 《노자》와 공통되는 인식이 깔려 있다. 손자는 앞에서도 이미,
'아군을 지휘 운용하는 극치는 형체가 없는 것처럼 남의 눈에 보이지 않게 하는 데에 이르는 것이다(形兵之極 至於無形).'
'군대의 형태는 물의 형상과 같은 것이어야 한다(兵形象水)'
라며 《노자》식의 인식을 피력하고 있는데 이 항(項)에서 말하고 있는 '솔연과 같이'도 그런 인식의 연장임에 틀림없다.
여기서 '솔연'이란 삶아도 구워도 먹을 수 없는 것, 끈질긴 저항력을 비장한 모습이다. 수세(守勢)의 강력함이라고 해도 좋다. 또 상대방에게 결정적인 포인트를 허용하지 않는, 그러한 강력함이라고 해도 좋다.
조직론에서 볼 때 한 사람 한 사람의 강력한 힘을 모아 가지고 구성되는 전체의 강력함, 그것이 '솔연'임에 틀림없다.
우리나라 사람은 집단에서는 강하지만 개인이 되면 무르다고 한다. 수많은 외침(外侵)을 견디어 냈고, 오늘날에도 불우이웃돕기 등에 적극 참여하는 민족성이 그것을 대변하고 있다. 집단에서의 강력함을 견지하면서 개인으로서의 용맹성을 몸에 지닌다면 '솔연'의 모습에 가까워질 수 있을 것이다.
참고로 '솔연'이 산다는 상산은 하북성(河北省)에 있는 중국 5대 명산 중 하나인 항산(恒山 : 北岳이라고도 한다)을 가리킴이다.

위기에 직면하면 단결한다 — 오월동주(吳越同舟)

夫吳人與越人相惡也 當其同舟而濟遇風 其相救也 如左右手
(부오인여월인상오야 당기동주이제우풍 기상구야 여좌우수)

〈九地篇(구지편)〉

'오나라와 월나라는 서로 원수지간인데 두 나라 사람이 한 배를 타고 가다가 폭풍을 만나서 위급한 지경에 놓이면 마치 왼손과 오른손처럼 일치협력하며 서로 돕는다.'

표제어의 원문을 의역하면 이런 의미가 되겠다. 그 유명한 '오월동주(吳越同舟)'란 고사성어가 생겨나게 된 출전이다. 오늘날에는 단지 사이가 나쁜 사람끼리 한 테이블에 앉아 있다는 뜻으로 사용되는 '오월동주'지만, 원래의 뜻은 그렇지 않았던 것이다.

손자는 병사들로 하여금 싸우려는 마음을 가지게 하고 일치단결하여 싸우도록 하려면 어떻게 해야 하는가란 점에 대한 발상에서 이 말을 했다. 그렇게 되도록 하기 위해서는 '병사들을 도저히 벗어날 수 없는 위지(危地)에 투입하라. 그러면 병사들은 죽을지언정 도망치지 않을 것이다(投之無所往 死且不北)'라고 한 다음 이렇게 덧붙이고 있다.

'병사들은 도저히 헤어날 수 없는 궁지에 놓이게 되면 도리어 공포심을 잊는다. 도망칠 길이 없는 처지에 놓이면 일치단결하며, 적군 영토 깊숙이 들어가면 결속을 더욱 굳히고, 어쩔 수 없는 사태에 놓이면 필사적으로 싸우는 법이다.

따라서 병사는 지시하지 않더라도 스스로 훈계를 하며, 요구하지 않더라도 사력을 다하여 싸우며, 군율로 구속하지 않더라도 단결하며, 명령을 내리지 않더라도 신뢰를 배반하지 않게 된다. 이렇게 된 다음에 미신과 요언(妖言)을 금하여 의혹이 일지 않도록 하면 죽음을 각오하고 싸울 것이다.'

이 얼마나 무서운 인간관리술이란 말인가.

앞에서도 언급한 것처럼《손자》에는 용전감투(勇戰敢鬪)의 사상은 없다. 작전계획의 입안(立案)·책정(策定)을 함에 있어 처음부터 병사들의 용전감투에만 기대를 거는 경직된 사고(思考)는 없다. 그렇기는 하지만 전쟁이란 목숨이 걸려 있는 일이다. 막상 대전(對戰) 단계가 되면 각 병사들의 용전에 기대를 걸면서 활로를 열어나갈 수밖에 없다. 그 비유로 든 것이 이 '오월동주'이다.

참고로 오나라와 월나라는 오늘날의 강남(江南) 땅에서 번영했던 나라들이다. 수십년간에 걸쳐 사투(死鬪)를 하면서 '와신상담(臥薪嘗膽)'이란 고사성어를 만들어낸 맞적수였다.

그러나 손자는 '오월동주'라 하더라도 그것만을 직선적으로 역설하고 있는 것은 아니다. 그런 처지에까지 가려면 몇 가지의 전제조건이 충족되어야 한다는 것이다.

그 전제조건이란 예컨대,
1. 충분한 휴식을 시키어 전력(戰力)을 온존(溫存)케 하고 사기를 길러 준다.
2. 적군의 의표를 찌를 수 있는 작전계획을 세운다.
3. 평상시부터 정치적 지도를 철저하게 한다.
4. 지리(地利)를 얻도록 한다.

등등이다. 덮어놓고 병사들을 '헤어날 수 없는 곳'에 두라는 것은 아니다.《손자》에서 배우려면 '오월동주'뿐만 아니라 이런 정치적 배려란 면도 합쳐서 배우지 않으면 안되는 것이다.

정치는 군사(軍事)보다 우선이다

方馬埋輪 未足恃也. 齊勇若一 政之道也
(방마매륜 미족시야. 제용약일 정지도야) 〈九地篇(구지편)〉

이 표제어의 원문을 의역하면,
'아무리 철벽같은 진(陣)을 쳤다 하더라도 그것만으로 충분하지는 않다. 장병들로 하여금 싸우고자 하는 용기를 가지게 하지 않으면 안된다. 그렇게 하는 것이 정치이다'
란 의미가 되겠다.

중국인, 특히 한민족(漢民族)은 전통적으로 무(武)보다 문(文)을 중시했기 때문에 정치적 역량도 문에 중점을 두었었다. 유목민족이 자랑으로 삼는 기병(騎兵)들의 내습에 골머리를 앓았던 이 농경민족은 무력에 의한 대항책의 한계를 알고 있었기에 정치를 제일로 삼았던 게 아닐까? 전쟁을 하는 것보다는 정치적으로 해결하는 계책을 모색하는 게 나을 것이니 말이다.

초(楚)나라 재상(宰相)이자 병법가였던 오자(吳子)는 '이것은 다만 병거(兵車)와 기병(騎兵)의 힘만이 아니라 성인(聖人)의 꾀가 있어야 한다'라고 했다. 군사(軍事)는 어디까지나 정치의 한 수단이라는 것이다. 이 말은 '전술보다 전략'이라고 해석할 수도 있다.

오자는 또 '백성 모두가 임금이 옳다 하고 이웃나라가 그르다고 하면 싸움은 이미 승리한 것이다'라고도 했다.

《울요자(尉繚子)》란 병법서에도 '백성은 조정(朝廷)에게 이긴다'라고 하였다. 전쟁의 승패를 결정하는 것은 정치라는 의미이다.

이것 저것 지나치게 생각하다가는 움직이지 못한다

善用兵者 携手若使一人. 不得已也
(선용병자 휴수약사일인. 부득이야) 〈九地篇(구지편)〉

    이 구절의 원문을 의역하면,
    '전쟁을 잘하는 사람은 다수(多數)의 병사들을 마치 한 사람처럼 일치단결시킨다. 병사들로 하여금 그렇게 하지 않을 수 없도록 만드는 것이다'
란 의미가 되겠다.
    선택할 수 있는 가짓수가 너무 많으면 그만큼 더 헷갈리게 된다. 조직의 경우에는 멤버들의 의견이 쉽게 일치되지 아니하고 사분오열됨으로써 행동에 옮기지 못하게 된다. 충분한 토론을 거쳐 보다 좋은 결론을 내리는 것이 이상적이긴 하지만 현실적으로 그렇게 할 수 없는 경우도 있다. 그럴 때는 도리어 선택의 여지가 없는 편이 의견일치를 쉽게 이루어낼 수 있다.
    개인의 경우도 사정은 비슷하다. 이것 저것 너무 깊이 생각하다가는 행동할 수 없는 경우가 있다. 손자가 한 말과는 반대로 한 사람이 여러 사람으로 분열되고 말기 때문이다.
    '머리가 좋은 사람은 성공할 수 없다'란 말이 있다. 두뇌회전이 빠른 사람은 어떤 일을 시작할 때 그 일이 실패하는 경우를 미리 상정(想定)하되, 비약을 해서 최악의 경우까지 상정하므로 착수도 하기 전에 포기한다.
    너무 지나치게 생각하면 결전(決戰)은 할 수 없는 법이다.

재지(才知)를 표출하지 말고 암우(暗愚)에 철저하라

將軍之事 靜而幽 正以治
(장군지사 정이유 정이치) 〈九地篇(구지편)〉

 이 표제어의 원문을 의역하면, '군을 통솔함에 있어서는 냉정한 태도로 적절한 지시를 내려야 한다'란 의미가 되겠다. 이 구절 또한 리더의 마음가짐을 설명한 것이다.
 '정이유(靜以幽)'를 '냉정한 태도'라고 의역해 보았는데 그것으로는 불충분하다는 비난을 면치 못할 것 같다. 정(靜)은 그 정도의 의역으로 괜찮겠지만 유(幽)는 속 깊숙한 곳에 비장되어 있어서 밖으로 드러나지 않는 것이란 의미인 것이다.
 무엇을 밖으로 드러내지 않는다는 것이냐 하면, 감정·재능·지혜·본심, 그밖의 여러 가지 요소이다. 예를 들면 중국 사서(史書)에는,
 '희노의 감정을 겉으로 드러내지 말 것(喜怒不形於色)'
이란 말이 자주 나오는데, 지도자는 이것을 갖춰야 한다는 것이다.
 《삼국지》의 유비(劉備)는 그 전형적인 인물이었다고 한다. 그 효과로 꼽을 수 있는 것이 위기관리에 강해진다는 것이다.
 또《노자(老子)》에는, '뛰어난 명지(明知)를 지녔더라도 암우(暗愚)에 철저하면 천하의 사표(師表)가 될 수 있다'라고 했다. 번득이는 재능은 속에 비장하고 밖으로 드러내지 않는 것이 좋다는 말이다.
 《손자》는 암우에 철저하라고까지는 말하고 있지 않지만,《노

자》의 이 말과 아주 근접된 사고방식이라고 해석해도 좋을 것이다. 이런 사고방식을 가장 잘 표현하고 있는 것이《장자(莊子)》가 소개하고 있는 '목계(木鷄)'의 우화이다. 옛날 기성자(紀渻子)라고 하는 투계용(鬪鷄用) 닭의 사육사가 있었다. 한번은 왕이 닭 한 마리를 내리면서 투계용으로 훈련을 시키라고 명했다.

그리고 10일이 지났을 때 왕이 훈련상태를 물었다.
"어찌되었노? 투계를 시킬 만한가?"
그러자 기성자가 대답했다.
"아니옵니다. 아직 안되었나이다. 아직도 살기가 등등하여 자꾸만 적(敵)을 찾고 있사옵니다."
다시 10일이 지났다. 임금이 묻자 기성자가 대답했다.
"아직도 아니되겠나이다. 다른 닭이 우는 소리를 들으면 지금도 투지를 불태우고 있사옵니다."
다시 10일이 지났을 때 임금이 또 묻자, 기성자는,
"아니되옵니다. 다른 닭의 모습을 보면 잔뜩 노려보면서 싸우려고만 하옵니다."
라고 대답했다. 10일이 지났을 때 또 묻자, 대답하는 것이었다.
"예, 이제 되었나이다. 옆에서 다른 닭이 아무리 울어대고 도전을 해와도 꿈쩍하지 아니하옵니다. 마치 나무로 깎아서 만든 닭[木鷄] 같나이다. 그것이야말로 덕(德)이 충만하다는 증거입지요. 그 어떤 닭도 따르지 못할 것이나이다. 이 닭의 모습만 보아도 도망치고 말 것이옵니다."

'목계(木鷄)' 대목만 원문으로 보면 '망지사목계의(望之似木鷄矣) 기덕전의(其德全矣)'인데 '기덕전의' 즉 '덕을 온전히 갖추었다'이므로 이야깃거리가 된다. 이 경우의 덕에는 능력과 권모술수까지도 포함된다고 이해해도 좋다.

철두철미한 비밀주의

能愚士卒之耳目 使之無知
〈능우사졸지이목 사지무지〉〈九地篇(구지편)〉

이 구절의 원문을 의역하면, '가급적 병사들의 눈과 귀를 막고, 작전계획에 대해서는 알리지 않도록 할 일이다'란 의미가 되겠다.

지금까지 보아왔듯이 손자의 사상은 현대인에게 있어 이해와 공감을 할 수 없는 점도 많으며, 현대생활에 활용할 수 있는 부분도 적지 아니하다. 그러나 그것이 다는 아니다. 이 구절처럼 현대에서는 용인될 수 없는 것도 물론 있다. 아무래도 2천 수백 년이라고 하는 세월의 차이가 있으니 그럴 수도 있겠다.

그렇다고는 하더라도 병사의 심리를 통찰(洞察)한 여타 여러 가지 조항과 양립되는 게 아닌가 하는 생각이 들지만 그것은 우리들의 잣대일뿐, 고대인에게 있어서는 조금도 모순되지 않는 것이다. 이 구절의 저류(低流)를 이루고 있는 사고방식을 그대로 살펴보도록 하자. 손자는 이 구절의 앞뒤에서 말하고 있다.

'장군의 임무는 냉정하고 또한 엄숙한 것이다.'

'사태에 따라 행동을 바꾸고 작전을 바꾸는데 부하인 병사들에게 모르도록 한다.'

'포진법을 바꾸고, 행군하는 길을 돌아가기도 하는데 병사들에게는 이것저것 생각하지 못하게 한다.'

철저한 비밀주의이다. 노예와 흡사한 당시의 병사들에 대한 관리는 이것으로 족했다.

나무에 오르도록 하고 흔들어라

師與之期 如登高而去其梯
(수여지기 여등고이거기제) 〈九地篇(구지편)〉

표제어의 원문을 의역하면, '군사를 이끌고 싸울 때 전투가 시작되면 고지에 오르게 하고 사닥다리를 치우는 게 좋다'란 뜻이 되겠다.

'나무 위에 올라가게 하고 흔들어댄다'란 말은 흔히 듣는 말이거니와 이 구절은 그런 짓을 하라는 것이니 심하다는 생각이 든다. 이것은 두말할 것도 없이 도로를 차단하여 죽으나 사나 싸울 수밖에 없도록 하라는 권고이다.

발상(發想)의 측면에서 볼 때 '배수진(背水陣)'과 같은데 그 상태를 의식적·인위적으로 만들어내라는 것인즉 실로 강렬한 전술이라 하겠다. 손자는 다시 이렇게 이어가고 있다.

'군사를 이끌고 적지(敵地) 깊숙이 들어갔다면 시위를 떠난 화살처럼 돌진하되 배는 불태우고 솥을 깨버리어 살아서 돌아갈 생각을 포기하게 만드는 것이 좋다.'

'쫓겨 가는 양무리처럼 병사들은 지휘관의 지휘대로, 어디까지나 진군하게 하고 더구나 어디로 가고 있는 것인지 모르도록 하는 게 좋다.'

'전군(全軍)의 장병들을 모두 장악하면서 곤란한 곳으로 몰아넣는다. 이렇게 하는 것이 곧 장군의 임무이다.'

무시무시한 권유이려니와 오늘날에도 이런 리더가 조직 속에 없는지 모르겠다.

'변화관리(變化管理)'의 수순

九地之變 屈伸之利 人情之理 不可不察
(구지지변 굴신지리 인정지리 불가불찰) 〈九地篇(구지편)〉

전쟁터에서는 변화가 변화를 낳는다. 또 그런 연속이고 —— 따라서 변화를 이상한 것, 특별한 것, 돌발적인 것으로 받아들이는 것이 아니라, 변화하는 것이 항상 존재하는 상태라고 인식하지 아니하면 적응하고 따라갈 수가 없다. 이러한 '변화관리'를 하기 위해서는 어떻게 하여야 하는가? 그 수순을 설명한 것이 이 구절이다.

1. 상황의 변화.
2. 변화에 대한 유효하고 적절한 대응 방법.
3. 병사들의 심리.

이상 세 가지에 대하여 장수된 사람은 제대로 간파하지 않으면 안된다는 것이다. 우선 변화의 모습을 파악할 일이다. 예측하고 있었던 것이라면, 비록 그것이 미지(未知)의 것이라 하더라도 비교적 냉정하게 관찰할 수가 있다. 상황은 어떻게 변화되더라도 자연히 패턴이란 것이 있게 마련이다.

그것이 곧 구지(九地)이다. 산지(散地)·경지(輕地)·쟁지(爭地)·교지(交地)·구지(衢地)·중지(重地)·비지(圮地)·위지(圍地)·사지(死地) 등 구지에 대해서는 〈구지편〉맨 앞에서 설명한 바 있다.

파악을 했으면 그것에 맞도록 굴(屈)하고 혹은 신(伸)한다. 그 때 병사들의 심리를 계산에 넣는 것을 잊어서는 아니된다.

사람을 움직이는 데는 이점(利點)을 강조하는 게 좋다

犯之以利 勿告以害
(범지이리 물고이해) 〈九地篇(구지편)〉

위 구절의 원문을 의역하면, '사람을 움직이는 데는 이러이러한 이점(利點)이 있다는 것을 강조할 일이지 이러이러한 불리(不利)함이 있다는 점을 강조하지 말아야 하다'란 의미가 되겠다. 어떤 학자는,
'밝게 일을 해나가야지 어둡게 해나가면 안된다'
라고 해석하기도 하고 또 이런 해석 방법도 있다.
'이러이런 방법으로 해나가는 것이 좋다며 해야 할 일을 제시하는 편이 이러이렇게 해서는 안된다며 하지 말아야 할 점을 제시하는 것보다 효과적이다.'
어린아이들도 언제나 '안돼!', '그러면 못써!'라는 식의 부정적인 말에는 거부감을 느낀다. 이것 역시 '귀양지계(貴陽之計)'와 맥을 같이 하는 사고방식이다.
인간의 심리에는 쾌감원칙(快感原則)이라고 하는 것이 있다. 불쾌한 것을 피하고 상쾌한 느낌 쪽으로 향하려는 것은 당연하다.
단, 마이너스면을 완전히 배제하라는 것은 아니다. 그렇게 하면 도리어 신뢰성을 잃게 된다. 그러므로 아주 소소한 결점을 지적하면서 오히려 큰 자신감을 심어준다는 수법도 있다. 현대 중국어로 말한다면 '소매대방망(小罵大帮忙)', 즉 '조금 혼내어 크게 도와준다'가 되리라.

말만으로는 사람을 움직이게 할 수 없다

犯之以事 勿告以言
(범지이사 물고이언) 〈九地篇(구지편)〉

위의 구절 원문을 의역하면, '사람을 어떻게든 움직이게 하려는 경우 사실을 제시하여 그렇게 하고자 하도록 만들 일이다. 말만으로 움직이려는 생각은 하지 마라'는 뜻이 되겠다.

원문의 '범(犯)'은 '해치다', '부수다' 등의 의미이다. 《손자》를 해설한 조조(曹操)는 '범(犯)은 사용한다란 의미이다'라고 기록했는데 단지 사용하는 것이 아니라 비록 상대방을 해치는 일이 있다 하더라도 어떻게 해서든 상대방을 움직이게 하고 싶은 경우를 가리키는 것이리라. 입 끝으로 명령하기만 해도 간단히 사람들이 움직일 만큼 세상이 만만한 것은 아니다.

'사실'이란 것은 아주 위대한 설득자인 것이다.

진(秦)나라 재상(宰相)의 자리에 오른 상앙(商鞅)은 획기적인 법령을 공포하기에 앞서, 백성들이 그 내용을 믿어줄 것인지 의심스러웠다. 그래서 그는 우선 도읍 성곽 남문에 커다란 나무토막을 세워두고 '이것을 북문까지 옮겨 놓는 자에게는 10금(金)을 주겠다'라는 방을 써붙였다. 그 돈은 하도 거금인지라 아무도 신용하지 않았다. 즉 나무토막을 옮겨놓는 사람이 없었던 것이다. 상앙은 상금의 액수를 50금으로 올렸다. 그러자 어떤 사람이 반신반의하며 옮겨놓았고 실제로 상금을 받았다. 이윽고 상앙이 새 법령을 공포하자 백성들 모두가 잘 지켰다고 한다.

궁지에 빠졌을 때야말로 활로(活路)가 열린다

投之亡地 然後存 陷之死地 然後生. 夫衆陷於害 然後能爲勝敗
(투지망지 연후존 함지사지 연후생. 부중함어해 연후능위승패)

〈九地篇(구지편)〉

위 표제어의 원문을 의역하면,
'병사들을 헤어날 수 없는 궁지에 몰아 넣고 사지(死地)에 투입할 때, 비로소 활로가 열린다'
란 의미가 되겠다.

인간이란 죽기를 각오하고 나서면 못해낼 일이 없다.
《손자》와 쌍벽을 이루는 병법서인 《오자(吳子)》의 저자 오기(吳起)도 이런 말을 한 바 있다.

'예컨대 죽기를 각오한 적군 한 명이 광야로 도망쳤다고 하자. 그를 추격하기 위해 1천 명의 병사를 뒤쫓게 해도 겁을 집어먹고 쭈뼛쭈뼛하는 쪽은 추격병 쪽이다. 왜냐하면 적군 한 명이 돌연 모습을 드러내고 습격해 올는지 모르기 때문이다.

이처럼 단 한 명의 적이더라도 목숨을 내놓겠다는 각오를 굳히면 1천 명을 겁먹게 할 수 있는 것이다. 이제 5만 명의 병사들을 이 한 명의 적군처럼 훈련시켜 가지고 그들을 이끌며 적군을 토벌하러 나간다면 아무리 대군의 적이라 하더라도 격파할 수 있을 것이다.'

병사들로 하여금 죽기를 각오하고 싸우게 하려면 사지(死地)나 망지(亡地)에 투입하라고 손자는 말하고 있다.

이를 실전에 적용해서 성공을 거둔 사람이 한(漢)나라의 유방(劉邦)을 섬겼던 한신(韓信)이란 장군이다.

그가 유방의 명령을 받고 조(趙)나라 공략에 나섰을 때의 일이다. 한신군의 군사는 불과 1만 명, 이에 비하여 조나라 병력은 20만 명이다.

더구나 조나라 군단은 요새지에 견고한 진을 치고 기다리는 중이다. 정면대결을 벌였다가는 참패당할 게 뻔하다.

그래서 한 가지 계략을 짜낸 한신은 총공격을 감행하기 전날 밤, 2천 명의 경기병(輕騎兵)을 선발하고 그들 전원에게 적기(赤旗)를 들게 한 다음, 조나라 군진이 내려다 보이는 산 위로 올라가 매복토록 하였다. 그리고,

"내일 개전(開戰)을 한다. 그러나 우리 군단은 거짓으로 패한 척하면서 도망을 칠 것이야. 그러면 적군은 요새처에서 나와 우리 군단을 추격할 것이다. 그때 그대들은 적군의 성채에 들어가 조나라의 백기(白旗)를 모두 뽑아내고 한(漢)나라의 적기를 꼽도록 하라!"

는 명령을 내렸다.

그런 다음에 주력부대를 이끌고 나아가 조나라 군단의 전면(前面)에 흐르고 있는 강을 등에 지고 포진을 했다. 날이 밝자 조나라 군단에서는 한신의 포진을 보고 어이가 없다며,

"아니, 저 자들은 병법의 기본도 모르는가보다. 강을 앞에 두고 진을 치라고 했건만 저것들은 강을 등에 지고 진을 쳤어!"

라며 비웃는 것이었다.

한신은 개의치 않고 일대(一隊)를 이끌고 나가며 조군(趙軍)을 공격하기 시작했다.

조군측도 성채에서 나와 응전했다. 그러나 한신은 싸우는 척하

다가 후퇴했고 강가에 쳐놓은 자기 진지로 도망쳤다. 조군은 모두 성채에서 나와 총공격을 감행했다.

그런데 한신이 이끄는 한나라 군단의 병사들은 강을 등에 지고 있었으므로 그 이상 도망치려야 도망칠 수가 없었다. 그들은 결사적으로 방어전을 폈다. 수적(數的)으로 우세한 조군이었지만 주춤할 수밖에 없었다.

그때 조군의 병사들이 뒤돌아 보니 자기네 성채에는 한나라의 적기가 온통 펄럭이고 있었다. 조나라 군사들 사이에는 동요가 일기 시작했다.

그럴 때 한신의 군사들이 앞뒤에서 협격을 가했다. 조나라 군단은 어이없게 격파당하고 말았다.

이렇게 해서 대승을 거둔 한신인데, 전쟁이 끝난 다음 한 부장(副將)이 한신에게 물었다.

"병법에는 산을 등에 지고, 강을 앞에 두고 포진을 하라고 되어 있습니다. 그런데 장군께서는 이번 싸움에서 강을 등에 지고 포진을 했으며 그렇게 하고도 대승을 거두었습니다. 우리로서는 이해가 아니 됩니다."

그러자 한신이 대답했다.

"이번의 포진도 훌륭한 병법이라오. 그 증거로 '아군을 사지(死地)에 두어야 비로소 살릴 수 있다'라는 구절이 병법서에는 분명히 있소이다. 그것을 응용한 것이 이번의 배수진(背水陣)이었소. 우리 군단은 갑자기 사방에서 모아놓은 병사들인 까닭에 그들을 생지(生地)에 두었다가는 해체되고 말 위험이 있었소이다. 그러기에 사지에 빠뜨렸던 것이오."

그 유명한 '배수진'이란 말의 어원은 《손자》〈구지편(九地篇)〉에서 나왔다.

상대방의 입장이 되면, 그 마음을 읽을 수 있다

爲兵之事 在於順詳敵之意
(위병지사 재어순상적지의) 〈九地篇(구지편)〉

위 구절의 원문을 의역하면, '전쟁을 하는 데는 적의 입장이 되어 그 심리를 잘 파악하는 것이 중요하다'란 의미가 된다.

원문의 '순상(順詳)'은 밖에서 판단하는 것이 아니라 '상대방의 생각하는 바를 간파하여 상대방의 마음을 자세히 읽어낸다'라는 내용이다. 상대방의 입장에 서서 생각해 보면 알지 못했던 것도 잘 알 수 있게 되는 법이다. 즉, 자기가 상대방이라면 이렇게 생각할 것이다. 그렇다면 이런 작전을 세워야겠구나라는 식이다.

이것은 전쟁에서 뿐만 아니라 교섭술 등에서도 꼭 필요한 수순이다. 독심술(讀心術)의 ABC도 바로 이것이다.

한(漢)나라를 창시한 유방(劉邦 : 高祖)이 죽자 그의 아들이 즉위했다. 이 사람이 혜제(惠帝)이다. 이 혜제가 세상을 떠났을 때의 일이다. 고조의 비(妃)이자 혜제의 어머니요, 당시 최고 실력자이던 여태후(呂太后)의 눈치를 살피던 시동(侍童) 장소년(張少年)이 재상(宰相)인 진평(陳平)에게 살며시 귀띔해 주었다.

"나리, 붕어하신 혜제는 태후마마의 외아드님이십니다. 그런 혜제께서 붕어하셨건만 태후마마는 눈물조차 안 흘리십니다. 이는 중신들이 반역을 일으킬까 두려워하시는 것입니다. 나리들은 숙청당하실지도 모릅니다."

진평은 여태후의 친정붙이들을 요직에 앉히어 위기를 모면했다.

처음에는 처녀처럼, 나중에는 달리는 토끼처럼

始如處女 敵人開戶 後如脫兎 敵不及拒
(시여처녀 적인개호 후여탈토 적불급거) 〈九地篇(구지편)〉

위 표제어의 원문을 의역하면,
'처음에는 처녀처럼 행동함으로써 적군으로 하여금 방심토록 유도하고, 나중에는 도망치는 토끼처럼 맹렬한 기세로 공격하면 적군은 방어할 수 없게 된다'
라는 의미가 된다.

여기서 '처녀처럼'이란 것은 문자 그대로 아무 것도 하지 않고 얌전하게 있는 것은 아니다. '처녀처럼'은 어디까지나 적의 눈을 속이면서 적으로 하여금 '방심토록 유도하는 연기(演技)'에 지나지 않는다.

그것은 당연히 수면(水面) 아래에서는 물갈퀴를 휘젓는 오리발의 맹렬한 활동이 있건만, 수면 위에서는 한가하게 헤엄쳐 가는 오리의 모습과 상통한다.

즉 발톱을 감추고 사냥감에게 다가가는 무시무시한 맹수의 모습이 '처녀처럼'인 것이다.

'도망치는 토끼처럼'이란 적군이 '처녀'의 연기에 그만 방심하고 있을 때, 그 적군을 향하여 단숨에 맹공을 가하여 결전을 벌이라는 의미이다.

손자는 이렇게 말하고 있다.

'작전 행동의 요체(要諦)는 적군의 노림수에 일부러 걸려든 체

하면서 기회를 보아 병력을 집중시키고 적군의 한 곳을 공격하는 것이다.'

이것이 곧 '처음에는 처녀처럼, 나중에는 달리는 토끼처럼'의 전투법이라고 해도 좋다.

그 좋은 예가 전국시대(戰國時代) 제(齊)나라의 장군인 전단(田單)의 전투법이다.

제나라는 연(燕)나라 장군 악의(樂毅)가 이끄는 대군의 맹공을 받았을 때, 연전연패한 나머지 전국토를 유린당하고 불과 두 성(城), 즉 거성(莒城)과 즉묵성(卽墨城)만이 남게 되었다. 제나라로서는 도저히 헤어나올 수 없는 위기에 봉착했던 것이다

이때 즉묵성의 제나라 군사령관직을 맡은 사람이 전단 장군이었으며 그는 그런 약세 속에서 온 힘을 기울이어 방어에 나섰다.

그러나 주위에는 온통 적군들이 산재해 있으니 함부로 공격을 가할 수가 없다. 전단은 우선 성을 굳건히 수비하면서 아군의 사기를 드높이는 데 진력을 다했다. 그러면서 악의의 연나라 군단을 무찌를 궁리를 했다.

적군의 총사령관인 악의는 당시 명장으로서의 평판이 높았다. 악의와 같은 장군이 지휘하고 있는 한, 연나라 대군을 격파하기란 결코 쉬운 일이 아니다. 반격으로 나가기에 앞서, 어떻게든 계책을 써서 악의를 실각시킬 필요가 있었다.

때마침 연나라에서는 소왕(昭王)이 죽고 혜왕(惠王)이 즉위했다. 이 혜왕은 태자로 있을 때부터 악의를 미워했었다. 태자를 교육시키는 태자태부(太子太傅)를 악의가 상소하여 처벌케 한 일이 있었던 것이다. 상소 이유는 잘못을 저지른 태자를 대신하여 태자태부가 책임을 져야 한다는 것이었다.

어쨌든 혜왕은 그때부터 악의를 눈엣가시처럼 여겨왔었다. 그런

점을 전단은 이용코자 했다. 전단은 우선 연나라에 간첩을 들여보냈다. 그리고 이런 소문을 퍼뜨리게 했다.

'악의 장군이 제나라의 남은 두 성을 공격하지 않고 그곳에 오래 주둔하고 있는 것은 연나라에 창부리를 들이대기 위함이다.'

이런 소문이 연나라 도읍에 퍼지자 혜왕의 귀에도 들어갔다. 이 말을 곧이 들은 혜왕은 즉시로 악의를 총사령관직에서 해임했다. 명장을 잃게 된 연나라 군사의 사기는 저하되고 말았다.

전단은 이어서 연나라 군단의 방심을 유도하기 위하여 두 번째 계책을 썼다.

우선 거짓으로 항복하겠노라고 했다. 그리고 성 안의 금(金)을 남김없이 모아다가 즉묵성 부호를 통하여 새로 부임한 연나라 총사령관에게 갖다 바치게 하고 이런 말을 하도록 시켰다.

"만약 즉묵성이 항복을 하면 우리 집안의 안전만큼은 보장해 주십시오."

연나라 사령관은 그 말을 곧이 듣고 경계심을 풀었다. 여기까지가 '처음에는 처녀처럼'이란 전술이다.

이토록 만반의 준비를 해나간 전단이 다음으로 쓴 전술은 이른바 '화우지계(火牛之計)'이다.

즉, 즉묵성 안에 있는 소를 모두 모아들였다. 그리고 그 소들의 뿔에 날카로운 칼을 묶은 다음 잡풀더미를 등에 잔뜩 지우고 기름을 뿌렸다. 밤이 되어 칠흑같이 어두워지자 그 기름뿌린 잡풀더미에 불을 질렀다.

그리고 불붙은 소떼를 연나라 군단 쪽으로 내몰자 이 불의의 습격에 연나라 군단은 어이없게 무너지고 만 것이다. 이 공격이 손자가 말한 '달리는 토끼처럼'의 전술인 것이다.

함부로 불을 지르는 것은 무의미하다

凡火攻有五 一曰火人 二曰火積 三曰輜 四曰火庫 五曰火隊
(범화공유오 일왈화인 이왈화적 삼왈치 사왈화고 오왈화대)

〈火攻篇(화공편)〉

　손자는 화공을 중시했다. 특별히 한 편(篇)을 설정하고, 화공할 때의 마음가짐에 대해서 설명을 했을 정도이다.
　중국 역사에서 제일 유명한 화공은 《삼국지》의 절정이라고도 할 수 있는 '적벽대전'이다. 남하해 온 조조의 10만 대군을 손권·유비의 연합군 3만 수천 명이 맞아 싸웠는데 양자강 중류, 적벽의 수상전에서 조조군은 완패하고 말았다. 이 싸움은 손권의 부장인 황개(黃蓋)가 조조에게 거짓으로 항복하겠다는 서신을 미리 보내 놓고, 건초더미를 가득 실은 위장(僞裝) 병선(兵船) 10척으로 조조 선단 가까이까지 다가가 불을 지름으로써 성공한 전투이다.
　손권은 손자가 살아가던 시대로부터 약 600년 뒤진 시대를 살아간 사람인데 일설에는 손자의 후손이라고 하니 자기 조상의 병법을 계승했던 것인지도 모르겠다. 또 아이러니하게도 조조는 《손자병법》을 연구하여 주석서를 썼을 정도인데 그 병법에 의해 대패를 당했던 셈이다. 어쩌면 조조는 이 패배로 인하여 《손자병법》을 철저하게 연구하기 시작했는지도 모른다.
　한편 이 구절은 화공의 목적과 대상을 다음과 같이 5가지로 분류해 놓은 것이다. 1.인원의 살상, 2.야적된 양곡, 3.물자 수송차, 4.창고, 5.적진의 혼란.

'왜 화공을 하는지'를 확인하라

行火必有因. 煙火必素具
(행화필유인. 연화필소구) 〈火攻篇(화공편)〉

위 구절의 원문을 의역하면, '화공을 할 때는 그것을 할 만한 이유와 목적이 있을 것이다. 그것을 명확히 확인한 다음에 하라. 화공은 단지 불을 지르면 되는 것이 아니다. 평소부터 도구라든가 재료를 준비해 두라'는 의미이다.

화공은 간단히 해낼 수 있을 것 같지만 일종의 비상수단인 만큼 신중을 요한다는 것이다. 특히 '왜 그것을 하는 것인가?'에 대하여 충분히 그 이유와 목적을 검토하고 확인한 연후에 하지 않으면 엉뚱한 결과를 낳게 된다. 나폴레옹과 싸운 15년전쟁의 교훈을 정리한 《전쟁론(戰爭論 : 클라우제비츠 저)》의 특색 중 한 가지는 목적과 목표의 관계를 명확하게 해놓았다는 점이다. 그것은 나폴레옹이 러시아군을 격파하지 않은 채 모스크바를 점령했었기에 추격당하여 궤멸적 타격을 입었던 교훈을 살리어, '목적은 파리, 목표는 프랑스군'이라는 슬로건 하에 목적과 목표의 관계를 분명하게 다음 5개 항목으로 정리했었다.

1. 목적을 잊어서는 안된다.
2. 목적과 목표를 혼란케 해서는 안된다.
3. 목표란 목적에 도달하기 위한 수단일 뿐이다.
4. 목표를 무시하고 목적만 달성코자하면 발목을 잡히기 쉽다.
5. 목적을 잊고 목표에만 열중하다가는 헛수고를 할 뿐이다.

화공을 하는 경우의 여러 가지 전투법

凡火攻 必因五火之變而應之
(범화공 필인오화지변이응지) 〈火攻篇(화공편)〉

　화공의 목적과 대상은 5가지로 분류되는데 그것은 〈화공편〉 첫머리에서 설명한 바 있다. 손자는 다시 화공할 때의 마음가짐과 전투법에 대하여 설명을 가하고 있다. 그것이 이 항(項)에서 말하는 '오화지변(五火之變)'이다. 그리고 '이수수지(以數守之)'라고 했다. '조건에 따라서 활용하는 것이 중요하다'는 것이다.
　참고가 될 것 같기에 그 5가지를 소개한다.
　1. 적진에서 불길이 오르거던 때를 놓치지 말고 이것에 호응하여 외부로부터 공격을 가하라.
　2. 단, 불길이 오르더라도 적군이 조용히 있을 때에는 함부로 공격하지 말고 잠시 기다리면서 상황을 살피는 것이 좋다. 그리고 불길이 더 심해지는지 기다렸다가 공격할 것인지 물러갈 것인지를 결정한다. 무엇보다도 냉정한 판단이 필요하다.
　3. 화공은 원칙적으로 간첩 혹은 내응하는 자에 의하여 적진 내부에서 불을 지르도록 해야 하는데 조건이 맞을 경우라면 밖에서 불을 질러도 상관없다.
　4. 불이 바람이 불어오는 쪽으로 일어났을 때는 바람을 맞받는 곳에서 공격하지 말아야 한다.
　5. 불이 낮에 바람을 타고 일어났다면 공격할 일이지만 밤에 바람을 타고 일어났다면 공격하지 말아야 한다.

화공(火攻)과 수공(水攻)의 비교

以火佐攻明 以水佐攻者强
(이화좌공명 이수좌공자강) 〈火攻篇(화공편)〉

    화공과 수공을 비교하고 있는 것인데 '명(明)'과 '강(强)'이라는 추상적 어법(語法)인데다가 더구나 그것에 대한 설명도 없으므로 풀이하기가 매우 어렵다. 학자에 따라 여러 가지 설이 있었는데 어떤 학자는 '불은 밝으므로[明] 아군측 병력도 드러나기 쉽다는 결점이 있다'라고 풀이했다.
    사견(私見)이지만 이 '명(明)'은 지혜의 작용이고, '강(强)'은 힘의 작용이라고 해석해 보면 어떨는지? 그러면 원문을 의역해 보겠다.
    '화공에 의해 주력군의 공격을 지원하는 것은 지혜를 사용하는 승부이며, 수공에 의해 주력군의 공격을 지원하는 것은 힘의 승부이다.'
    화공은 왜 지혜의 작용이라고 하는 것인가? 화공은 그저 불을 붙이어 태워 버리는 것만이 아니라 다른 행동과 연계시키어 활용하기 때문이다. 수공에 비한다면 다소 지능적이며, 야구에서의 히트 앤드 런 정도라고나 할까. 이것에 비하여 수공은 우리나라처럼 좁은 곳이 아닌 중국에서는 국지전으로 끝나는 것이 아니다. 즉 대평원을 온통 물바다로 만들 위험성이 적지 아니하다. 손자의 사고방식으로 볼 때 이것은 전력을 기울이는 승부이므로 '명(明)'이 아니라고 하는 것이다. 참고로 중국에는 성을 포위하고 음료수 보급로를 끊는 수공도 있었다.

방향이 틀리는 노력은 반드시 무용지물이 된다

夫戰勝攻取 而不修其功者凶 命曰費留
(부전승공취 이불수기공자흉 명왈비류) 〈火攻篇(화공편)〉

위 표제어의 원문을 의역하면, '적을 공격하여 격파하고 적군의 성(城)을 탈취하더라도 전쟁하는 목적을 달성하지 못한다면 결과는 실패이다. 이것을 가리켜 애만 쓰고 실속을 못차리는 놀음이라고 한다'란 의미가 되겠다.

먼저 목표가 설정되고, 그 목표를 달성하기 위해 전략방침이 책정된다. 이 전략방침이 잘못되면 아무리 노력을 하더라도 목표에 도달할 수가 없다. 그렇게 되지 않기 위해서는 사전에 철두철미한 전략방침을 책정해둘 필요가 있다.

이것은 전쟁을 할 때나 사업을 경영할 때나 마찬가지이다.

《전국책(戰國策)》이라는 고전에 이런 이야기가 있다. 옛날, 위(魏)나라 안리왕(安釐王)이 조(趙)나라 도읍 한단(邯鄲)을 치려는 계획을 세웠을 때의 일이다. 계량(季梁)이라는 가신(家臣)이 그 소식을 듣고, 여행길을 중단하고 옷도 갈아입지 않은 채 머리에 묻은 먼지를 털어내지도 않고 안리왕에게 알현을 청했다.

"전하, 방금 돌아오는 길에 웬 사나이를 만났사옵니다. 그는 수레를 북쪽으로 몰면서 '초나라에 가는 길이오'라고 말했나이다."

"그래서요?"

안리왕이 미간을 찌푸리며 물었고 계량이 대답했다.

"신이 말했습지요. '초나라에 가려면 남쪽으로 수레를 몰아야 하오. 그런데 왜 북쪽으로 달리는 게요?'라구요."
"그렇겠구려."
"그랬더니 그 사나이는 '수레를 끄는 말은 준마(駿馬)올시다'라는 것이었나이다."
"흐음……."
"그래서 신이 또 말했습지요. '준마일는지는 모르겠지만 길을 잘못들었소'라구요."
"그래서요?"
"그 사나이는 신의 말에는 아무 대꾸도 안하면서 불쑥 '여비는 충분히 가지고 있소이다'라는 것이었나이다."
"흐응……."
"신이 또 말했습지요. '여비는 많이 가지고 있을는지 모르지만 당신은 지금 길을 거꾸로 가고 있소이다'라고요."
"그래서?"
"그 사람은 신의 말에 괘념치 않고 밑도끝도 없이 이번에는 '수레를 몰고 있는 어자는 아주 유능한 사람이오'라고 하더이다."
"흐음……."
"하온데 전하, 이처럼 그 사나이의 여행조건이 모두 좋다면 가고자 하는 초나라에서는 점점 더 멀어질 것이니이다. 전하께서는 지금 패자(覇者)가 되시어 천하의 신뢰를 얻고자 하시옵니다. 그리고 국력이 강한 것을 믿으시고 조나라 도읍 한단을 공격하시어 국토를 더욱 넓히시려고 하시나이다. 하오나 지금 행동에 옮기시오면 그만큼 패업으로부터 멀어질 것이옵니다. 초나라로 가고자 하면서 북쪽으로 가는 사나이와 같을 것이니이다."
 방침이나 방향이 잘못되면 아무리 노력을 해도 헛수고로 끝난다는 이야기다. 조직의 리더는 이 일을 항상 명심하고 있어야 한다.

단 한 차례의 '감정'이 모든 판단을 흐리게 한다

主不可以怒而興師 將不可以慍而致戰
(주불가이노이흥사 장불가이온이치전) 〈火攻篇(화공편)〉

이 구절의 원문을 의역하면, '왕이 된 자, 장수가 된 자는 감정으로 전쟁을 일으켜서는 아니된다'란 의미가 되겠다.

조직의 리더에게 요구되는 것은 냉정한 판단이다. 냉정한 판단을 내리기 위해서는 감정을 함부로 드러내서는 안된다.

병법서《울요자(尉繚子)》에도 이런 말이 있다.

'한때의 감정에 이끌리어 전쟁을 일으키지 말아야 한다. 이는 엄히 경계하지 않으면 안된다. 정황을 냉정하게 판단하되 아군에게 승산이 있다는 계산이 서면 전쟁을 시작하고 이익이 없다고 판단되면 물러서는 마음가짐이 필요하다.'

그러나 감정에 치우쳐서 전쟁을 일으켰던 사람도 적지 아니하다.《삼국지》의 유비(劉備)도 그런 사람이었으며 그는 감정에 이끌리어 전쟁을 일으킨 결과 스스로 묘혈을 파고 말았다.

만년(晩年)에서야 촉(蜀) 땅에서 자립했던 유비는 제갈공명(諸葛孔明)을 군사(軍師)로 맞아들이고 그의 계책을 써서 오(吳)나라 손권(孫權)과 연합하여 위(魏)나라 조조(曹操)와 대항하는 태세를 굳혔다. 그런데 뜻하지 않은 이변(異變)이 일어났다.

형주(荊州) 땅을 지키고 있던 관우(關羽)가 손권의 속임수 작전에 말려들어 어이없게도 전사하고 만 것이다.

관우는 유비와 함께 거병(擧兵)한 이래 35년 동안이나 고생을 함께 해온 맹우(盟友)요, 사적으로는 결의형제(結義兄弟)하여 친동기간 이상으로 아끼던 사이이다. 비보를 접한 유비는 격노했다. 어떻게 해서든 손권을 토멸하여 관우의 원수를 갚고 싶었다. 마음을 굳힌 유비는 마침내 손권 토벌군을 일으키려고 했다.

그러나 유비의 이런 생각을 촉나라 중신들은 입을 모아 반대하고 나섰다. 그들을 대표하여 숙장(宿將)인 조운(趙雲)이 간했다.

"손권을 쳐서는 아니되옵니다. 원래 우리나라의 적은 위나라의 조조이지 오나라 손권이 아니나이다. 위나라만 멸망시킨다면 오나라는 스스로 고개를 숙이고 우리나라에 복속할 것이옵니다. 우리는 지금 중망(衆望)에 따라 관중(關中) 땅으로 군사를 이끌고 나아가 황하와 위수(渭水)의 상류 일대를 수중에 넣은 다음 역적 조조를 쳐야 하나이다. 그렇게 하면 그곳 사람 중 뜻이 있는 자들은 기꺼이 우리 군에게 투항해 올 것이옵니다. 위나라를 그대로 둔 채 오나라와 승부를 겨룬다는 것은 있을 수 없는 일이나이다. 일단 전화(戰火)를 일으키신 후에는 헤어나올 수 없는 사태가 벌어질 것이옵니다."

그러나 유비는 이런 반대론에 귀를 기울이지 않고 손권 토벌군을 일으켰다. 그 결과 '이릉지전(夷陵之戰)'에서 대패했다. 그래서 제갈공명이 세운 전략 구상을 수포로 만들었을 뿐만 아니라 자신도 패전의 설움을 안고 세상을 떠났던 것이다.

그것은 손권을 미워하던 감정에 이끌리어 쓸데없이 전쟁을 일으켰기 때문이다. 감정 가운데 사람의 판단을 흐리게 하는 가장 큰 요소는 분노인데 분노만이 감정은 아니다. 증오·애정 기타 여러 감정이 모두 사람의 마음을 흐리게 하고 판단을 잘못하게 하는 위험성을 가지고 있다.

호기(好機)가 도래하기까지 꾹 참으라

合於利而動 不合於利而止
(합어리이동 불합어리이지) 〈火攻篇(화공편)〉

위 구절의 원문을 의역하면,
'정황이 유리하거던 행동을 개시하고 불리하다고 판단되면 중단하라'
는 뜻이 된다.

손자는 이런 말도 하고 있다.

'명군(名君) 명장(名將)은 신중한 태도로 전쟁의 목적 달성에 노력한다. 그들은 유리한 정황, 필승의 태세가 아니면 작전활동을 일으키지 않으며, 만부득이한 경우가 아니면 군사행동에 나서지 아니한다.'

그 전형적인 사람이 한(漢)나라 고조(高祖) 유방(劉邦)이었다.

유방은 반진(反秦) 연합군의 별동대로서 서쪽 방향으로 진군하여 제일 먼저 관중(關中) 땅을 제압하고 진나라 도읍 함양(咸陽)에 입성했다.

그러나 이 전과(戰果)가 도리어 연합군의 우두머리였던 항우(項羽)의 분노를 사고 말았다.

항우는 연합군의 주력을 이끌고 역시 함양을 목표로 진군했는데 유방이 먼저 함양에 입성을 하는 바람에 체통이 안 서게 되었던 것이다. 잔뜩 화가 나있는 항우에게 유방을 중상하는 자가 있었다.

"유방은 관중의 왕좌(王座)를 노리고 있다 하더이다. 그는 진왕(秦王) 자영(子嬰)을 재상(宰相)의 자리에 앉히고 진나라 보화를 혼자 차지하려는 꿍꿍이속이 있음이 분명합니다."

이 말을 들은 항우는 버럭 화를 냈다.

"내일은 장병 모두를 이끌고 진격하여 유방의 군사를 격멸하리라!"

이때 홍문(鴻門)에 포진하고 있던 항우의 군단은 40만 명이었는데 비하여, 유방은 겨우 10만의 장병을 이끌고 패상(覇上)에 진을 치고 있었다.

항우가 화를 내는 것은 아무래도 이치에 맞지 않는다. 그러나 지금 싸움을 벌인다면 유방에게는 승산이 없다. 유방은 하는 수 없이 다음날 아침 다소의 공물(貢物)을 마련해 가지고 홍문까지 친히 찾아가서 항우에게 사죄했다.

"신(臣)은 장군과 함께 진나라를 토벌함에 있어 황하를 사이에 두고 장군은 북쪽, 신은 남쪽으로, 각각 전장(戰場)을 나누어서 싸웠습니다. 그런데도 신의 군단이 먼저 관중에 들어가 진나라 군사를 격파하고 이렇게 장군과 재회하다니 뜻밖의 기쁨입니다. 그렇건만 보잘 것 없는 소인배의 모략으로 우리의 협력관계에 금이 간다는 것은 실로 유감입니다."

이처럼 유방이 머리를 숙임으로써 두 사람 사이에 감돌았던 위기는 일단 해소되었다.

이윽고 항우의 주도권하에 중국 전토를 평정하고 논공행상이 시작되었다. 그러나 이때에 유방은 새운 공로에 비하여 억울하기 짝이 없는 처우를 받으면서도 꾹 참을 수밖에 없었다.

실은 항우를 비롯한 연합군의 제장(諸將)들은 진나라 도읍 함양에 제일 먼저 입성하는 장수에게 관중 땅을 떼어 주기로 합의가 되어 있었는데 그렇다면 관중 땅은 당연히 유방의 차지가 되어야 한다. 그럴건만 항우는 초패왕(楚覇王)이라 자칭하면서 유방에게는 변두리의 보잘것없는 땅인 한중(漢中)을 떼어 주었던 것이다.

다른 장수들까지도 노른자위 땅에 제후(諸侯)로 봉함을 받았건만 미움을 샀던 유방은 이번에도 차별대우를 받았던 것이다.

그러나 이때도 유방은 끓어오르는 분노를 참고 삭이면서 봉지(封地)인 한중으로 향했다.

'지금은 싸울 때가 아니야. 항우와 싸워 보았자 승산이 없어.'

유방은 그렇게 판단함으로써 자중했던 것이다.

그리고 그로부터 1년이 지난 다음이다. 항우의 신체제(新體制)에 불만을 품은 제후들이 각처에서 반란을 일으켰다. 항우는 그 반란군을 제압하기 위해 동분서주할 수밖에 없었다.

"호기도래(好機倒來)로다!"

무릎을 탁 친 유방은 고개를 주억거리더니 비로소 군사를 일으키어 동진(東進)하기 시작했다. 그리고 항우에게 창부리를 겨누면서 도전했던 것이다.

이때로부터 3년이 넘는 세월동안 항우와 격투를 벌인 유방은 마침내 항우를 물리치고 숙원인 천하통일을 이룩할 수 있었다.

유방의 전략은 바로 《손자》의 이 한 구절, 즉 '정황이 유리하면 행동을 개시하고 불리하다고 판단되면 중단하라'였던 것이다. 그리고 한나라를 창시한 유방이거니와 이처럼 천하를 수중에 넣을 수 있었던 가장 큰 이유 역시 《손자》의 이 한 대목이었다.

오늘날에도 기업을 창설하는 Top이라든가 조직을 관리하는 리더들은 꼭 참고해야 할 대목이다.

정보수집에 비용을 아껴서는 안된다

愛爵祿百金 不知敵之情者 不仁之至也. 非人之將也 非主之佐也
非勝之主
(애작록백금 부지적지정자 불인지지야. 비인지장야 비주지좌야 비승지주)
〈用間篇(용간편)〉

위 구절의 원문을 의역하면, '은상(恩賞)이나 비용을 아낀다면서 적군의 정보수집을 게을리하면 좋은 것일까? 그런 지도자는 사람들 위에 서서 지휘할 장군감이 아니다. 주군의 좋은 보좌관도 아니다. 또 이렇게 하면 승자가 될 수도 없다'란 의미가 된다.

조사·정보활동에 무관심한 지도자에 대한 손자의 비판은 실로 날카롭다. 그것은 그만한 이유가 있다. 즉 손자는 말한다.

'10만의 군사를 동원하여 1천 리 먼 곳으로 원정을 나가려면 백성들의 부담, 국가의 경비는 하루에 1천 금(金)을 밑돌지 아니한다. 더구나 국내외가 시끄러워지고 사람들은 동분서주하며 70만이나 되는 농가(農家)가 가업(家業)을 소홀히 하지 않으면 안된다. 이렇게 해서 몇 년동안 대치한 끝에 단 하루 싸워서 승패가 결정되는 것이다.'

이 정도의 희생을 치르어야 하는데도 정보 수집에 대한 비용을 아껴도 되겠느냐고 손자는 묻는다. 정보를 수집함으로써 군사를 움직일 것인지 말 것인지를 적확하게 파악하라는 것이다.

얼마 안되는 비용으로 얼마나 큰 희생을 면할 수 있는지……. 그 효과면에 대해서는 계산을 할 수조차 없다고 강조하고 있다.

정보를 정확하게 얻는 자가 승리를 얻는다

名君賢將 所以動而勝人 成功出於衆者 先知也
(명군현장 소이동이승인 성공출어중자 선지야)〈用間篇(용간편)〉

이 표제어의 원문을 의역하면,
'명군 현장이 싸우면 반드시 적군을 격파하여 혁혁한 성공을 거두는 것은 상대방보다 앞서서 정보를 캐내기 때문이다'
란 뜻이다.
'적을 알고 나를 알면 백 번 싸워도 위태롭지 아니하다(知彼知己 百戰不殆)'는《손자병법》의 기본이다. 적을 알기 위해서는 적군의 정보수집에 힘을 기울이지 않으면 안된다.
손자는 또 이렇게 말하고 있다.
'명군이나 현장은 신(神)에게 기원한다거나 경험에 의존한다거나 별자리점을 쳐서 적군의 정보를 알아내지는 아니한다. 어디까지나 인간을 활용하여 살아있는 정보를 수집한다.'
여기서 말하는 인간은 간자(間者), 즉 간첩이다. 정보원이라고 해도 좋다.
《손자》에 의하면 정보원에는 다음과 같은 5종류가 있다고 한다.
1. 향간(鄕間) ── 적국 영토 안에 사는 사람을 활용하여 정보를 모은다.
2. 내간(內間) ── 적국의 관리를 매수하여 정보를 수집한다.
3. 반간(反間) ── 적국의 정보원을 포섭해서 역으로 이용한다.
4. 사간(死間) ── 적국에 들어가 정보를 수집해가지고 생환(生

還)한다.

《손자》는 이들 5종류의 정보원을 열거한 다음 다시 이렇게 덧붙이고 있다.

'이 정보원들을 적군이 알아차리지 못하게 하면서 소기의 목적을 달성토록 하기 위해서는 최고의 기술을 필요로 한다.'

이상과 같은 손자의 인식은 현대에도 그대로 적용된다.

현대는 손자가 살아가던 시대와 달라서, 우주에까지 정보망이 깔려 있어서, 어떤 의미에서는 정보 과잉시대라 해도 큰 무리는 아니라고 생각된다.

그러나 진짜로 필요한 정보는 그렇게 쉽사리 손에 들어오는 것이 아니다. 방법론이야 다양하겠지만 정보활동의 중요성은 그다지 변한 것이 없다.

극단적으로 말한다면 정보를 휘어잡는 자는 세계를 휘어잡는다고 할 수 있다.

국가이든 기업이든 간에 파란만장한 시대에서 살아남기 위해서는 무엇보다도 먼저 정보를 장악할 필요가 있다. 그러기 위해서는 자금과 인재를 정보활동에 투입하지 않으면 안된다.

참고로 원문 가운데 '선지(先知)'는 개전(開戰)을 하기에 앞서 적군의 상황을 안다는 뜻이다. 오늘날 말하는 정보수집인데 이 '선지'에는 앞으로 일어날 수 있는 것을 사전에 예측한다는 의미도 물론 포함되어 있다.

또 '승인(勝人)'의 '인(人)'은 물론 '간자(間者)'이다. 첩자라고 하면 음모에 뛰어난 어두운 이미지도 주지만 오늘날의 감각과는 다르다. 손자가 말하려는 진의(眞意)는 사람에 의한 '살아있는 정보의 수집'인 것이다.

간자(間者)는 가장 신뢰할 수 있는 인물이어야 한다

三軍之事 交莫親於間 賞莫厚於間 事莫密於間
(삼군지사 교막친어간 상막후어간 사막밀어간) 〈用間篇(용간편)〉

위 구절의 원문을 의역하면,
'간자는 전군(全軍) 가운데 가장 신뢰할 수 있는 인물이어야 한다. 그리고 최고의 대우를 해주어야 한다. 또 그 활동에 대해서는 절대로 비밀을 지켜 주지 않으면 안된다'
란 의미가 된다.

간자라고 하면 신분이 낮은 사람이란 이미지가 있는데 손자가 말하는 간자는 걸물(傑物)이요, 큰 인물이다. 그는 또 이런 말도 했다.

'옛날 하왕조(夏王朝)가 무너진 다음 은왕조(殷王朝)가 그 뒤를 이었을 때 은왕조의 공신인 이윤(伊尹)은 하(夏)나라에 들어가 하나라 상황을 탐지해온 적이 있다. 또 은왕조를 멸망시키고 주(周)나라가 들어설 때 주나라 공신인 여상(呂尙)은 일찍이 은나라에 있었던 적이 있었다고 한다. 이처럼 영걸한 사람까지도 쓸 수 있는 명군(名君) 현장(賢將)이라면 대업(大業)을 완수할 수 있다.'

이윤과 여상은 고대 중국에서 손을 꼽는 걸물들인데 그들을 간자로 썼었는지 여부는 의심스럽다. 손자는 간자의 역할을 높이 평가하기 위해 이 걸물들을 예로 든 것이리라.

어쨌든 간자의 기능 여하에 따라서 싸우지 않고도 이길 수 있는 법이다.

이런 군주가 아니면 간자(間者)를 쓸 수 없다

非聖智不能用間, 非仁義不能使間
(비성지불능용간, 비인의불능사간) 〈用間篇(용간편)〉

《손자병법》은 승부의 과학이지, 그 자체는 윤리도덕과는 관계가 없다.《손자》의 기록에도 윤리도덕이 나타나 있지 않다. 대부분의 중국 고전에서 볼 수 있는 '인(仁)'이다. '의(義)'란 문자도 나오지 않는 것이다.

그런데 '간자'를 쓰는 법에 대한 설명에서만은 이 말이 나온다. 위 표제어의 원문을 의역하면,

'영지(英知)에 뛰어난 군주가 아니면 간자를 활용할 수 없고 인의(仁義)를 중시하는 군주가 아니면 간자를 쓸 수 없다'

란 의미가 된다.

여기서 '불능(不能)이란 할 수 없다'란 뜻만 있는 것이 아니라 '해서는 아니된다'란 의미도 있다. 이 경우는 후자(後者) 쪽이 정해(正解)에 가깝다. 즉 '영지에 빼어나고 거기에다가 인의를 중요시하는 군주가 아니면 간자를 사용해서는 아니된다'란 것이 손자가 하고 싶었던 말이 아니었나 하는 생각이 든다.

'간(間)'이란 행위는 정보수집뿐만 아니라 왕왕 '모략공작'도 포함된다. 그것은 인간의 마음(명예심・욕망・질투・분노 등)을 부추기어, 감추고 있는 것을 파헤친다든가, 혹은 사람을 이쪽 뜻대로 움직이게 만드는 것이다. 예리한 칼은 일상에 필요하지만 사용하기에 따라서 무서운 흉기도 될 수 있는 것이다.

상대방의 인물 데이터를 갖추어 두라

凡軍之所欲擊 城之所欲攻 人之所欲殺 必先知其守將 左右 謁者 門者 舍人之姓名 令吾間必索知之
(범군지소욕격 성지소욕공 인지소욕살 필선지기수장 좌우 알자 문자 사인지성명 영오간필색지지) 〈用間篇(용간편)〉

위 구절의 원문을 의역하면, '적군과 싸우는 데도, 적성(敵城)을 공격하는 데도, 적장(敵將)을 암살하는 데도 반드시 필요한 것은 적군의 사령관, 측근자, 비서, 문지기, 종자(從者) 등의 성명을 알아야 하며, 적지에 은밀히 들어가 있는 아군의 간자를 사용하여 그 동정을 낱낱이 조사해야 한다'란 의미가 될 것이다. 문지기까지 조사하라는 것이니 철두철미하다. 적군 유력자의 성격과 동정을 조사하고 군주와의 사이를 벌어지게 함으로써 실각시켰던 예는 《사기(史記)》라든가 《삼국지》에도 많이 기록되어 있다.

이런 모략뿐만이 아니라 사람을 써서 사람을 움직이게 만드는 경우에도 역시 상대방을 잘 알아둘 필요가 있다. 제(齊)나라 재상이었던 맹상군(孟嘗君)은 자기 저택에 식객(食客) 3천 명을 모아두고 숱한 인재를 골라서 쓴 사람으로 유명하다. 그는 초대면한 상대방에게 그 신상에 대한 얘기는 물론 그 부모형제에 대한 것도 물어서 기록해 두었다가 나중에 선물을 보내어 상대방을 감격시켰다고 한다. 송(宋)나라 명신인 여몽정(呂蒙正)은 언제나 수첩을 넣고 다니다가 관원들의 특기를 기록해두고 인재가 필요할 때 그 기록들을 활용했었다는 것이다.

상대방의 정보원을 역(逆)으로 이용하라

知之在於反間 故反間不可不厚也
(지지재어반간 고반간불가불후야) 〈用間篇(용간편)〉

이 표제어의 원문을 의역하면,
'이 여러 간자 가운데 제일 중요한 것은 반간(反間)이다. 그 대우는 특별히 후하게 해주지 않으면 안된다'
란 의미가 된다.

정보수집만이 정보활동의 모두가 아니다. 거짓 정보를 흘리어 적군의 판단을 흐리게 하며 이간공작(離間工作)을 하는 것도 정보활동의 일환이다.

손자가 '반간'을 중시하는 것은 그런 활동을 가장 효과적으로 해낼 수 있기 때문이다.

그럼 반간이란 무엇인가? 손자는,
'적군의 정보원을 후히 대접하여 역으로 이용하는 경우'
라고 간단히 설명했는데 좀더 구체적으로 알아보기 위해서는 병법서《이위공문대(李衛公問對)》에 있는 다음 설명을 참고로 하면 좋다.

'만약 적군이 아군의 정황이라든가 행동방침, 기밀사항 등을 알아내기 위해 정보원을 보내왔을 경우, 일부러 알아차리지 못한 척하면서 많은 금품을 주어 매수하고, 슬며시 거짓 정보를 흘린다. 작전행동의 기밀에 대해서도 거짓 정보를 들려주면, 그것만으로도 적군을 불리한 정황에 빠뜨릴 수 있으므로 이쪽은 우위(優位)에 설 수가 있다.

 이처럼 적군의 정보원을 역으로 이용할 수 있다면 거짓 정보를 흘려서 적군을 혼란에 빠뜨릴 수 있고 아군은 그 혼란의 틈을 타서 목적을 달성할 수 있는 것이다.'

예로부터 이런 '반간'을 사용하여 형세의 역전에 성공했던 예가 적지 아니하다. 그 중 두 가지만 소개하겠다.

먼저 항우(項羽)와 유방(劉邦)이 대결한 '초한지전(楚漢之戰)'이다.

이 싸움에서 처음에는 유방 쪽이 고전(苦戰)의 연속이었다. 이 어려운 전국(戰局)을 역전시키기 위해서는 항우와 그의 군사(軍師)인 범증(范增) 사이를 이간시킬 필요가 있었다. 그래서 유방의 작전참모인 진평(陳平)이 한 가지 묘안을 짜냈던 것이다.

때마침 항우가 보낸 사자(使者)가 유방의 진영에 도착했다. 진평은 미리 진수성찬의 연회석을 준비하고 있다가 막상 사자가 도착하자,

"아니, 범증 장군이 보낸 사람인 줄 알았는데 항우 장군이 보낸 사자로군요."

라며 그 사자가 알아들을 만큼 큰소리로 중얼거렸다. 그리고는 얼른 진수성찬의 잔치상을 치우라고 명한 다음 보잘것없는 안주를 내오라 하고 마주 앉아서 술잔을 권했다.

항우의 사자는 푸대접을 받고 돌아가서 이 일을 상세히 항우에게 보고했다. 듣고 있던 항우는 자신의 명참모요 군사인 범증이 유방과 내통하고 있는 것으로 의심하기 시작했다.

그리고 그 이후로는 범증의 진언에 귀를 기울이지 않는 항우였다. 그런 눈치를 알아차린 범증은 항우가 큰 그릇이 못되는 것을 알아차리고 항우에게서 떠나 고향으로 돌아갔다고 한다.

상대방의 사자를 '반간'으로 이용한 진평의 계책이 멋지게 들어맞은 결과이고 이로써 항우와 범증의 이간에 성공한 케이스이다. 그 결과 열세였던 유방은 명참모를 잃은 항우를 압도해 나가다가 결국에는 천하를 얻는 데 성공할 수 있었던 것이다.

또 한 가지는 후한(後漢)시대, 서역(西域)의 경략에 나서서 크게 활약했던 반초(班超)에 대한 이야기이다.

반초가 서역의 사차(莎車)와 구자(龜玆) 등 두 나라를 토벌할 때, 그는 진공하기에 앞서 군내(軍內)에 이런 소문을 퍼뜨리도록 명했다. 반초의 군영 안에는 두 적국의 포로들도 붙잡혀 와 있었다.

'반초 장군이 이끌고 온 한(漢)나라 군사는 그 숫자가 적다. 그래서 도저히 사차와 구자 두 나라 대군에 대항할 수가 없어서 토벌할 것을 포기하고 군사를 철수시킨다더라.'

그리고 이런 소문이 군내에 두루 돌았을 때 반초는 두 적국의 포로들을 못이기는 체하고 풀어주라고 명했다. 포로들은 비호처럼 도망쳐서 이 정보를 자기네 나라 장수들에게 전했다.

사차와 구자 두 나라 왕들은 이 보고를 접하자 한나라 군단과 대전할 태세를 완전히 풀고 말았다. 그런 때에 반초는 은밀히 군사를 이끌고 사차와 구자 두 나라로 밀물처럼 쳐들어 갔고 사차·구자 등 두 나라를 완전히 토벌하여 항복을 받아냈던 것이다.

이것은 적군의 포로를 '반간'으로 사용한 예이다.

손빈병법(孫臏兵法)

　　손무(孫武)의 후손이라고 하는 손빈은, 제(齊)나라 출신으로서 손무보다 약 150년 후인 전국시대 사람이다. 기원전 320년경에 쓰여진 《손빈병법》 중 명구를 뽑아서 싣는다.

무력을 함부로 앞세우지 말고, 승리를 탐내지 마라

夫樂兵者亡 而利勝者辱 兵非所樂也 而勝非所利也
(부락병자망 이리승자욕 병비소락야 이승비소리야) 〈見威王篇(견위왕편)〉

위 구절의 원문을 의역하면,
'함부로 무력을 앞세우는 자는 멸망의 길을 걷게 되고 승리를 탐내는 자는 굴욕의 쓴맛을 보게 될 것이다. 본디 무력이란 함부로 앞세우는 것이 아니며 승리는 탐낼 일이 아닌 것이다'
란 의미가 되겠다.

'함부로 무력을 앞세우면 안된다'란 구절은 《손자》의 '전쟁이란 국가의 대사이다. 사생(死生)의 장소요, 존망의 길이니 심사숙고해야 한다'란 구절과 맥을 같이한다.

그러나 이 구절에 이어서 손빈은 꼭 필요하고 대의명분에 맞는 경우라면 단호하게 무력을 행사해야 한다면서 다음과 같이 말한다.

'요제(堯帝)가 천하를 다스릴 때, 그를 따르지 아니하는 부족이 있었다. 그때 요임금은 손을 안 쓰고 좌시했던 것은 아니다. 전쟁을 하고 승리를 거둠으로써 강력한 힘을 과시했었다. 그랬기에 천하가 모두 요임금에게 복종했던 것이다.'

'덕(德)도 재능도 없는 주제에 인의(仁義)에 따라 평화를 유지하고 싶다는 등의 말을 하는 사람이 있는데, 요임금도 순임금도 그렇게 하기를 원하지만 안되었기에 하는 수 없이 전쟁이라는 수단에 호소할 수밖에 없었던 것이다.'

정세는 반드시 변화한다

夫兵者 非恃恒勢也
(부병자 비시항세야) 〈見威王篇(견위왕편)〉

표제어의 원문을 의역하면, '정세는 반드시 변화하는 법이다. 변화하지 않을 것으로 생각하고 작전을 세울 일이 아니다'란 뜻이다.

중국의 옛 우화(寓話)에는 변화에 대응하지 못하여 변화되어 가는 현실을 돌아보려고조차 하지 않는 석두(石頭)를 풍자하는 것들이 많이 있다. 그 중 몇 가지를 소개한다.

어떤 사나이가 배를 타고 강을 건널 때 그만 실수하여 검(劍)을 물속에 빠뜨렸다. 사나이는 얼른 뱃전에 표시를 해놓았다. 배가 강기슭에 닿자 그 사나이는 그 표시해둔 곳을 기준삼아 물속에 뛰어들어 검을 찾아보았지만 검을 찾아낼 수는 없었다. 《여씨춘추(呂氏春秋)》에 있는 이야기이다.

또 한 가지 《한비자(韓非子)》에 있는 이야기 ─. 서당 훈장이 신발을 사기 위해, 자기 발을 재고 그 치수를 종이에 적어 놓았는데 막상 신발 파는 가게에 가서 보니 치수 적은 종이를 안 가져온 게 아닌가. 훈장은 집에까지 헐레벌떡 달려가서 치수 적은 종이 쪽지를 들고 다시 신발 가게로 왔다. 그러나 가게 문은 이미 닫혀 있어서 신발을 사지 못했다. 그 모습을 보고 있던 사람이, "아니, 신발가게에까지 갔으면 자기 발에 맞춰서 신발을 사면 될 게 아니겠소?"라고 하자 훈장은 이렇게 말했다고 한다.

"무슨 말을 하는 게요? 믿을 건 내 발보다도 그 종이 쪽지요."

희생부대를 사용한 후림수 작전

以輕卒嘗之 賤而勇者將之 期于北 毋期于得
(이경졸상지 천이용자장지 기우배 무기우득) 〈威王問篇(위왕문편)〉

야구 시합을 할 때 희생번트라든가 희생플라이를 치는 것은 누가 보더라도 기이한 느낌을 받지 않으며 당연한 작전으로 본다. 그러나 이 희생작전이 실제로 전쟁에서 쓰인다면 그것은 보통 일이 아니다. 그 보통 일이 아닌 작전이 손빈의 병법에 명기되어 있는 것이다. 그것이 바로 이 한 구절이다. 이를 의역하면, '(세력이 백중하여 교착상태가 된 까닭에 선수를 쓰기 어려울 경우에는) 경무장한 부대를 내보낼 일이다. 단, 이는 국면타개를 위한 사석작전(捨石作戰)이므로 그 부대장은 신분이 낮고 용감한 자를 기용하고 도망치는 것도 허용하되 전과(戰果)는 기대하지 말아야 한다'란 뜻이다.

이 작전을 실천한 것으로 보이는 전쟁 기록이 《손빈병법》에 기록되어 있다. 그것은 손빈이 제(齊)나라 군사(軍師)로서, 위(魏)나라를 공격했을 때의 일이다. 그는 부장(副將)들 가운데 두 사람을 선발하되 병법에 서툴러서 그다지 쓸모가 없는 자들을 뽑았다. 그리고 두 부대를 편성케 하여 적군의 중요 기지를 공격토록 했던 것이다. 이 두 부대는 진격하자마자 적군의 협격을 받고 전멸했는데 그러는 틈에 제나라의 주력은 위나라 도읍을 향해 진격했다. 이 기록은 《사기(史記)》에도 없어서 새 사실로 주목을 받게 되었다. 잔혹하기 짝이 없는 것이 전쟁인 것이다.

상벌(賞罰)은 필요하지만 만능은 아니다

夫賞者 所以喜衆 令士忘死也. 罰者 所以正亂 令民畏上也. 可以益勝 非其急者也
(부상자 소이희중 영사망사야. 벌자 소이정란 영민외상야. 가이익승 비기급자야) 〈威王問篇(위왕문편)〉

이것이, 제(齊)나라 장군 전기(田忌)가 손빈(孫臏)에게,
"전투태세가 갖춰지고, 이제 대전코자 할 때, 병사들을 절대복종시킬 수 있는 결정적 요소는 상벌이겠소?"
라고 물었을 때, 손빈이 대답한 말이다.
"상벌은 분명 병사들을 기쁘게 해주며 죽음도 잊게 해주는 것입니다. 벌은 질서를 유지하고 상관에게 복종시키는 것이구요. 그래서 승리하는 데 일조(一助)가 되기는 합니다만 대전하는 마당에서 긴급한 것은 아닙니다."
그러자 전기 장군은,
"그렇다면 지휘권, 기세(氣勢), 작전, 책략 등이 중요하오?"
라고 물었는데 손빈은 그것도 부정했다.
"그럼 뭐가 중요하오?"
전기는 화를 내며 물었다. 이에 대하여 손빈은,
"적정(敵情)을 파악하고 지형의 위험도를 파악하되……운운"
이라고만 있을 뿐, 그 다음의 부분은 발굴된 목간(木簡)이 결락되어 알 수가 없다. 통솔술이라고 하면 으레 '상벌'을 내세우는 풍조에 대하여 손빈이 따끔한 말을 한 것만도 의미가 크다.

용병(用兵) 때의 마음가짐 여덟 조목

兵之勝在于纂卒 其勇在于制 其巧在于勢 其利在于信 其德在于道 其富在于亟歸 其强在于休民 其傷在于數戰
(병지승재우찬졸 기용재우제 기교재우세 기리재우신 기덕재우도 기부재우극귀 기강재우휴민 기상재우삭전) 〈纂卒篇(찬졸편)〉

용병하는 마음가짐은 병법가에 따라 여러 각도에서 논해 왔는데 손빈의 경우는 여덟 조목으로 정리하고 있다.
그리고 그 첫 번째에 정병(精兵)을 들고 있는 것이 특징이라고 할 수 있겠다.

1. 승리를 거두게 되는 열쇠는 정병이 가지고 있다.
2. 용감한 군사를 길러내는 것은 엄정한 군율이다.
3. 교묘한 작전을 가능하게 하는 것은 왕성한 사기(士氣)이다.
4. 전과(戰果)를 올릴 수 있는 것은 지도자에 대한 신뢰이다.
5. 그 덕성(德性)은 도(道)에 맞는지 여부에 따른다.
6. 국력을 증강시키는 것은, 전쟁을 단시일(短時日)에 끝내는 데에 있다.
7. 전력(戰力)을 강화시키는 데는 휴양이 반드시 필요하다.
8. 국력을 손상시키는 것은 빈번한 전쟁 때문이다.

손빈은 이 구절에 이어,
'규율있는 행동은 군대의 존립을 보증하는 재산이고 상하간의 신뢰는 상벌의 근본이며 부전(不戰)은 군사의 근본이다.'
라고 덧붙이고 있다.

필승을 가져다 주는 다섯 가지 주안점

恒勝有五. 得主專制勝. 知道勝. 得衆勝. 左右和勝. 量敵計險勝
(항승유오.. 득주전제승. 치도승. 득중승. 좌우화승. 양적계험승) 〈纂卒篇
(찬졸편)〉

중국 사람은 전통적으로 사물에 숫자를 붙이어 그 개념을 정리하고 명확하게 하려고 한다. 예를 들면《논어(論語)》에는 '삼계(三戒)', '육언육폐(六言六弊)' 등이 있으며,《한비자(韓非子)》에서는 간신(姦臣)의 '팔술(八術)', 군주의 '십과(十過)' 등의 표현을 쓰고 있다.

현대 중국에서도 '네 가지 현대화'라든가 '오강삼미(五講三美)', '삼우일학(三優一學)' 등의 용어가 일상생활 속에서 나온다. 한자(漢字)의 특징을 잘 살리어 알기 쉽도록 표현하고 있는 것이다.

《손자병법》도 마찬가지이려니와 손빈 역시 이런 수법을 많이 쓰고 있는데 여기서는 필승의 도를 다음과 같이 5개 조목으로 요약하고 있다.

1. 장수가 명군주 밑에서 지휘권을 장악하고 있으면 승리한다.
2. 방침을 뚜렷하게 세웠으면(혹은 전술에 통달해 있으면) 승리한다.
3. 장수가 부하들로부터 신뢰를 받고 있으면 승리한다.
4. 지휘부, 즉 장수들이 일치협력하고 있으면 승리한다.
5. 적정(敵情)을 제대로 파악하고 지형을 이용하면 승리한다.

요즈음 기업도 승리 조건 중 이 다섯 가지는 필수라고 하겠다.

필패(必敗)를 가져다 주는 다섯 가지 주안점

恒不勝有五 御將不勝. 不知道不勝. 乖將不勝. 不用間不勝. 不得
衆不勝
(항불승유오. 어장불승, 부지도불승. 괴장불승. 불용간불승. 부득중불승)
〈纂卒篇(찬졸편)〉

중국 사람들은 대구(對句)를 좋아한다. 예를 들면 '군자는 화합하되 뇌동하지 아니하고 소인은 뇌동만 하고 화합하지는 않는다(君子和而不同 小人同而不和)'처럼 형식이 같고 의미가 대응하는 말을 배열하여 내용을 두드러지게 만드는 것이다. 이것은 수사법(修辭法)에만 적용하는 것이 아니라 미학(美學)·사고방식에서부터 생활양식에까지 미치고 있다.

'필승의 다섯 가지 조건'이 있으면 이에 대응하는 '필패의 다섯 가지 조건'이 있어야 한다는 사고방식이다. 이런 어법(語法)은 말장난이 될 우려도 없는 것은 아니지만, 사고(思考)의 정리에는 크게 도움을 준다. 그럼 앞의 항에 대응하는, 필패의 주안점 다섯 가지를 소개하겠다.

1. 군주가 장수에게 쓸데없는 간섭을 하면 반드시 패한다.
2. 방침이 불명확하면(전술을 소홀히 했다가는) 반드시 패한다.
3. 지도부, 즉 장수들이 대립하고 있으면 반드시 패한다.
4. 간자(間者 : 간첩)를 사용하지 않으면 반드시 패한다.
5. 부하들이 상관에게 심복하고 있지 않으면 반드시 패한다.

이 항 역시 현대의 조직 관리에서도 그대로 적용된다 하겠다.

천시(天時)・지리(地利)・인화(人和)의 상호관계

天時 地利 人和 三者不得 雖勝有殃
(천시 지리 인화 삼자부득 수승유앙) 〈月戰篇(월전편)〉

천(天)・지(地)・인(人) —— 즉 때와 장소와 사람이다. 이 세 가지는 무슨 일을 하든 기본적인 조건이며 결여돼서는 안되는 것들이다.

그럼 이 삼자(三者)의 관계는 어떤 것일까? 세 가지 가운데 어떤 것이 제일 중요할까? 생각하기에 따라서는 아무래도 상관없을는지 모르지만 중대사에 대한 의사 결정을 하는 때 등, 어떤 것에 무게를 두느냐에 따라 그 결과가 달라지게 마련이다. 그러므로 이 문제는 허술하게 넘길 일이 아닌 것이다. 따라서 중국에서는 예로부터 논의의 대상이 되어 왔었다.

우선 '인중(人衆)이면 승천(勝天)이로되 천정(天定)이면 파인(破人)'이란 구절을 《사기(史記)》에서 찾아볼 수 있다. 즉 숱한 사람이 결행하면 하늘에게 이길 수 있지만, 이윽고는 하늘의 보응을 받는다 하여, 천우위설(天優位說)을 주장했다.

이것에 비하여 맹자(孟子)는 '천시(天時)는 지리(地利)만 못하고 지리는 인화(人和)만 못하다'고 했다. 사람들의 화합을 하늘보다도 땅보다도 중요시했던 것이다.

그리고 손빈은 '천지간에 있는 것 중 사람보다 귀한 것은 없다'고 하면서도 천시・지리・인화 중 한 가지라도 결여되면 비록 이겼다 하더라도 그것은 우연이든가 무리를 했든가 어느 한쪽인 것이며 이윽고는 나쁜 결과를 초래한다고 했다.

이것이 전형적인, 모자라는 상사(上司)이다

智不足將兵 自恃也, 勇不足將兵 自廣也. 不知道 數戰不足 將兵幸也
(지부족장병 자시야, 용부족장병 자광야. 부지도 삭전부족 장병 행야)
〈八陣篇(팔진편)〉

 위 표제어는 어느 직장에서나 적용되는 내용이라고 할 수 있겠다.
 '두뇌도 명석하지 못하면서 회전의자에 앉아 있는 것은 자신을 파악하지 못하고 있으면서 자부심만 강한 자이다.'
 '용기도 없는 주제에 회전의자에 앉아 있는 것은 무리를 하고 있는 것이다.'
 '전략 전술이 무엇인지도 모르면서 함부로 승부에 열중하며 회전의자를 차지하고 있는 것은 다만 운이 좋을 뿐인 것이다.'
 이런 사람들이야말로 '모자라는 상사'란 욕을 먹고 있는 자들이다. 어떤 의미에서는 한없이 불쌍한 사람들이기도 하다.
 손빈은 한편으로 능력이 있는 이상적 장수를 '왕자지장(王者之將)'이라고 표현하면서 그 조건을 다음과 같이 열거하고 있다.
 '국가를 안태(安泰)하게 하고, 국왕의 성가(聲價)를 올리는 것.'
 '백성들을 편안하게 살 수 있도록 해주는 것.'
 '천도(天道)와 지리(地利)를 알고 안으로는 백성들의 신뢰를 얻으며 밖으로는 적정(敵情)을 통달하는 것.'
 손빈이 말하는 도(道)는 유교에서 가리키는 '도덕'이 아니라 사물의 객관적 법칙이다.

이런 곳에는 포진(布陣)을 하지 마라

絶水 迎陵 逆流 居殺地 迎衆樹者 鈞擧也. 五者皆不勝
(절수 영릉 역류 거살지 영중수자 균거야. 오자개불승) 〈地葆篇(지보편)〉

손빈은 포진을 했다가는 불리해지는 장소를 다섯 가지나 들고 있다. 이런 장소들에게 공통되는 점은 아군이 행동하는데 있어 자유가 제약되는 점이다. 전쟁에서 승부를 결정함에는 주도권을 장악하는 것이 무엇보다 중요한데 그것은 자신의 힘만으로 되는 것이 아니라 환경 조건에 따르는 수가 많다.

그런 상황을 이용한다면 실력 이상의 힘을 발휘할 수 있는 법이다. 포진할 때 반드시 피해야 하는 것은 다음 다섯 가지이다.

1. 강을 건너자마자 강가에 바로 포진하는 것.
2. 능(陵 : 高地)을 향하고 포진하는 것.
3. 강을 따라 포진하는 경우 적군보다 하류에 포진하는 것.
4. 살지(殺地 : 우묵한 장소)에 포진하는 것.
5. 삼림(森林)을 향하여 포진하는 것.

《손자병법》의 저자인 손무(孫武)는 지형(地形)에 대하여 많은 설명을 하고 있는데 손빈이 지형에 관하여 설명한 것도 적지 아니하다.

단 연수(年數)가 거듭되고, 조조(曹操) 등의 손에 의해 자구(字句)의 수정도 되어 있어서 알기 쉬운 《손자》와는 달리 손빈의 말은 2천 년 간 땅속에 파묻혀 있었던 관계로 의미가 불분명한 곳도 많다.

전위(前衛)와 후위(後衛)의 밀접한 연계를……

有鋒有後 相信不動 敵人必走
(유봉유후 상신부동 적인필주) 〈**勢備篇**(세비편)〉

　표제어의 원문을 의역하면, '검(劍)에 날과 손잡이가 있는 것처럼 포진을 하는 데도 선봉(先鋒：前衛)과 후속부대(後續部隊：後衛)가 있다. 이 양자(兩者)가 서로 호응하여 문란해지지 않는다면 적군을 반드시 패주시킬 수 있다'란 의미가 되겠다.
　중국의 고전은 대체로 비유법을 사용하고 있다. 세객(說客)들이 제국(諸國)을 역방하면서 군주라든가 실력자를 설득할 때 사용하던 변론들이 그것이다.
　한편 손빈은 여기서 검을 포진법에 비유하고 있다. 그리고 이런 설명을 덧붙이고 있는 것이다.
　'검은 아침 저녁으로 차고 다니기는 하지만 반드시 사용하는 것은 아니다. 진(陣)도 마찬가지로 포진을 했다 하더라도 반드시 싸운다고 말할 수는 없다. 이것이 검과의 공통점이다. 검에 날이 서있지 않다면 달인(達人)이라 하더라도 벨 수 없는 것처럼, 선봉이 없는 포진으로는 어떤 용사라 하더라도 싸울 수가 없다. 또 검에 손잡이가 없으면 어떤 달인이라 하더라도 벨 수가 없는 것처럼 후속부대가 없는 포진을 한다면 전쟁 자체를 모르는 자이다.'
　그런 다음에 활을 '세(勢)'에, 배와 수레를 '변(變)'에, 창과 쌍날창을 '권(權)'에 각각 비유하고 있다.

상대방의 상황에 따라 격려하는 방법이 다르다

合軍聚衆 務在激氣. 復徒合軍 務在治兵利氣. 臨境近敵 務在勵氣. 戰日有期 務在斷氣. 今日將戰 務在延氣
(합군취중 무재격기. 복도합군 무재치병리기. 임경근적 무재려기. 전일유기 무재단기. 금일장전 무재연기)〈延氣篇(연기편)〉

손무(孫武)의《손자》에서는 적군이든 아군이든 간에 사람을 움직이게 할 때, '기(氣)'의 작용을 중요시했고 그 마음가짐을 논했다. 손빈도 또한 부하들의 사기를 어떻게 해서 진작시킬 것인가에 대해서 논급하고 있다.

그의 경우는 전쟁을 해나가는 각 단계에 따라 격려하는 방법이 다르다고 하면서 지극히 특이한 방법을 설명한다. 상대방(여기서는 부하 장병)이 처해 있는 입장에 따라서 즉 상대방이 해이해져 있을 때는 활력을 넣어주고, 지나칠 만큼 긴장해 있을 때는 그 긴장을 풀어주는 등 상황에 따라 격려하는 방법이 달라야 한다는 것이다.

1. 군(軍)이 편성되고 병사들을 모집할 때 — 사기를 드높여 줄 것.
2. 출진(出陣)할 때 — 오로지 전쟁에 대해서만 신경을 쓰도록 사기를 집중시켜 줄 것.
3. 국경에 임박하여 적군과 가까워질 때 — 용기를 북돋아 줄 것.
4. 결전(決戰)의 날이 정해졌을 때 — 결심을 굳히도록 해줄 것.
5. 드디어 전투를 개시할 때 — 투지를 지속시켜 줄 것.

이런 상대에게는 이렇게 대처하라

兵有五名 一曰威强 二曰軒驕 三曰剛至 四曰貪忌 五曰重柔
(병유오명 일왈위강 이왈헌교 삼왈강지 사왈탐기 오왈중유) 〈五名五恭篇
(오명오공편)〉

승부 역시 사람을 움직이게 하는 것과 마찬가지이다. 이 두 가지는 모두 상대방의 성격을 꿰뚫어 보고 그것에 맞는 대처법을 강구하여야 한다.

그래서 손빈은 적군의 성질을 5가지로 분류하고 각각 그 대응책을 제시했던 것이다.

1. 고압적인 상대 — 상대방은 힘으로 밀어붙일 것인즉 부드럽게 방어하면서 가볍게 대응해 나간다.
2. 격앙되어 있는 상대 — 겸손하게 대응하여 시간을 벌면서 상대방을 소모케 한다.
3. 독선적인 상대 — 이런 상대는 의심하지 않는 것이 특징이다. 유인하여 아군의 계략에 편승토록 한다.
4. 탐욕한 상대 — 허점을 보여주는 한편, 좌우에서 위압을 가하여 전진하지 못하게 한다.
5. 허세만 떨 뿐 내용이 없는 상대 — 이런 상대는 자신감이 없게 마련이다. 시위 작전으로 상대방을 동요하게 만든 다음 부분적으로 공격을 가하면서 반응을 살핀다. 그래도 상대방이 공격을 해온다면 일거에 쳐부순다. 만약 공격해 오지 않는다면 포위 태세를 갖추는 것이 좋다.

실패를 자초하는 지도자의 결함

將敗 一曰不能而自能. 二曰驕. 三曰貪于位. 四曰貪于財. 六曰輕. 七曰遲. 八曰寡勇. 九曰勇而弱. 十曰寡信. 十四曰寡決. 十五日緩. 十六日怠. 十八曰賊. 十九曰自私. 二十曰自亂
(장패 일왈불능이자능. 이왈교. 삼왈탐우위. 사왈탐우재. 육왈경. 칠왈지. 팔왈과용. 구왈용이약. 십왈과신. 십사왈과결. 십오왈완. 십육왈태. 십팔왈적. 십구왈자사. 이십왈자란) 〈將敗篇(장패편)〉

패배를 초래케 하는 지도자의 결함을 20가지(단, 5개 항목은 缺落) 들고 있는데 실로 준엄하다.

1. 무능하면서도 스스로 능력이 있는 것처럼 생각한다.
2. 교만하다.   3. 지위에 대하여 탐욕이 있다.
4. 재물에 대하여 탐욕이 있다.
6. 경솔하다.   7. 둔하다.
8. 용기가 없다.   9. 용기가 있더라도 체력이 약하다.
10. 거짓말을 자주 한다.   14. 결단력이 없다.
15. 동작이 굼뜨다.   16. 하는 행위가 멋대로이다.
18. 잔인하다.   19. 자기 멋대로 행한다.
20. 스스로 규율을 문란케 한다.

손빈이 여기서 지적하고 있는 패전하는 장수상(將帥像)은 2천 수백 년의 시대차를 넘어서 지금도 우리에게 생생히 와 닿는 바가 있다 하겠다.

강(强)은 영원히 강, 약(弱)은 영원히 약이 아니다

盈勝虛······盈故盈之 虛故虛之······ 盈虛相爲變······毋以盈當盈···
盈虛相當······盈故可虛
(영승허······ 영고영지 허고허지······ 영허상위변······ 무이영당영······ 영
허상당······영고가허) 〈積疏篇(적소편)〉

《손자병법》의 근저에는 음과 양, 선과 악······이란 식으로 모든 사물에는 양면이 있으며, 대립물(對立物)들은 서로 영향을 주고 받거나, 혹은 서로 전화된다는 사고방식이 흐르고 있다.

손빈 역시 같은 사고방식에 입각하여 적(積)과 소(疏), 영(盈)과 허(虛), 질(疾)과 서(徐), 중(衆)과 과(寡), 일(佚)과 노(勞) 등 대립물을 사용하여 병법의 사상을 설명하고 있다. 여기서는 그 가운데 영(盈 : 충실)과 허(虛 : 공허)에 관한 부분을 인용해 보았는데 이것을 강(强)과 약(弱)으로 바꿔놓고 생각해 보기로 한다.

강한 것은 약한 것에게 이긴다. 그러므로 강한 것은 강한 것이며 약한 것은 약하다고 하는 것이다. 그러나 강한 것은 영원히 강한 것이 될 수 없고 약한 것이라 하여 영원히 약한 것이 되지는 않는다. 서로 상황이 뒤바뀔 수 있는 것이다.

그러므로 강한 것에 대하여 강하게 부딪쳐서는 안된다. 그러는 것보다는 강한 것과 약한 것의 상대적인 관계를 생각해볼 일이다. 그리고 강한 것이 강하기 때문에 내장(內藏)하고 있는 약한 것에 대한 전화(轉化)를 조장시킬 일이다. 반대로 약한 것은 약하기에 그것으로 인하여 강한 것으로 전화될 수 있는 법이다.

해 설

《손자(孫子)》의 저자 손무(孫武)란 인물

《손자》는 병법서이다. 그것도 동서고금을 통하여 대표적인 병법서이다. 이 《손자》는 지금으로부터 2천 5백 년쯤 전에 손무란 사람에 의해서 쓰여진 것이다.

손무는 공자(孔子)와 거의 같은 시대인 춘추시대 말기에 오왕(吳王) 합려(闔閭 : 재위 기원전 514~496년)를 섬기면서 그의 패업(霸業)에 공헌했던 장군이다. 그러나 유감스럽게도 손무의 상세한 행적에 대해서는 그다지 알려진 것이 없다.

손무의 사람됨됨이라든가 활약상을 아는 데 가장 확실한 증거가 되는 것은 《사기(史記)》〈손자오기열전(孫子吳起列傳)〉인데 이 기록조차도 간단하다.

우선 그 전문(全文)을 소개해 보겠다.

손무는 제(齊)나라 출신이다. 병법에 통달했는데 오왕 합려가 불러서 쓰기로 했다. 합려가 손무에게 물었다.
"그대가 저술한 병법서 13편은 모두 읽어 보았소. 한 번 시험삼아 연병(練兵)을 하여 구경시켜 줄 수 있겠소?"
"예, 전하."

"여자로도 가능하겠소?"

"예, 가능하옵니다."

그리하여 궁중의 미녀 180명을 차출해 가지고 훈련을 하기로 했다. 손무는 우선 이들을 두 대(隊)로 나누어 합려왕의 총희(寵姬) 두 사람을 각각 그 대장(隊長)으로 임명했다. 그리고 전원에게 쌍날창을 들게 한 다음 이렇게 물었다.

"내가 묻겠는데 각자 자기 가슴쪽과 오른손쪽, 왼손쪽을 알고 있소?"

"예!"

"그럼 내가 '앞!' 하면 가슴쪽을 바라보도록! 이와 마찬가지로 '왼쪽!' 하면 왼손쪽을, '오른쪽!' 하면 오른손쪽을 바라보고, '뒤!' 하면 등쪽을 바라보오! 알겠소!"

"예!"

이처럼 구령에 대해서 가르친 다음 손무는 형벌을 가할 때 사용하는 큰 도끼를 집어 들었다. 그리고 전원이 알아듣도록 구령을 했다.

그런데 막상 북을 치면서 몇 번씩 구령을 내려도 여자들은 킬킬대며 웃고 있을 뿐이었다. 손무는,

"구령에 대해서 설명을 했건만 이해되지 않는 것 같구려. 내 설명이 부족했소."

라며 아까와 마찬가지로 구령에 대해서 다시 몇 번씩이나 설명했다. 그런데 또 북을 치면서,

"왼쪽으로!"

라며 구령을 불렀건만 여자들은 여전히 킬킬거리며 웃고 있을 뿐이었다. 손무가 버럭 소리를 질렀다.

"아까는 내 잘못이라고 했지만 이번에는 다르다. 이제는 구령에

대해서 전원이 이해하고 있을 것임이야. 그렇건만 구령에 따라 움직이지 않는 것은 대장(隊長)의 책임이다!"

그리고 손에 들고 있던 큰 도끼로 두 명의 대장을 참수하려고 했다. 대(臺) 위에서 관람하고 있던 합려왕은 총희들의 목이 달아날 것 같자, 당황하며 전령을 내려보냈다.

"그대의 훌륭한 훈련 솜씨는 충분히 알았소. 그 두 여인이 없으면 과인은 진수성찬을 먹더라도 목에 넘어가지 않을 것이오. 그런즉 참형에 처하지는 말아주오."

그러나 손무는,

"이 부대의 장수는 신(臣)이나이다. 장수는 군(軍)을 지휘할 때는 군명(君命)에 따르지 않는 수도 있사옵니다."

라며 그 자리에서 두 여인의 목을 쳐 죽인 다음 두 명의 후임 대장을 새로이 임명했다.

그리고 다시 북을 치면서 구령을 불렀다. 그러자 여인들은 좌·우·전·후로 구령에 따라 질서정연하게 행동하는데 기침 소리 하나 들려오지 아니했다.

손무는 전령을 합려왕에게 보내어 보고케 했다.

"연병(練兵)은 이제 끝이 났나이다. 이곳에 친히 납시어 시험해 보소서. 전하께서 명령을 내리신다면 병사들은 물불을 가리지 않을 것이옵니다."

"아니오. 그럴 것 없소. 그대는 숙사(宿舍)로 돌아가서 쉬도록 하오."

"전하께서는 병법의 이론을 잘 아시면서도 그 실천은 서투신 것 같나이다."

이렇게 해서 합려는 손무가 용병에 빼어난 사람임을 알게 되었고 그를 장군에 임명했다.

오나라는 그 후 강국인 초(楚)나라를 격파하고 그 도읍인 영(郢)을 공략했으며, 북쪽으로는 제(齊)나라와 진(晋)나라를 위협하여 제후(諸侯)들 사이에 명성이 높아져갔는데 이것은 모두 손무의 힘에 의한 것이었다.

이상의 기록에 의하여 다음 여러 가지 점들을 알 수 있다.
1. 손무가 섬겼던 오나라는 강남 땅에 있었으며 오늘날의 소주(蘇州) 근처에 도읍을 두고 있었는데 손무는 제나라(오늘날의 산동성 근방) 출신이었다는 점.
2. 손무는 합려왕을 섬기기 전에 이미 13편의 병법서를 저술한, 병법의 전문가로 알려져 있었다는 점. 참고로 이 13편이란 편수는 오늘날의 《손자》 13편과 합치한다.
3. 여인부대를 연병했다는 유명한 에피소드에서 알 수 있는 것은 손무가 부대 편성의 기본방침으로서 군령(軍令)의 관철을 중요시했었다는 것.
4. 합려왕은 북방에 대한 군사행동에 나섰고, 성공을 거두어 한때 패자(覇者)로서의 지위를 확립했는데, 손무는 그 패업에 힘썼다는 것.

그리고 합려를 섬긴 이후에, 손무가 했던 활약에 대해서는 역시 《사기》〈오태백세가(吳太伯世家)〉와 〈오자서열전(伍子胥列傳)〉 등에 단편적인 기록이 있다.

그것에 의하면 오왕 합려는 즉위한 후 3년째 되던 해인 기원전 512년에 장군 손무와 오자서 등을 거느리고 스스로 대군을 이끌며 초나라를 공격했다. 이 초나라는 오나라 북쪽에 위치했던 대국으로서 오나라가 북방 경략에 나서기 위해서는 먼저 공략하지 않으면 안되는 적(敵)이었다.

합려는 이때 서(舒) 땅을 공략한 다음 승세를 타고 초나라 도읍 영(郢)까지 진군시키려고 했다. 이때 손무가 진언했다.
"백성들이 심히 피폐해 있으므로 아직 그럴 시기가 아니나이다. 이 이상의 진공(進攻)은 하지 마소서."
합려는 이 진언을 받아들이고 일단 군사를 물리어 본국으로 귀환했다고 한다.
《손자》〈군쟁편(軍爭篇)〉에 '우직지계(迂直之計)'라는 유명한 모계(謀計)가 있다. 이때의 진언은 그 '우직지계'를 실제로 응용했던 좋은 예라고 해도 좋다.
그로부터 3년 후, 이번에는 초나라가 오나라 영토로 진공해 왔는데 오나라는 이를 맞아 싸워서 대승을 거두었다.
그런 다음 다시 3년의 세월이 흘렀다. 그때 오나라의 국력은 10년 전과 비교할 때 월등한 힘을 비축하고 있었다. 합려는 손무와 오자서 등 두 사람을 불러놓고 의견을 물었다.
"전에 말하기를 두 사람 모두 영(郢)에 진공하는 것은 시기상조라고 했는데 지금의 생각은 어떠하오?"
손무와 오자서는 입을 모아 진언했다.
"초나라 장군 자상(子常)은 욕심이 많은 인물로서 초나라 속국인 당(唐)·채(蔡)나라 등에서는 골수에까지 한이 맺혀 있나이다. 초나라를 철저하게 붕괴시키려면 그 두 나라와 손을 잡으시는 게 좋을 것이옵니다."
합려왕은 이 두 사람의 의견에 따라 당·채나라 등과 손을 잡고 오나라 병력을 총동원하여 초나라에 쳐들어갔고 완전히 격멸했다. 이렇게 해서 합려는 북방 경략의 발판을 만들었고 패업의 지위는 굳혔던 것이다.
이상으로 《사기》에 소개되어 있는 손무의 업적은 거의 다 소개했다고 해도 좋다. 그런데 《사기》의 기록은 이처럼 너무나도 간단하여 예로부터 그 내용에 대해서 다음 두 가지의 의문이 제기되고 있다.

1. 과연 손무라는 장군이 실재했었을까?
2. 《손자》는 손무의 저작이 아니라 전국시대 제(齊)나라의 군사(軍師)였던 손빈(孫臏)에 의해 쓰여진 것이 아닐까?

그런데 《사기》 이외에는 근거로 할 만한 자료가 없었기 때문에 어떤 결정을 내릴 수 있는 문제가 아니었다. 그러다가 이 의문에 종지부를 찍는 사건이 일어났다.

1972년, 산동성(山東省) 은작산한묘(銀雀山漢墓)라고 하는 한(漢)나라 시대 초기(지금으로부터 약 2천 년 전)의 고분(古墳)에서 출토한 목간(木簡) 가운데에 두 가지의 병법서가 섞여 있었기 때문이다.

그 한 가지는 《손자》로서 이것은 자구(字句)에 약간의 차이가 있긴 했지만 종래의 《손자》와 거의 같은 것이었다.

또 한 가지는 이때 발굴한 후에 《손빈병법(孫臏兵法)》이라는 이름이 붙여진 것으로서, 이것은 분명 손빈이 쓴 것으로 추정되는 병법서였다. 이것에 더하여 단편적이긴 하지만 손무란 인물의 활약상을 증명해 줄 만한 기록도 동시에 출토되었던 것이다.

이런 기록들이 출토됨으로써,

1. 《사기》의 기록은 종래 생각해오던 것 이상으로 정확하며 손무는 분명 실존했던 인물이라는 점.
2. 《손자》를 쓴 사람은 손무이며 손빈에게는 《손빈병법》이라고 하는 다른 병법서가 있다는 점.

등이 밝혀지게 되었던 것이다.

요컨대 손무라는 장군은 《사기》의 기록대로 분명히 실존했으며

《손자》는 그의 손에 의하여 쓰여진 것임이 명명백백하게 증명되었다는 의미이다.

《손자》가 해설하는 승패의 원리 원칙

《손자》는 〈시계편(始計篇)〉에서 시작하여 〈작전편(作戰篇)〉·〈모공편(謀攻篇)〉·〈군형편(軍形篇)〉·〈병세편(兵勢篇)〉·〈허실편(虛實篇)〉·〈군쟁편(軍爭篇)〉·〈구변편(九變篇)〉·〈행군편(行軍篇)〉·〈지형편(地形篇)〉·〈구지편(九地篇)〉·〈화공편(火攻篇)〉·〈용간편(用間篇)〉 등 합계 13편으로 구성되어 있다. 전부 6천 수백 자이므로 그다지 긴 내용은 아니다.

각 편의 서두는 모두 '손자왈(孫子曰)'로 시작되고 있다. 참고로 《손자》에 나오는 '자(子)'는 공자(孔子)·맹자(孟子)와 마찬가지로 '선생'이란 의미이다. 따라서 '손자왈'은 '손선생은 이렇게 말했다'란 의미가 된다.

다음으로 중요한 것은 《손자》의 내용인데 병법서이므로 전투법의 원리원칙을 설명해 놓은 것임은 두말할 나위도 없다. 그러나 《손자》의 경우, 그 설명법이 정치 우위의 사상에 입각하여 극히 유연한 사고 방식으로 일관되고 있다. 거기에 《손자》가 지니고 있는 최대의 특징이 있다고 해도 좋다.

《손자병법》은 다음 두 가지의 기본적인 전제 위에 성립되어 있다.

1. 싸우지 않고 이긴다.
2. 승산이 없는 싸움은 하지 않는다.

이 두 가지의 전제하에 서서, 약한 것으로 강한 것에게 이기는 전략·전술을 추구하는 것이 《손자》이다. 그것을 좀더 상세하게 설명하면 다음과 같다.

1. 승리를 거두는 열쇠는 우선 첫째로 '상대방을 알고 나를 알

아야 한다(知彼知己)'〈모공편〉는 것이다. 피아간의 전력을 분석 검토한 다음 승산이 있으면 싸우고 승산이 없으면 싸우지 말아야 한다. 승산도 없으면서 함부로 도전하는 것은 우책(愚策)이다.

 2. 전쟁을 할 때에는 '남을 조종하되 남에게 조종받으면 안된다(致人而不致於人)'〈허실편〉, 즉 주도권을 탈취하지 않으면 안된다. 상대방의 작전에 말려들지 아니하면서 상대방을 아군의 전략으로 말려들도록 한다. 그러기 위해서는 상대방의 병력을 분산시키어 수세에 몰리도록 하고 그런 연후에 '실(實)한 것을 피하고 허(虛)한 것을 공격해야 한다(避實而擊虛)'는 마음가짐이 있지 않으면 안된다.

 3. '적의 무방비한 곳을 공격하고 적의 뜻하지 못한 것을 노려야 한다(攻其無備 出其無意)'〈시계편〉, 즉 상대방의 의표를 찌르는 것도 승리를 거두는 중요한 조건이 된다. 전쟁은 '궤도(詭道)'이다. 궤도란 속임수이다. 따라서 적군으로 하여금 방심을 하도록 유인하고 적군의 눈을 속이는 작전을 전개하여야 한다.

 4. 전쟁은 '정공법으로 대치하고 기계(奇計)로서 승리한다(以正合 以奇勝)'〈병세편〉. '정(正)'은 정공법이고 '기(奇)'는 기습공격이다. 이 두 가지 작전을 짜맞추어 임기응변으로 운용해가며 싸우지 않으면 안된다. 그러기 위해서는 '급하면 돌아가라'는 '우직지계(迂直之計)'〈군쟁편〉 등도 활용할 일이다.

 5. 수세로 돌아섰을 때는 꾹 참으면서 가만히 있고, 공격으로 나갈 때에는 단숨에 쳐부술 일이다. 즉 '그 행동이 빠를 때에는 바람과 같고 느릴 때에는 수풀과 같게(其疾如風 其徐如林)'〈군쟁편〉 '처음에는 처녀처럼, 나중에는 달리는 토끼처럼(始如處女 後如脫兎)'〈구지편〉 싸우지 않으면 안된다.

 6. 병력에 따라 전투법을 바꾼다. 즉 10배의 병력이라면 포위하

고, 5배의 병력이라면 공격하며, 2배의 병력이라면 분단(分斷)하고, 호각의 병력이라면 용전(勇戰)하며, 열세의 병력이라면 퇴각하고, 승산이 없으면 싸우지 말아야 한다〈병세편〉. 병력을 무시하고 도전을 하면 적군의 먹이가 될 뿐이다. 도망쳤다가 전력을 기른다면 다시 다음의 기회를 엿볼 수 있다.

7. '군대의 형태는 물의 형상과 같다(兵形象水)'〈허실편〉. 이상적인 전투법은 물의 상태에서 배울 필요가 있다. 즉 병력의 분산과 집중에 신경을 쓰면서 계속 적군의 정황에 따라 변화하지 않으면 안된다. 경직된 사고방식은 반드시 패배한다.

이처럼 《손자》는 합리적인 사고방식을 쌓아나감으로써 전쟁에 내재(內在)하는 법칙성을 이끌어내는 데 성공하고 있다. 더구나 그 사고방식은 어디까지나 유연하여 그 어디에도 무리가 없다. 2천 5백 년이 흐른 현대에도 그대로 응용할 수 있는 것들 뿐이다.

《손자》가 2천 5백 년동안 계속해서 읽혀져 온 비밀은 이런 점에서 찾을 수 있다.

큰 인물들의 좌우명(座右銘)

《손자》는 지도자(리더)들에게 있어 필독서이다. 실로 숱한 지도자들이 이 《손자》를 읽음으로써 전투법의 원리원칙을 배우고 그것을 실천함으로써 성공을 거두어 왔다. 이것은 비단 중국에서 뿐만 아니라 다른 나라에서도 그러했던 것으로 본다.

다음에 그런 예를 몇 가지 소개하기로 한다.

먼저 중국인데 그 예를 들자면 한이 없을 것 같으므로 《삼국지(三國志)》의 인물만 들기로 한다.

《삼국지》에 등장하는 걸물(傑物)이라고 하면 우선 위(魏)나라 조조(曹操)를 꼽을 수 있는데 그는 《손자》를 열심히 연구한 끝에 훌륭한 주석서까지 남긴 것으로 알려져 있다. 그가 취했던 전투법도,

'대략적인 것은 손오(孫吳)의 법(法)을 따랐었다'(《삼국지》)

라고 쓰여 있는 것처럼 《손자》가 설파한 기본원칙에 아주 충실했었던 듯하다.

그 결과 조조는 맨손으로 난세(亂世)에 뛰어들었으면서도 맞적수들을 차례로 물리치고 착착 실적을 쌓아나가면서 난세에서 승리하여 살아남았다.

또 《삼국지》 후반의 절정은 제갈공명(諸葛孔明)과 사마중달(司馬仲達)의 대결인데 이 두 사람의 맞적수 역시 《손자》에서 배운 바가 많았던 것 같다.

예를 들자면 제갈공명은 '울면서 마속의 목을 벨 때(泣斬馬謖)', 여인부대를 훈련시켰던 손무의 고사(故事)를 인용하면서 군령(軍令)을 관철시킨다는 것이 얼마나 중요한지를 언급하고 있다.

또 사마중달은 제갈공명을 맞아서 싸울 때는 물론이고, 그 후에 있은 싸움에서도 《손자병법》에 따른 전투를 해서 전쟁 목적을 멋지게 달성했던 것이다. 두 사람 모두 실로 《손자》를 깊이 연구했던 결과이다.

가까운 예를 들자면 모택동(毛澤東)이 있다.

이 모택동은 만년(晚年)의 실점(失點)에 의해 평가를 떨어뜨리고 말았지만 권력을 장악할 때까지의 그는 탁월한 통솔력을 발휘했었다. 특히 '유격전(遊擊戰)'이라고 하는 독자적 전법을 구사하여 일본군을 괴롭혔던 것은 멋진 전법이려니와 그 근저에는 역시 《손자》가 있었음을 잊어서는 아니된다.

모택동도 《손자》를 애독했으며, 그 자신의 저서 속에서 자주

이《손자》를 인용하고 있다. 그 중 한 가지만 예로 들어 본다.
 '전쟁은 어떤 다른 사회현상보다도 앞을 예측하기가 어렵다. 즉 그 움직임은 필연적이라기보나 도리어 개연성에 지배당한다. 그러나 전쟁이라 하더라도 인간의 생각이 미치지 못하는 신비적인 것이 아니라 역시 그 나름의 법칙성을 가진 사회현상이다. 따라서《손자》에 있는 '상대방을 알고 나를 알면 백번 싸워도 위태롭지 아니하다(知彼知己 百戰不殆)'라고 하는 명제(命題)는 역시 과학적인 명제라고 해도 좋다.'
 모택동의 유격전 사상 역시 그 본질은《손자》의 사고방식에서 도출된 것이었다.
 다음은 중국 이외의 예인데 프랑스의 나폴레옹이《손자》를 좌우명으로 삼고 있었다는 이야기는 아주 유명하며, 또 제1차 세계 대전을 일으킨 독일의 황제 빌헬름 2세는 전쟁에서 패한 다음에서야《손자》를 보고,
 "내가 20년 전에 이 책을 읽었더라면……."
이라고 술회했다는 것이다.
 가까이로는 포클랜드 전쟁 때, 영국군의 사령관이 있다. 함상(艦上)에서 기자단과 인터뷰할 때 '싸우지 아니하고 이긴다'라는《손자》의 말을 인용하면서 자신이 놓여진 난처한 입장을 변명한 적이 있다. 이 사람 역시《손자》를 읽고 있었던 것이다.
 또 걸프전쟁 때도 미군과 이라크군 쌍방의 수중에《손자》가 있었던 것 같다는 보도가 있었다. 참고로 이 이라크군에게《손자》가 전해진 것은 구(舊) 소련군을 경유해서 들어갔던 것 같다.

인간심리를 깊이 통찰한 데서 생긴 최고의 지혜
 한편 우리나라에서도 조선조 때 무과(武科)를 치르면서 필연적

으로 무경칠서(武經七書)를 공부해야 했었거니와 그 필두로 꼽히는 것이 이《손자》이다. 그리고 6.25전쟁 이후《손자》는 여러 형태로 우리가 많이 접해오고 있다. 유수한 중국 고전 가운데 가장 많이 읽힌 것이 이《손자》라고 해도 과언이 아닐 것이다.

　그러나 그 독서법은 조선조 때와 현대는 상당한 차이가 있는 것으로 생각된다. 어떤 점이 다를까? 조선조 때는 오로지 무기를 들고 싸우는 관점에서 읽혔지만, 현대에 와서는 무기없는 전쟁, 즉 경영전략의 참고서로서 읽혀 왔고 또 읽히고 있다.

　《손자》가 설명하는 전략·전술은 인간 및 인간 심리에 대한 깊은 통찰에 의해 증거되고 있다. 그러므로 그 내용은 낡은 것이 아니라, 경영전략의 지침으로서도 크게 도움이 되는 신선성을 갖추고 있다 해야 할 것이다.

　이것에 더하여 나는 현재《손자》를 읽는 의의로서 다음 두 가지를 첨가해 두고자 한다.

　어떤 의미에서는 인생도 또한 전쟁이다. 거기에는 파도가 있고 골짜기도 있는 등 언제나 우세한 경우만 있는 것이 아니다. 무거운 짐을 져야 할 때도 있고 곤경에 처하는 때도 있을 것이다.

　그런 역경을 어떻게 넘길 것인가?《손자》를 읽음으로써 여러 가지의 귀중한 암시를 얻게 될 것임을 믿어 의심치 않는다.

　이 거칠은 인생을 어떻게 살아갈 것인가?《손자》에는 그것을 헤쳐나가기 위한 실천적 지혜가 설명되어 있다고 해도 좋다.

　두 번째로 두뇌의 회전 훈련을 위해 활용할 일이다. 일면적(一面的)인 사고방식이라든가 경직된 사고방식으로는, 이제 현대에서 살아남기 어려워졌다.

　그런 점에서《손자》의 사고방식은 어디까지나 유연하다. 유연한 사고방식이란 어떤 것인지를《손자》에서 배우고, 경직된 두뇌도 풀어줄 것임에 틀림없다. 그런 점에서도 반드시 얻는 바가 있을 것이다.

또 한 사람의 손자 —— 손빈(孫臏)

손빈은 손무의 후손이라고 하며 전국시대 중반, 제(齊)나라의 군사(軍師)였던 인물이다.

그는 젊었을 때에 병법을 함께 배웠던 친구 방연(龐涓)에게 속아서 억울한 죄를 뒤집어 쓰고 두 다리를 절단당하는 형에 처해졌으며 위(魏)나라 도읍 대량(大梁 : 오늘날의 하남성 開封)에서 옥에 갇힌 몸이 되었다. 때마침 위나라에 온 제나라 사신의 도움을 받아 탈출하는 데 성공한 그는 귀국하여 제나라 장군 전기(田忌)의 빈객(賓客)이 되었다.

전기는 노름을 좋아했는데 왕자들과 경마(競馬 : 競車)를 즐기곤 했다. 그것을 보고 있던 손빈은 전기를 훈수했다. 그 훈수란 이런 것이었다.

전기측의 제일 느린 병거(兵車)를 상대방의 제일 빠른 병거와 경주하게 한다. 전기측의 제일 빠른 병거는 상대방의 두 번째로 빠른 병거와, 그리고 전기측의 두 번째로 빠른 병거는 상대방의 제일 느린 병거와 경주하게 했던 것이다. 그 결과 전기는 한 차례는 패했지만 두 차례를 이기게 되었고 엄청난 상금을 타게 되었던 것이다. 이 이야기 역시 《사기》에 있는 이야기이다.

전기의 추천으로 손빈은 군사(軍師)가 되었다. 제나라 왕은 그를 장군에 임명코자 했는데 그는 억울한 죄명이긴 했지만 형(刑)이 남아 있는 몸임을 이유로 사퇴하고, 황마차(幌馬車 : 포장마차) 속에서 작전을 세워 이따금 큰 공을 세웠다. 특히 위(魏)나라를 포위하고 조(趙)나라를 구원해낸 공적은 지대하다.

그는 또 멋진 작전으로 위나라 군단을 격파함과 동시에 위나라 장군이 되어 있던 원수 방연을 잡아 죽임으로써 복수를 멋지게 했던 것이다.

손빈의 병법은 그 책명(冊名)이 기록으로 남아 있을 뿐 실물은 전해오지 않았는데 1972년 은작산한묘(銀雀山漢墓)에서 발견되었다 함은 앞에서 언급한 바 있다. 그리고 중국의 고고학자들에 의해 판독된 부분은 공개되었으나 결락(缺落)이 많은데다가 그 문장은 고대의 표현인 까닭에 지극히 난해하다.

이 책에서는 그 중 비교적 의미가 통하는 부분 15구절을 선정해서 말미에 실었다.

한편 이 책에서는 옛 문장들을 현대인도 이해하기 쉽도록 가급적 과감하게 의역했음을 아울러 밝혀 둔다.

《손자》 각편의 개략

⟨시계편(始計篇)⟩

전쟁은 국가의 중대사이므로 이해득실을 충분히 검토한 다음에 시작하지 않으면 안된다.

우선 피아(彼我)의 우열을 분석하고 승산이 있는지 여부를 분석 검토할 일이다. 그때 단서로 삼아야 할 것은 '도(道)'와 '천(天)'과 '지(地)' '장(將)' '법(法)' 등 5가지 조건이다.

이 조건들을 비교 검토한 다음 아군에게 승산이 있다고 판단되면 개전(開戰)을 하되, 승산이 없다는 판단이 서면 무리하게 전쟁을 일으키지 말아야 한다. 승산도 없는데 전쟁을 일으키는 것은 우책(愚策)일 뿐이다.

전쟁을 시작한 이상 승리하지 않으면 안된다. 승리하기 위해서는 전쟁의 본질을 장악할 필요가 있다.

전쟁이란 어차피 속임수이다. 상대방의 의표를 여하히 찌르냐 그것이 승리의 관건이다.

장수된 자는 '궤도(詭道)'를 터득하되 임기응변의 운용으로 승리를 거두지 않으면 안된다.

〈작전편(作戰篇)〉

전쟁에는 막대한 비용이 들게 마련이다. 그러므로 가령 승리를 거두었다 하더라도 장기전이 되면 군사들은 피폐해지고 사기도 떨어진다. 공성(攻城)을 한다 해도 전력은 바닥에까지 떨어질 뿐이다.

장기간에 걸쳐 군사들을 전쟁터에 머무르도록 하면 국가의 재정도 파탄이 난다. 그런 틈을 이용해서 어부지리를 얻고자 하는 나라도 생길 것이다.

전쟁의 목적은 국가 이익을 추구하는 것인데 그 반면 전쟁에 의해 일어나는 손실도 크다. 특히 장기전에 접어들면 손실의 면만 확대되고 이익은 한 가지도 없다.

그러므로 전쟁의 수렁 속에 깊이 빠져드는 일은 절대적으로 피해야 한다.

이 점을 명심하고 있는 지도자야말로 국민의 생사(生死)와 국가의 안위(安危)를 떠맡을 수 있는 것이다.

〈모공편(謀攻篇)〉

백 번 싸워서 백 번 이겼다 하더라도 그것이 최선책이라고는 할 수 없다. 최선책이란 싸우지 않고 승리하는 것이다.

싸우지 않고 승리한다는 것은 외교 교섭에 의해 상대방의 의도를 봉쇄하는 것이다. 또 동맹관계를 분단하여 상대방을 고립시키는 것이다. 희생이 따르게 마련인 공성(攻城) 등은, 최하의 계책에 지나지 않는다.

아군의 병력을 무시하고 강력한 적군에게 함부로 도전하는 것은 현명한 전법이 아니다. 그것보다는 상대방은 괴롭히지 아니하고 항복토록 하는 것이 이상적 승리법이다.

병력이 열세인 경우에는 퇴각하고, 승산이 없으면 전쟁을 피해야 한다.

적군을 알고 아군을 알면 절대로 패배하는 일이 없다. 아군을 알고 적군을 알지 못하면 승패의 확률은 5대 5이다. 적도 모르고 아군도 모른다면 반드시 패한다.

〈군형편(軍形篇)〉

우선 불패(不敗)의 태세를 굳힌 다음, 적군의 붕괴를 꾹 참고 기다리는 것, 이것이야말로 전쟁을 잘하는 사람의 전투법이다.

수비할 때는 적군에게 공격할 틈을 주지 아니하고 공격할 때는 질풍처럼 쳐들어가서 상대방에게 수비할 여유를 주지 않는다. 이렇게 해야만 완전한 승리를 거둘 수 있는 것이다.

똑같이 승전하더라도 무리없이 자연스럽게 승리를 거두는 것이 가장 바람직하다. 용전감투(勇戰敢鬪)하다가 큰 손실을 내고서야 겨우 이기는 것은 명예로운 승리가 아니다.

사전에 승리할 수 있는 태세를 갖추었다가 싸우는 자는 이기고, 전쟁을 시작한 다음에서야 당황하며 승기를 잡으려고 하는 자는 패배하게 마련이다.

전쟁을 시작하려면 먼저 만전의 태세를 갖추되, 가득 차있는 물을 깊은 골짜기 바닥에 쏟아붓듯이 단숨에 압도하지 않으면 안된다.

〈병세편(兵勢篇)〉

전쟁을 하는 방법은 '정(正)'과 '기(奇)'의 조화로 성립되는데 그 변화는 무한이다.

승리를 거두기 위해서는 '기정(奇正)'의 운용, 즉 변환자재한 전법에 숙달되지 않으면 안된다. 또 적군을 격파하는 데는 충실한 전략으로 적군의 취약한 곳을 치는 전법을 써야 한다.

전쟁에는 기세(氣勢)란 것이 있다. 기세란 막혀 있던 물이 둑을 터뜨리고 흘러나가는 힘과 같다. 이런 기세를 만들어 내고 그 기세를 타면서 싸우는 것이 전쟁을 승리로 이끄는 사람의 전법이다.

전쟁을 승리로 이끄는 사람은 무엇보다도 먼저 기세를 타도록 하고, 한사람 한사람의 기능에는 지나친 기대를 가지지 않는다. 기세를 타고 싸우면 병사들은 비탈길을 굴러 떨어지는 통나무처럼 의외의 힘을 발휘하며, 전군(全軍)이 한덩어리가 되어 싸울 수 있을 것이다.

〈허실편(虛實篇)〉

전쟁을 유리하게 끌고 나가려면 무엇보다도 먼저 주도권을 탈취할 일이다. 즉, 상대방의 작전에 말려들지 않고, 아군의 작전에 적군이 말려들도록 하지 않으면 안된다.

적군의 태세에 여유가 있으면 수단을 동원하여 분주히 움직이게 함으로써 피폐하게 만든다. 적군의 식량이 넉넉하다면 양도(糧道)를 끊어서 굶주리도록 만든다. 적군의 방비가 만전이라면 계략을 써서 흐트러뜨린다.

진격할 때에는 적군의 취약한 곳을 칠 일이다. 그렇게 하면 적군은 방어를 할 수가 없다. 퇴각할 때에는 신속하게 물러갈 일이다. 그렇게 하면 적군은 추격할 수가 없다. 아군은 집중하고 적군의 힘을 분산시키어 싸우는 것도 유효한 전법이다.

물은 높은 곳을 피하여 낮은 곳으로 흘러가는데, 전쟁도 충실한 적군은 피하고 상대방의 허점을 찔러나가야 한다.

물에는 일정한 형태가 없는 것처럼 전쟁에도 불변의 태세란 있을 수 없다. 적군의 태세에 따라 변화해 나가는 것이야말로 절묘한 용병법인 것이다.

〈군쟁편(軍爭篇)〉
 승리의 조건을 만들어내기 위해서는 '우직지계(迂直之計)'를 응용하여 불리한 점을 유리한 점으로 바꾸도록 생각하지 않으면 안된다.
 작전행동의 근본은 적군을 속이는 것이다. 유리한 정황하에서 행동하고 병력을 분산·집중시키며 정황에 대응할 필요가 있다.
 더 자세하게 설명한다면 다음과 같은 전법이 바람직하다.
 적군의 사기가 왕성할 동안에는 전쟁을 피하고, 사기가 저하되었을 때 공격을 가한다. 태세를 갖추고 있는 적군은 그것이 문란해질 때를 기다리되 꾹 참으면서 적군이 움직이기를 기다린다.
 유리한 장소에 포진하고 적군이 먼 곳에서 오는 것을 기다리며, 충분한 휴양을 취하고 적군이 피로해지기를 기다리며, 배 부르게 먹으면서 적군이 굶주리기를 기다린다.
 대오(隊伍)를 갖추고 진격해 오는 적군과 강력한 진지를 구축하고 있는 적군에 대해서는 전투를 피한다.

〈구변편(九變篇)〉
 길에는 지나가면 안되는 길이 있으며 성(城)에는 공격해서는 안되는 성이 있다.
 또 영토에는 뺏어서는 안되는 영토가 있고 군명(君命)이라 하더라도 따라서는 안될 군명도 있다.
 그런 점들을 임기응변으로 판단하여 적절한 작전을 세우는 것이 장수된 자의 임무이다. 그렇게 하지 않으면 부하들을 제대로 부릴 수가 없다.
 또 장수된 자는 반드시 이익과 손실 등 양면을 고려하면서 사태에 대처해 나가지 않으면 안된다.
 적군의 내습이 없을 것을 기대할 것이 아니라, 적군으로 하여금 내습을 포기하도록, 아군의 방비를 튼튼히 하고 그것을 믿을 일이다.
 장수된 자는 자신이 필사적으로 싸워서는 안된다.
 종합적인 판단과 냉정한 태도로 대처해 나가도록 마음쓸 일이다.

〈행군편(行軍篇)〉
 적군의 움직임에 세심한 주의를 기울이고 모든 징후를 간파하는 등, 적정(敵情)의 파악에 힘쓰지 않으면 안된다.
 예를 들어, 적군의 군사(軍使)가 아첨하는 말을 하면서 일방적으로 방비를 굳혀 나가는 것은, 실은 진공할 준비를 하고 있는 것이다.
 이것과는 반대로 군사가 하는 말이 강경 일변도이며 당장에라도 진공할 태세를 보이는 것은, 실은 퇴각할 준비를 하고 있는 것이다.
 병사의 수가 많다고 해서 좋은 것은 아니다. 함부로 맹진(猛進)하지 말고 전력을 집중시키면서 적정의 파악에 힘쓰는 것이야말로 승리를 거두는 열쇠가 된다.
 또 병사에 대해서는 온정을 가지고 훈련시킴과 동시에 군령(軍令)을 가지고 통제하지 않으면 안된다. 이것 역시 장수된 자의 중요한 임무인 것이다.

〈지형편(地形篇)〉
  지형은 승리를 거두기 위한 아주 유력한 보조수단이다. 따라서 적군의 움직임을 찰지(察知)하고 지형의 험조원근(險阻遠近)을 견주어가면서 작전계획을 책정하지 않으면 안된다.
  적군의 전력, 아군의 실력을 충분히 파악하고 있더라도 지리(地利)가 없는 곳임을 깨닫지 못한다면 승패의 확률은 5대 5이다.
  전쟁을 유리하게 이끄는 사람은 적군과 아군, 그리고 지형 등 세 가지를 충분히 파악하고 있으므로, 행동을 개시해도 미혹당하는 일이 없고, 전쟁이 시작된 다음 곤경에 빠지는 일도 없다.
  장수된 자에게 있어, 병졸들은 친자식과 같은 것이다.
  그러나 너무 후하게 대우해주면 마음 먹은대로 부릴 수가 없고, 귀여워해주기만 했다가는 명령에 따르도록 할 수가 없으며, 군규(軍規)에 저촉되는 짓을 해도 처벌할 수 없게 되면 아무런 쓸모도 없게 된다.
  장수된 자는 이런 점들을 고려하지 않으면 안된다.

〈구지편(九地篇)〉
  전쟁을 승리로 이끄는 사람은 마치 한 사람을 움직이게 하는 것처럼, 전군(全軍)을 하나로 똘똘 뭉치게 하여 자유자재로 움직이게 할 수 있다.
  병사란 빠져나올 수 없는 궁지에 빠지도록 하면 오히려 공포감을 잊는다. 도망칠 길이 없는 막다른 골목에 들어선 상태가 되면 일치단결하며, 적군의 영토 깊숙이 들어가면 결속을 굳히고, 도저히 어쩔 수 없는 사태가 되면 필사적으로 싸우는 법이다.
  이처럼 전군을 도저히 빠져나올 수 없는 궁지에 몰아넣음으로써 필사의 정신으로 싸우게 하는 것, 이것이 장수된 자의 임무이다.

　궁지에 서있을 때야말로 활로가 열리게 된다는 것을 잊어서는 안된다.

　작전행동의 요체는 먼저 처녀처럼 행동하여 적군의 방심을 유도하는 데에 있다. 그런 다음 도망치는 토끼와 같은 기세로 공격을 가한다. 그러면 적군은 아무리 힘을 기울여도 방어할 수 없게 된다.

〈화공편(火攻篇)〉
　적군을 공격해서 격파하고 적군의 성(城)을 탈취했다 하더라도 전쟁 목적을 달성하지 못한다면 모두가 헛수고요, 엄청난 손실만 가져온다.

　그러므로 명군명장(名君名將)은 항상 신중한 태도로 전쟁 목적의 달성에 힘을 기울인다. 유리한 정황, 필승의 태세가 아니라면 작전행동을 일으키지 않으며 만부득이한 경우가 아니면 군사행동에 나서지 아니한다.

　경계해야 할 점은 한때의 감정에 사로잡히는 것이다. 장수된 자가 감정에 이끌리어 군사행동을 일으키게 되면 그 자신을 멸망시킬 뿐만 아니라 나라까지 무너뜨리고 말 것이다.

　정황이 유리하면 행동을 일으키고, 불리하다고 판단되면 중지할 일이다. 신중하게 대처하지 않으면 안된다.

　그리고 화공(火攻)・수공(水攻)도 유효한 공격방법이므로 장수된 자는 이런 방법들 역시 임기응변으로 활동해야 한다.

〈용간편(用間篇)〉
　승리를 거두기 위해서는 우선 상대방보다 먼저 적정을 알아낼 필요가 있다. 그러기 위해 정보활동에 힘을 기울여야 하는 것은 당연하다.

정보원에는 향간(鄕間)·내간(內間)·반간(反間)·사간(死間)·생간(生間) 등이 있는데 그들을 적군에게 들키지 않도록 하면서 활용하는 것은 최고의 기술이다.

정보원으로는 전군(全軍)에서 가장 신뢰할 수 있는 인물을 선발하고 최고의 대우를 해주어야 하는데 더구나 그 활동은 극비에 붙여야 한다.

정보원을 이용하는 사람은 우수한 지혜와 인격을 갖추고 있지 않으면 충분히 활용할 수가 없다. 거기에다가 세심한 배려가 있을 때 비로소 실효를 거둘 수 있는 것이다.

정보활동의 성공과 실패는 그대로 전쟁의 승패와 직결된다. 정보활동은 실로 용병의 요체인 것이다.

장수된 자는 그것을 위한 비용을 아끼어 정보 수집을 태만히 해서는 아니된다.

《손빈병법(孫矉兵法)》

《손빈병법》 중 15구절을 선별하여 이 책 말미에서 해설했거니와, 〈견위왕편(見威王篇)〉은 손빈이 처음으로 제(齊)나라 위왕(威王)을 뵈었을 때, 전쟁에 대한 자신의 의견을 설명한 내용이다. 전쟁을 통해서만 쟁탈을 금할 수 있을 뿐 아니라 춘추전국시대 이래 유가(儒家)가 고취해 왔던 '인의(仁義)에 의해 전쟁을 없앤다'는 주장에 비판을 가하고 있다.

〈위왕문(威王問篇)〉은 제나라 위왕, 그리고 장군 전기(田忌)와 손빈이 나눈 전략 전술의 문답인데, 전반은 피아간의 세력에 차이가 있는 경우, 그 차이에 대응하는 각종 전술을 설명하고, 후반은 전략의 열쇠는 '필공불수(必攻不守)'에 있다고 설명한다.

〈찬졸편(篡卒篇)〉은 승패의 요소를 꼽고 있다. 즉 정병(精兵)을 양성하고 엄정한 규율을 지키게 하며, 사기를 북돋아주고 정확한 전술을 구사하며, 병졸을 충분히 휴양토록 해주고 빈번한 작전을 피하되, 장군은 공평무사해야 한다고 설명했다.

〈월전편(月戰篇)〉에서는 전쟁의 승패와 일(日)·월(月)·성(星)과의 관계를 설명했고 〈팔진편(八陣篇)〉은 전반에서는 장수가 갖추어야 할 조건에 대해서 논하고, 후반에서는 '팔진' 즉 적정과 지형에 바탕을 둔 전법을 확장하여 병력을 배비(配備)할 필요가 있음을 설명했다. 또 〈지보편(地葆篇)〉에서는 군사상 각종 진형(陣形)의 우열에 대하여 논했다.

〈세비편(勢備篇)〉에서는 검(劍)·궁노(弓弩)·장병(長兵 : 槍과 矛)을 비유하고 진(陣)·세(勢)·변(變)·권(權) 등 네 가지가 가지는 군사상의 중요한 작용을 설명했고, 〈연기편(延氣篇)〉에서는 사기를 고양시키는 방법들을 '격기(激氣)', '이기(利氣)', '여기(勵氣)', '단기(斷氣)' '연기(延氣)' 등 5가지로 분류하고 있다.

〈오명(五名)·오공편(五恭篇)〉은 '오명'과 '오공' 등 두 부분으로 이루어져 있다. 오명이란 '다섯 가지의 명칭'이란 뜻으로서, 내습하는 적군의 성격을 파악하되 종류로 나누고 각각 그것에 대한 대응책을 설명했다. 한편 오공은 공(恭)과 폭(暴)을 대비시키고 적군의 영토 안에 쳐들어갔을 경우의 군사방침과 태도를 설명했다.

〈장패편(將敗篇)〉에서는 장수의 자질상 결점들을 열거하면서 이런 결점들은 모두 패배를 초래하는 원인이 된다고 논했으며 〈적소편(積疏篇)〉에서는 적(積 : 蓄積)은 소(疏 : 分散)보다 낫고, 영(盈 : 충실)은 허(虛 : 결핍)보다 나으며, 경(徑 : 捷徑)은 행(行 :

迂路)보다 낫고 질(疾 : 신속)은 서(徐 : 緩徐)보다 나으며, 중(衆 : 다수)은 과(寡 : 소수)보다 낫고, 일(佚 : 안락)은 노(勞 : 노고)보다 낫다는 등 군사운용에 대해서 설명하고 있다.

　이상 10편들 외에도《손빈병법》에는〈금방연편(擒龐涓篇)〉을 비롯, 21편이 더 있거니와 이 편명들은 죽간(竹簡)을 고증한 사람이 붙인 것이며, 손빈이 붙인 것은 아니다.

색 인(索引)

[ㄱ]

가승자공야(可勝者攻也) 77
가여지사(可與之死) 24
가여지생(可與之生) 24
가이익승(可以益勝) 284
각지이지(角之而知) 131
간불능규(間不能窺) 132
강이피지(强而避之) 38
거군이쟁(擧軍而爭) 141
거래야(車來也) 205
거이불궁(擧而不窮) 226
겁생어용(怯生於勇) 104
겁자부득독퇴(怯者不得獨退) 152
격기타귀(擊其惰歸) 154
격수지질(激水之疾) 100
견승(見勝) 80
계험액원근(計險阨遠近) 216
고가여지구사(故可與之俱死) 217
고가여지부심계(故可與之赴深谿) 217
고능위적지사명(故能爲敵之司命) 120
고릉물향(高陵勿向) 161
고반간(故反間) 276
고선전자지승야(故善戰者之勝也) 82

고위금고(故爲金鼓) 151
고위정기(故爲旌旗) 151
고이추하(高而趨下) 134
공기무비(攻其無備) 42
공기소불계야(攻其所不戒也) 235
공기소불수야(攻其所不守也) 117
공기소필구야(攻其所必救也) 124
공성지법(攻城之法) 63
공이필취자(攻而必取者) 117
과자비인자야(寡者備人者也) 129
과적대이자전(過敵懟而自戰) 214
곽지분리(廓地分利) 150
괴기소지야(乖其所之也) 126
괴장불승(乖將不勝) 287
교도불명(敎道不明) 215
교막친어간(交莫親於間) 273
구변지리자(九變地利者) 174
구완용이약(九日勇而弱) 294
구지어세(求之於勢) 108
구지지변(九地之變) 249
구지지하(九地之下) 78
구천지상(九天之上) 78
군명유불수(君命有不受) 173
군요자장부중야(軍擾者將不重也) 188

군쟁위리(軍爭爲利) 141
군쟁위위(軍爭爲危) 141
군정왈언불상문(軍政曰言不
  相聞) 151
굴신지리(屈伸之利) 249
굴인지병(屈人之兵) 65
궁구물박(窮寇勿迫) 167
귀사물알(歸師勿遏) 166
귀양이천음(貴陽而賤陰) 182
귀천불상구(貴賤不相救) 230
균거야(鈞擧也) 290
근이시지원(近而示之遠) 33
금상거의(禁祥去疑) 238
금일장전(今日將戰) 292
기강재우휴민(其强在于休民) 285
기교재우세(其巧在于勢) 285
기덕재우도(其德在于道) 285
기리재우신(其利在于信) 285
기민즉민복(其民則民服) 201
기민즉민불복(其民則民不服) 201
기부재우극귀(其富在于亟歸) 285
기상구야(其相救也) 241
기상재우삭전(其傷在于數戰) 285
기서여림(其徐如林) 148
기용재우제(其勇在于制) 285
기우배(期于北) 283
기절단(其節短) 102
기정지변(奇正之變) 97
기질여풍(其疾如風) 148
기차벌교(其次伐交) 63
기차벌병(其次伐兵) 63
기하공성(其下攻城) 63

[ㄴ]

난생어치(亂生於治) 104
난이불능치(亂而不能治) 219
노이요지(怒而撓之) 39
노이흥사(怒而興師) 265
누상자 군야(屢賞者 窘也) 190
능사적인(能使敵人) 230
능사적인부득지(能使敵人不得至) 37
능사적인자지자(能使敵人自至者) 36
능우사졸지이목(能愚士卒之耳目) 247
능이시지불능(能而示之不能) 31
능인적변화(能因敵變化) 136

[ㄷ]

다산승소산불승(多算勝少算不勝) 43
당기동주(當其同舟) 241
대리노이불복(大吏怒而不服) 214
대적금야(大敵擒也) 68
도래야(徒來也) 205
도유소불유(塗有所不由) 170
도자령민여상동(道者令民與上同) 24
동이불미(動而不迷) 226
득주전제승(得主專制勝) 286
득중승(得衆勝) 286

[ㅁ]

명군현장(名君賢將) 271
명왈비류(命曰費留) 263
목석지성(木石之性) 111
무궁여천지(無窮如天地) 95
무기우득(毋期于得) 283

무소불비(無所不備) 129
무시기불공(無恃其不攻) 177
무시기불래(無恃其不來) 177
무용공(無勇功) 82
무이영당영(毋以盈當盈) 295
무재격기(務在激氣) 292
무재단기(務在斷氣) 292
무재려기(務在勵氣) 292
무재연기(務在延氣) 292
무재치병리기(務在治兵利氣) 292
무전가야(無戰可也) 220
무지명(無智名) 82
무형즉심(無形則深) 132
물격당당지진(勿擊堂堂之陣) 160
물고이언(勿告以言) 251
물고이해(勿告以害) 250
물영지어수내(勿迎之於水內) 181
물요정정지기(勿邀正正之旗) 160
미도교지구야(未睹巧之久也) 44
미불과오(味不過五) 96
미족시야(未足恃也) 243
미지유야(未之有也) 46
미호미호(微乎微乎) 120

[ㅂ]

반진반퇴자유야(半進半退者誘也) 206
방마매륜(方馬埋輪) 243
방즉지(方則止) 111
배구물역(背丘勿逆) 162
배즉분지(倍則分之) 66
백전백승(百戰百勝) 61
백전불태(百戰不殆) 50

벌불행(罰不行) 197
벌자 소이정란(罰者 所以正亂) .. 284
벌지즉불복(罰之則不服) 197
범군지소욕격(凡軍之所欲擊) 275
범군호고이악하(凡軍好高而惡下) 182
범위객지도(凡爲客之道) 236
범전자(凡戰者) 94
범지유절간(凡地有絶澗) 185
범지이리(犯之以利) 250
범지이사(犯之以事) 251
범처군상적(凡處軍相敵) 184
범화공(凡火攻) 261
범화공유오(凡火攻有五) 259
법령숙행(法令孰行) 23
변이응지(變而應之) 261
병구이국리자(兵久而國利者) 46
병귀승 불귀구(兵貴勝 不貴久) ... 57
병문졸속(兵聞拙速) 44
병비소락야(兵非所樂也) 281
병비익다야(兵非益多也) 192
병유오명(兵有五名) 293
병유주자(兵有走者) 211
병이사입(兵以詐立) 145
병자국지대사(兵者國之大事) 21
병자궤도야(兵者詭道也) 29
병중숙강(兵衆孰强) 23
병지소가(兵之所加) 93
병지승재우찬졸(兵之勝在于纂卒) 285
병지조야(兵之助也) 216
병지형피(兵之形避) 134
병합이부제(兵合而不齊) 230
병형상수(兵形象水) 134

보극즉국필약(輔隙則國必弱) ……… 69
보주즉국필강(輔周則國必强) ……… 69
복도합군(復徒合軍) ……………… 292
부금고정기자(夫金鼓旌旗者) …… 151
부동여산(不動如山) ……………… 148
부득불여아전자(不得不與我戰者) 124
부득이야(不得已也) ……………… 244
부득중불승(不得衆不勝) ………… 287
부락병자망(夫樂兵者亡) ………… 281
부병자(夫兵者) …………………… 282
부상자소이희중(夫賞者所以喜衆) 284
부오인여(夫吳人與) ……………… 241
부전승공취(夫戰勝攻取) ………… 263
부전이굴인지병(不戰而屈人之兵) 61
부중함어해(夫衆陷於害) ………… 252
부지도(不知道) …………………… 289
부지도불승(不知道不勝) ………… 287
부지산림(不知山林) ……………… 143
부지적지정자(不知敵之情者) …… 270
부지전일(不知戰日) ……………… 130
부지전지(不知戰地) ……………… 130
부지제후지모자(不知諸侯之謀者) 142
부지차이용(不知此而用) ………… 216
부지형자(夫地形者) ……………… 216
부진지용병지해(不盡知用兵之害) 47
분분운운(紛紛紜紜) ……………… 103
분수시야(分數是也) ………………… 90
불가공야(不可攻也) ……………… 177
불가불찰(不可不察) ……………… 249
불가불찰야(不可不察也) …… 21, 210
불가불후야(不可不厚也) ………… 276
불가승관야(不可勝觀也) …………… 96

불가승궁야(不可勝窮也) …………… 97
불가승상야(不可勝嘗也) …………… 96
불가승자수야(不可勝者守也) …… 77
불가용야(不可用也) ……………… 219
불가이격(不可以擊) ……………… 224
불가이전(不可以戰) ……………… 225
불갈여강하(不竭如江河) …………… 95
불과중인지소지(不過衆人之所知) 80
불능득지리(不能得地利) ………… 144
불능득지지리야(不能得地之利也) 174
불능예교(不能豫交) ……………… 142
불능행군(不能行軍) ……………… 143
불복즉난용야(不服則難用也) …… 197
불약즉능피지(不若則能避之) …… 67
불용간불승(不用間不勝) ………… 287
불용향도자(不用嚮導者) ………… 144
불인지지야(不仁之至也) ………… 270
불책어인(不責於人) ……………… 108
불합어리이지(不合於利而止) 267, 231
비기급자야(非其急者也) ………… 284
비선지선자야(非善之善者也)61, 80, 81
비성지불능용간(非聖智不能用間) 274
비승지주(非勝之主) ……………… 270
비시항세야(非恃恒勢也) ………… 282
비약교자(譬若驕子) ……………… 219
비여솔연(譬如率然) ……………… 239
비우즉좌과(備右則左寡) ………… 129
비이광자(卑而廣者) ……………… 205
비이교지(卑而驕之) ………………… 40
비인의불능사간(非仁義不能使間) 274
비인지장야(非人之將也) ………… 270
비전즉후과(備前則後寡) ………… 129

비좌즉우과(備左則右寡) ············ 129
비주지좌야(非主之佐也) ············ 270
비천지재(非天之災) ················ 211
비후즉전과(備後則前寡) ············ 129

[ㅅ]

사궤이강진구자(辭詭而强進驅者) 186
사막밀어간(事莫密於間) ············ 273
사비이익비자(辭卑而益備者) ····· 186
사생야(死生也) ························ 26
사생지지(死生之地) ··················· 21
사시무상위(四時無常位) ············ 137
사왈칭(四曰稱) ························ 88
사왈탐기(四曰貪忌) ················· 293
사왈탐우재(四曰貪于財) ············ 294
사왈화고(四曰火庫) ················· 259
사인지성명(舍人之姓名) ············ 275
사졸숙련(士卒孰練) ··················· 23
사지무지(使之無知) ················· 247
사차불배(死且不北) ················· 237
삭벌자 곤야(數罰者 困也) ······· 190
삭전부족(數戰不足) ················· 289
산이조달자(散而條達者) ············ 205
살적자노야(殺敵者怒也) ············· 55
삼군가탈기(三軍可奪氣) ············ 153
삼군지사(三軍之事) ················· 273
삼왈강지(三曰剛至) ················· 293
삼왈수(三曰數) ························ 88
삼왈치(三曰輜) ······················· 259
삼왈탐우위(三曰貪于位) ············ 294
삼자부득(三者不得) ················· 288
상막후어간(賞莫厚於間) ············ 273

상벌숙명(賞罰孰明) ··················· 23
상병벌모(上兵伐謀) ··················· 63
상신부동(相信不動) ················· 291
상우수말지(上雨水沫至) ············ 183
상장지도야(上將之道也) ············ 216
상하불상부(上下不相扶) ············ 230
색불과오(色不過五) ··················· 96
서여인언자(徐與人言者) ············ 209
선공자(善攻者) ······················· 119
선공자동어(善攻者動於) ············· 78
선동적자(善動敵者) ········· 34, 106
선수자(善守者) ······················· 119
선수자장어(善守者藏於) ············· 78
선용병자(善用兵者) ······ 52, 65, 87
                      154, 230, 239, 244
선위불가승(先爲不可勝) ············· 73
선전자(善戰者) ·· 73, 82, 84, 108, 113
선전자 기세험(善戰者 其勢險) ·· 102
선지선자야(善之善者也) ············· 61
선지야(先知也) ······················· 271
선처전지(先處戰地) ················· 112
선출기자(善出奇者) ··················· 95
성공출어중자(成功出於衆者) ····· 271
성유소불공(城有所不攻) ············ 171
성지소욕공(城之所欲攻) ············ 275
소이동이승인(所以動而勝人) ····· 271
소이왕래자(少而往來者) ············ 205
소이일인지이목(所以一人之耳目) 151
소적지견(小敵之堅) ··················· 68
소즉능수지(少則能守之) ············· 67
속이불가급야(速而不可及也) ····· 123
수기소불공야(守其所不攻也) ····· 117

수도이보법(修道而保法) 87
수승유앙(雖勝有殃) 288
수여지기(帥與之期) 248
수이필고자(守而必固者) 117
수지지형(雖知地形) 174
수지형피(水之形避) 134
수해자복야(獸駭者覆也) 204
순순흡흡(諄諄翕翕) 209
승가지(勝可知) 76
승내불궁(勝乃不窮) 228
승병선승(勝兵先勝) 85
승어이승자야(勝於易勝者也) 82
승인지불급(乘人之不及) 235
승자지전민야(勝者之戰民也) 89
승적이익강(勝敵而益强) 56
승지반야(勝之半也) 224, 225
시기험야(恃其險也) 202
시불상견(視不相見) 151
시생처고(視生處高) 184
시여처녀(始如處女) 256
시오유소(恃吾有所) 177
시오유이대야(恃吾有以待也) 177
시이십공기일야(是以十攻其一也) 127
시졸여애자(視卒如愛子) 217
시졸여영아(視卒如嬰兒) 217
신호신호(神乎神乎) 120
실이격허(而擊虛) 134
심입즉전(深入則專) 236
십구왈자사(十九曰自私) 294
십사왈과결(十四曰寡決) 294
십오왈완(十五曰緩) 294
십왈과신(十日寡信) 294

십육왈태(十六曰怠) 294
십즉위지(十則圍之) 66
십팔왈적(十八曰賊) 294

[ㅇ]

아불욕전(我不欲戰) 126
아욕전(我欲戰) 124
아전위일(我專爲一) 127
안능동지(安能動之) 115
안즉정(安則靜) 111
애이불능령(愛而不能令) 219
애작록백금(愛爵祿百金) 270
약결적수어(若決積水於) 89
약생어강(弱生於强) 104
약향분중(掠鄕分衆) 150
양배물종(佯北勿從) 163
양불삼재(糧不三載) 52
양적계험승(量敵計險勝) 286
어장불승(御將不勝) 287
어훼절자 절야(於毁折者 節也) .. 101
여등고이거기제(如登高而去其梯) 248
여이이적자(慮而易敵者) 195
여이하투란자(如以碬投卵者) 93
여전목석(如轉木石) 111
여좌우수(如左右手) 241
여중상득야(與衆相得也) 201
역류 거살지(逆流 居殺地) 290
역부재적(役不再籍) 52
연화필소구(煙火必素具) 260
연후능위승패(然後能爲勝敗) 252
연후생(然後生) 252
연후존(然後存) 252

색　인(索引) · 327

영고가허(盈故可虛) ················· 295	용병지법(用兵之法) ······ 59, 66, 229
영고영지(盈故盈之) ················· 295	용부족장병(勇不足將兵) ··········· 289
영군야(營軍也) ························ 205	용이시지불용(用而示之不用) ······ 32
영민외상야(令民畏上也) ············ 284	우불능구좌(右不能救左) ············ 130
영반제이격지리(令半濟而擊之利) 181	원근험이광협(遠近險易廣狹) ······ 26
영불소행이교(令不素行以敎) ····· 201	원이도전자(遠而挑戰者) ············ 203
영사망사야(令士忘死也) ············ 284	원이시지근(遠而示之近) ············ 33
영소신자(令素信者) ·················· 201	원즉행(圓則行) ························ 111
영소행이교(令素行以敎) ············ 201	월유사생(月有死生) ·················· 137
영승허(盈勝虛) ························ 295	월인상오야(越人相惡也) ············ 241
영오간필색지지(令吾問必索知之) 275	위군이쟁(委軍而爭) ·················· 141
영중수자(迎衆樹者) ·················· 290	위병지사(爲兵之事) ·················· 255
영지이문(令之以文) ·················· 198	위부득이야(爲不得已也) ············ 63
영허상당(盈虛相當) ·················· 295	위사필궐(圍師必闕) ·················· 167
영허상위변(盈虛相爲變) ············ 295	위즉동(危則動) ························ 111
예졸물공(銳卒勿攻) ·················· 164	유경지(有輕地) ························ 229
오미지변(五味之變) ·················· 96	유괘자(有挂者) ························ 210
오색지변(五色之變) ·················· 96	유교지(有交地) ························ 229
오영지 적배지(吾迎之 敵背之) ·· 185	유구지(有衢地) ························ 229
오왈승(五曰勝) ························ 88	유란자(有亂者) ························ 211
오왈중유(五曰重柔) ·················· 293	유배자(有北者) ························ 211
오왈화대(五曰火隊) ·················· 259	유봉유후(有鋒有後) ·················· 291
오원지 적근지(吾遠之 敵近之) ·· 185	유불우지도(由不虞之道) ············ 235
오이차지승부의(吾以此知勝負矣) 23	유붕자(有崩者) ························ 211
오자개불승(五者皆不勝) ············ 290	유비지(有圮地) ························ 229
오즉공지(五則攻之) ·················· 66	유사지(有死地) ························ 229
오행무상승(五行無常勝) ············ 137	유산지(有散地) ························ 229
온이치전(慍而致戰) ·················· 265	유애자(有陷者) ························ 210
요적제승(料敵制勝) ·················· 216	유여부족지처(有余不足之處) ····· 131
욕섭자대기정야(欲涉者待其定也) 183	유원자(有遠者) ························ 210
욕인지진야(欲人之進也) ············ 203	유위지(有圍地) ························ 229
용병지리야(用兵之利也) ············ 47	유이자(有弛者) ························ 211

유쟁지(有爭地) 229
유중지(有重地) 229
유지자(有支者) 210
유통자(有通者) 210
유함자(有陷者) 211
유험자(有險者) 210
육왈경(六日輕) 294
음양한서시제야(陰陽寒暑時制也) .. 25
이강졸약 왈함(吏强卒弱 曰陷) .. 213
이경졸상지(以輕卒嘗之) 283
이근대원(以近待遠) 157
이기승(以奇勝) 94
이대적자일(而待敵者佚) 112
이대적지가승(以待敵之可勝) 73
이리동(以利動) 145
이리승자욕(而利勝者辱) 281
이병물식(餌兵勿食) 165
이부지오졸지(而不知吾卒之) 224
이부지적불가격(而不知敵不可擊) 224
이부지지형지(而不知地形之) 225
이분합위변자(以分合爲變者) 145
이불가위(而不可爲) 76
이불수기공자흉(而不修其功者凶) 263
이불실적지패야(而不失敵之敗也) .. 84
이불외위야(而不畏危也) 24
이비전야(而非戰也) 65
이수좌공자강(以水佐攻者强) 262
이승비소리야(而勝非所利也) 281
이십왈자란(二十日自亂) 294
이왈교(二曰驕) 294
이왈량(二曰量) 88
이왈헌교(二日軒驕) 293
이왈화적(二日火積) 259
이우위직(以迂爲直) 138
이일대로(以佚待勞) 157
이정대화(以靜待譁) 156
이정합(以正合) 94
이제우풍(而濟遇風) 241
이졸무상(吏卒無常) 215
이즉불급(利則不及) 141
이즉치중연(利則輜重捐) 141
이추전자로(而趨戰者勞) 112
이취승자위지신(而取勝者謂之神) 136
이치대란(以治待亂) 156
이포대기(以飽待飢) 157
이화좌공명(以火佐攻明) 262
이환위리(以患爲利) 140
이후구승(而後求勝) 85
이후구전(而後求戰) 85
인기전일(人旣專一) 152
인량어적(因糧於敵) 52
인정지리(人情之理) 249
인지소욕살(人之所欲殺) 275
인화(人和) 288
일왈도(一日度) 88
일왈불능이자능(一日不能而
  自能) 294
일왈위강(一日威强) 293
일왈화인(一日火人) 259
일유단장(日有短長) 137
임경근적(臨境近敵) 292
임세자기전인야(任勢者其戰
  人也) 111
입어불패지지(立於不敗之地) 84

색　인(索引) · 329

[ㅈ]

자광야(自廣也) 289
자시야(自恃也) 289
장군가탈심(將軍可奪心) 153
장군지사(將軍之事) 245
장병 행야(將兵 幸也) 289
장부지기능왈붕(將不知其能曰崩) 214
장불가이(將不可以) 265
장불통(將不通) 174
장숙유능(將孰有能) 23
장약불엄(將弱不嚴) 215
장자(將者) 27
장자국지보야(將者國之輔也) 69
장지과야(將之過也) 211
장지지임(將之至任) 210
장패(將敗) 294
재어순상적지의(在於順詳敵之意) 255
적 부지기소공(敵 不知其所攻) .. 119
적 부지기소수(敵 不知其所守) .. 119
적근이정자(敵近而靜者) 202
적부득여아전자(敵不得與我戰者) 126
적분위십(敵分爲十) 127
적불급거(敵不及拒) 256
적수고루심구(敵雖高壘深溝) 124
적인개호(敵人開戶) 256
적인필주(敵人必走) 291
적일능노지(敵佚能勞之) 115
적절수이래(敵絶水而來) 181
적즉능전지(敵則能戰之) 67
전국위상(全國爲上) 59
전도불승(戰道不勝) 220
전도필승(戰道必勝) 220
전륭무등(戰隆無登) 184
전불능구후(前不能救後) 130
전세불과기정(戰勢不過奇正) 97
전승이천하왈선(戰勝而天下曰善) 81
전일유기(戰日有期) 292
전자필승(戰者必勝) 216
전자필패(戰者必敗) 216
전후불상급(前後不相及) 230
적절산의곡(敵絶山依谷) 184
절수 영릉(絶水 迎陵) 290
절여발기(節如發機) 102
정기동자 난야(旌旗動者 亂也) .. 208
정이유 정이치(靜而幽 正以治) .. 245
정지도야(政之道也) 243
제용약일(齊勇若一) 243
제지이무(齊之以武) 198
조기자복야(鳥起者伏也) 204
조집자 허야(鳥集者 虛也) 207
존망지도(存亡之道) 21
졸강리약 왈이(卒强吏弱 曰弛) .. 212
졸리이부집(卒離而不集) 230
졸미친부이(卒未親附而) 197
졸이친부이(卒已親附而) 197
좌우알자문자(左右謁者門者) 275
좌우화승(左右和勝) 286
주불가이(主不可以) 265
주숙유도(主孰有道) 23
주왈무패(主曰無敗) 220
주왈필전(主曰必戰) 220
주인불극(主人不克) 236
중과불상시(衆寡不相恃) 230

중수동자내야(衆樹動者來也) ······ 204
중자사인비기자(衆者使人備己者) 129
중초다장자의야(衆草多障者疑也) 204
즉가천리이회전(則可千里而會戰) 130
즉무소불과(則無所不寡) ············ 129
즉불가용야(則不可用也) ············ 197
즉불능진지(則不能盡知) ············ 47
즉아중이적과(則我衆而敵寡) ····· 127
즉용자부득독진(則勇者不得獨進) 152
즉좌불능구우(則左不能救右) ···· 130
지도승(知道勝) ························ 286
지리(地利) ······························ 288
지병자(知兵者) ······················· 226
지부족장병(智不足將兵) ············ 289
지사무소지(至死無所之) ············ 238
지승유오(知勝有五) ··················· 71
지신인용엄야(智信仁勇嚴也) ····· 27
지어무성(至於無聲) ·················· 120
지어무형(至於無形) ·········· 120, 132
지어표석자세야(至於漂石者勢也) 100
지오졸지가이격(知吾卒之可
  以擊) ·························· 224, 225
지유소부쟁(地有所不爭) ············ 172
지자(地者) ································ 26
지자불능모(知者不能謀) ············ 132
지자지려(智者之慮) ··················· 48
지장무식어적(智將務食於敵) ····· 53
지적지가격(知敵之可擊) ····· 224, 225
지전지지전지일(知戰之地戰之日) 130
지조지격지(鷙鳥之擊至) ············ 101
지지도야(地之道也) ·················· 210
지지재어반간(知之在於反間) ····· 276

지차이용(知此而用) ················· 216
지천지지(知天知地) ················· 228
지피지기(知彼知己) ··················· 50
진고이예자(塵高而銳者) ············ 205
진병종횡 왈란(陳兵縱橫 曰亂) ·· 215
진불구명(進不求名) ················· 222
진이불가어자(進而不可禦者) ····· 121

[ㅊ]

차용중지법야(此用衆之法也) ····· 152
차처산지군야(此處山之軍也) ····· 184
차치력자야(此治力者也) ············ 157
차치변자야(此治變者也) ············ 160
차치심자야(此治心者也) ············ 156
천시(天時) ······························ 288
천이용자장지(賤而勇者將之) ····· 283
천인지계자형야(千仞之谿者形也) 89
천자(天者) ································ 25
천정천뢰천라천(天井天牢天羅天) 185
천지숙득(天地孰得) ··················· 23
초채야(樵採也) ························ 205
추기소불의(趣其所不意) ············ 116
출기불의(出其不意) ··················· 42
출기소필추(出其所必趨) ············ 116
충기허야(衝其虛也) ·················· 121
취용어국(取用於國) ··················· 52
취적지리자화야(取敵之利者貨也) 55
치인이불치어인(致人而不致於人) 113
치중여치과(治衆如治寡) ············· 90
친이리지(親而離之) ··················· 41
칠왈지(七曰遲) ························ 294
침략여화(侵掠如火) ·················· 148

[ㅌ]

탈기소애즉청의(奪其所愛則聽矣) 232
택인이임세(擇人而任勢) 110
퇴불피죄(退不避罪) 222
퇴이불가추자(退而不可追者) 123
투란이불가란야(鬪亂而不可亂也) 103
투중여투과(鬪衆如鬪寡) 91
투지망지(投之亡地) 252
투지무소왕(投之無所往) 237

[ㅍ]

파국차지(破國次之) 59
팔왈과용(八曰寡勇) 294
패병선전(敗兵先戰) 85
포능기지(飽能飢之) 115
피기예기(避其銳氣) 154
필극거지물근야(必亟去之勿近也) 185
필금어인(必擒於人) 195
필사가살야(必死可殺也) 179
필생가로야(必生可虜也) 179
필선지기수장(必先知其守將) 275
필인오화(必因五火) 261
필잡어리해(必雜於利害) 48
필전가야(必戰可也) 220

[ㅎ]

함지사지(陷之死地) 252
함천극(陷天隙) 185
합군취중(合軍聚衆) 292
합어리이동(合於利而動) 231, 267
항불승유오(恒不勝有五) 287
항승유오(恒勝有五) 286
행어무인지지야(行於無人之地也) 116
행천리이불로자(行千里而不勞者) 116
행화필유인(行火必有因) 260
허고허지(虛故虛之) 295
허실시야(虛實是也) 93
험조저택지형자(險阻沮澤之形者) 143
현권이동(懸權而動) 150
형명시야(形名是也) 91
형병지극(形兵之極) 132
형원이불가패야(形圓而不可敗也) 103
형지적필종지(形之敵必從之) 34, 106
혼혼돈돈(渾渾沌沌) 103
획지이수지(劃地而守之) 126
후불능구전(後不能救前) 130
후여탈토(後如脫兎) 256
후이불능사(厚而不能使) 219
후처전지(後處戰地) 112
휴수약사일인(携手若使一人) 244

21세기 손자병법 경영학

初版 印刷 ● 2002年 12月 1日
初版 發行 ● 2002年 12月 5日

編著者 ● 安 吉 煥
發行者 ● 金 東 求
發行處 ● 明 文 堂
서울특별시 종로구 안국동 17~8
대체 010041-31-001194
전화 (영) 733-3039, 734-4798
      (편) 733-4748
FAX 734-9209
Homepage www.myungmundang.net
E-mail mmdbook1@myungmundang.net
등록 1977. 11. 19. 제1~148호

● 낙장 및 파본은 교환해 드립니다.
● 불허복제・판권 본사 소유.

값 10,000원
ISBN 89-7270-702-3 13320